2012 年度国家社科基金课题 "我国农业贸易生态化转型的法律保障研究"（编号 12BFX143）和中央高校基本科研业务费资助重庆大学重大项目 "中国—东盟自由贸易区农业贸易法律问题研究"（编号 0226005201021）研究成果

重大法学文库

我国农业贸易生态化转型的法律保障研究

The Law on Ecologization of Agricultural Trade in China

曾文革　等著

中国社会科学出版社

图书在版编目（CIP）数据

我国农业贸易生态化转型的法律保障研究 / 曾文革等著. —北京：
中国社会科学出版社，2017.9
（重大法学文库）
ISBN 978 - 7 - 5203 - 0688 - 1

Ⅰ. ①我…　Ⅱ. ①曾…　Ⅲ. ①农产品 - 贸易保护 - 贸易法 - 研究 -
中国　Ⅳ. ①D996.1

中国版本图书馆 CIP 数据核字（2017）第 163445 号

出 版 人	赵剑英
责任编辑	梁剑琴
责任校对	李　莉
责任印制	李寡寡

出　　版	中国社会科学出版社
社　　址	北京鼓楼西大街甲 158 号
邮　　编	100720
网　　址	http://www.csspw.cn
发 行 部	010 - 84083685
门 市 部	010 - 84029450
经　　销	新华书店及其他书店

印刷装订	北京市兴怀印刷厂
版　　次	2017 年 9 月第 1 版
印　　次	2017 年 9 月第 1 次印刷

开　　本	710 × 1000　1/16
印　　张	16.25
插　　页	2
字　　数	275 千字
定　　价	69.00 元

出版寄语

《重大法学文库》是在重庆大学法学院恢复成立十周年之际隆重面世的，首批于 2012 年 6 月推出了 10 部著作，约请重庆大学出版社编辑发行。2015 年 6 月在追思纪念重庆大学法学院创建七十年时推出了第二批 12 部著作，约请法律出版社编辑发行。本次为第三批，推出了 20 本著作，约请中国社会科学出版社编辑发行。作为改革开放以来重庆大学法学教学及学科建设的亲历者，我应邀结合本丛书一、二批的作序感言，在此寄语表达对第三批丛书出版的祝贺和期许之意。

随着本套丛书的逐本翻开，蕴于文字中的法学研究思想花蕾徐徐展现在我们面前。它是近年来重庆大学法学学者治学的心血与奉献的累累成果之一。或许学界的评价会智者见智，但对我们而言，仍是辛勤劳作、潜心探求的学术结晶，依然值得珍视。

掩卷回眸，再次审视重大法学学科发展与水平提升的历程，油然而生的依然是"映日荷花别样红"的浓浓感怀。

1945 年抗日战争刚胜利之际，当时的国立重庆大学即成立了法学院。新中国成立之后的 1952 年院系调整期间，重庆大学法学院教师服从调配，成为创建西南政法学院的骨干师资力量。其后的 40 余年时间内，重庆大学法学专业和师资几乎为空白。

在 1976 年结束"文化大革命"并经过拨乱反正，国家进入了以经济建设为中心的改革开放新时期，我校于 1983 年在经济管理学科中首先开设了"经济法"课程，这成为我校法学学科的新发端。

1995 年，经学校筹备申请并获得教育部批准，重庆大学正式开设了经济法学本科专业并开始招生；1998 年教育部新颁布的专业目录将多个部门法学专业统一为"法学"本科专业名称至今。

1999 年我校即申报"环境与资源保护法学"硕士点，并于 2001 年获准设立并招生；这是我校历史上第一个可以培养硕士的法学学科。

值得特别强调的是，在校领导班子正确决策和法学界同仁大力支持下，经过校内法学专业教师们近三年的筹备，重庆大学于 2002 年 6 月 16 日恢复成立了法学院，并提出了立足校情求实开拓的近中期办院目标和发展规划。这为重庆大学法学学科奠定了坚实根基和发展土壤，具有我校法学学科建设的里程碑意义。

2005 年，我校适应国家经济社会发展与生态文明建设的需求，积极申报"环境资源与保护法学"博士学位授权点，成功获得国务院学位委员会批准。为此成就了如下第一：西部十二个省区市中当批次唯一申报成功的法学博士点；西部十二个省区市中第一个环境资源法博士学科；重庆大学博士学科中首次有了法学门类。

正是有以上的学术积淀和基础，随着重庆大学"985 工程"建设的推进，2010 年我校获准设立法学一级学科博士点，除已设立的环境与资源保护法学二级学科外，随即逐步开始在法学理论、宪法与行政法学、刑法学、民商法学、经济法学、国际法学、刑事诉讼法学、知识产权法学、法律史学等二级学科领域持续培养博士研究生。

抚今追昔，近二十年来，重庆大学法学学者心无旁骛地潜心教书育人，脚踏实地地钻研探索、团结互助、艰辛创业的桩桩场景和教学科研的累累硕果，仍然历历在目。它正孕育形成重大法学人的治学精神与求学风气，鼓舞和感召着一代又一代莘莘学子坚定地向前跋涉，去创造更多的闪光业绩。

眺望未来，重庆大学法学学者正在中国全面推进依法治国的时代使命召唤下，投身其中，锐意改革，持续创新，用智慧和汗水谱写努力创建一流法学学科、一流法学院的辉煌乐章，为培养高素质法律法学人才，建设社会主义法治国家继续踏实奋斗和奉献。

随着岁月流逝，本套丛书的幽幽书香会逐渐淡去，但是它承载的重庆大学法学学者的思想结晶会持续发光、完善和拓展开去，化作中国法学前进路上又一轮坚固的铺路石。

陈德敏

2017 年 4 月

前　言

　　自然资源耗竭、生态系统破坏、环境污染日趋严重、全球性气候变化等自然变异现象，已经成为危及人类生存的世界性危机。如何调整社会经济的发展方式来适应已经变化的全球环境，并以新的生产、消费方式作为应对这场危机的手段，是值得关注的重大问题。在这场人类面对自然惩罚的浩劫中，为我们提供基本生存条件——食物的农业，是重中之重的关注点；并且，因为其自身具有的环境与资源依赖性、产业链的脆弱性等内在属性，也是在生态危机中最敏感的产业领域，尤其是对农业水平本来就不高、应对生态危机能力低下的广大发展中国家而言，生态危机就意味着生存危机。

　　面对生态危机对人类食物链的全球性冲击，理论上讲，各国既可以通过提升国内农业生产水平及发展方式来应对，也可以通过贸易、投资等合作渠道来借力他国进行农业发展，以确保本国能成功应对当前的危机。但全球化趋势在各个国家间形成的"你中有我，我中有你"的格局下，国内农业所基以发展的投入品、资本等资源往往是国际性组合的结果，其农业生产经营活动成果也将在境外产生外部性。可以说，所有国家都是利用国内、国际两个市场来缓释生态危机对农业的冲击，只是程度上存在差异而已。这种根深蒂固的交互性农业贸易关系及其所遵守的法律规则，成为一国向其伙伴国传达其国内意志的纽带，同时也成为其吸收他国立法和国际法规则的基本渠道。因此，针对农业贸易关系中需要解决的现实问题，以及规范内在于这些问题中的利益关系的法律制度本身存在的不足，创新、调适现行国际、国内法律制度体系，促使全球农业能最大可能地为全球人口持续提供足量、安全的蛋白质和纤维，已经成为农业贸易和国际法律必须面对的问题。也是在社会应对层面上凝结国际共识、统合全球力量，应对生态危机的应为之事。

我国也处于这样的自然生态危机和全球性农业贸易的社会生态之中，并且由于经济体量、贸易规模与人口总量都非常庞大，使我国处于国际农业贸易的中心范围内。这就意味着：我国农业的生产经营模式所形成的物质成果、技术积累、农业文化等因素，会透过国际贸易这一"窗口"对全球农业应对生态危机产生重大影响，他国农业的类型效应也会顺着农业的供求关系传递到我国。因此，我国在制定农业领域的商品、服务、知识产权与投资等对外贸易规则上，不能拘泥于关注顺差、逆差构成的经济利益平衡，并据以定义农业国际竞争力。而是要以生态因素的可持续性利用能力的强弱作为判断的坐标，关注农业贸易背后的生态利益流动（如隐含碳、虚拟水），即我国促成这些贸易流动所付出的、长期被忽视或低估的生态成本，以及通过贸易避免的机会性生态成本。问题不止于此，贸易的进行是以农业及相关产业发展为基础的，因此应对由农业贸易提出的生态化问题的研究不限于农产品进出口环节，而要向产业链的前后延伸。

上述分析所要表达的是农业贸易作为全球应对生态危机冲击人类食物链的事实功能，可见由危机触发的农业贸易发展方式转变在当今世界是无可争议的，我国亦然。接下来的问题就是如何保障我国成功地实施这一转变。该问题可细分为三个子问题：（1）保障的对象是什么？即回应生态危机下转变农业贸易发展方式必须涉及多宽的行为领域范围？是不是只在贸易环节施以特定影响即可达成？（2）转变目标与力度如何？即对该转变保障的程度和行为的深度确立在何种水平之上？转变是微变抑或巨变？是否要在质态而非仅在数量、程度上转变农业贸易增长方式？（3）该转变成功进行的主要保障因素为何？虽然该转变具有必要性、紧迫性，但也必须具备可能性，并需要各国综合利用各种可用手段来最大可能地促成该转变的发生，经济、行政、法律等手段应如何配置？哪一因素应被置于主导因素的地位上？只有对这三个问题的全面回答，才能科学判断我国农业贸易将向何处去，这也正是本书所力图回答的问题。

本书认为，当前我国农业贸易发展方式需要转变除具备前述全球生态危机的语境，还有更多凸显出来的特殊问题。（1）我国的农业贸易长期处于被动状态，在整个对外贸易的产业体系中几乎是竞争力最弱的领域，既有我国消费量大与消费结构转变的因素，更有我国重经济顺差忽视生态因素逆差、怠于应对输入性生态危机的原因。加之对外开放中工业生产规模大幅提升形成巨大的资源消耗，侵蚀土壤、水、大气等农产品生态质量的"生命线"，工农业间收入差距也大量地将优质农业人口转变为工业体系与城市化的"农民工"。所以，当前我国农业贸易折射出的对生态保护的不适应症，其实是我国整个农业产业的发展动力、发展机制等方面的系统问题，只不过由具有国际敏感性的贸易环节提出来了而已。因此，对上述第一个问题的答案就应当是：我国保障农业贸易发展方式转变的对象包括贸易本身，以及支撑贸易进行的产业基础和农业物流等相关服务产业，保障目的所涉及的范围不能局限于贸易环节。（2）需要我国保障转变的任务范围如此之巨，其所涉及的是13亿人口基本生存及对国际农业的强大能动作用，转变目标上不再局限于细枝末节的修补，不再单纯为追求对外贸易顺差，也不能仅关注粮食、棉花、水产品特定领域的一城一池之得失；而要以贸易作为"晴雨表"来关注农业全领域是否具备持续利用自然资源的空间，是否将生态成本嵌入产品的成本结构，能否围绕着提高贸易中农产品生态品质而形成产业基础、支撑性服务业并进的联动效应，将以关注出口适应外国生态标准的做法调整为进出口双向规制均衡发力。可见，当前我国农业贸易增长方式的转变不是量变，而应当是质变，是公私利益来源与评价机制的根本性变化，是与农业传统发展方式及对非农业侵蚀"逆来顺受"的决裂，本书将其称为"转型"。（3）转型依凭何种保障力量进行呢？答案当然是多元的，但法律作为具有共识性的元素地位突出，既是因为国际法已经就该主题形成了蔚为壮观的成果，且相关贸易、环境谈判正在如火如荼地进行；也是因为国内法治的建设能为国际社会提供行为的可预测性，特别是十八大四中全会关于依法治国的决议，是对世界各国的庄严宣示，法律保障在促进我国农业贸易生态化转型的过程中应当被置于中心地位。

据此，本书写作将以"保障"为中心展开，分别对"保障对象""保障方式"两个问题进行论述。（1）保障对象方面，本书将对我国农业贸易生态化成功转型中哪些事项需要法律保障展开论述。一是结合农业贸易与生态系统的关系，以及"生态化"本身含义的解读；二是结合我国贸易地位并以最大保障可能性的外因分析视角，探析我国农业贸易"生态化"转型所牵涉的产业基础、农产品贸易、农业服务、农业国际合作等领域，阐述为什么不能局限于贸易环境，而要向产业基础、支撑服务体系上进行延伸，以贸易为切入点实现全域式转变；三是从转型的质变要求角度，阐述从出口适应到进出口双向均衡规制的转型，剖析背后需要我国积极、主动地参与国际相关制度构建，为国际农业贸易生态化提出"中国方案"的必要性。（2）保障方式方面，本书将根据对保障对象的分析，以法律制度的建构为视角将转型保障分为国内产业基础、农产品贸易、农业服务、农业国际合作四个子领域分别阐述。值得注意的是，本书所分析的农业服务不是 GATs 意义上的农业服务贸易，而是关联于农产品贸易的农业国内服务。没有符合生态要求的服务业态，农产品贸易的生态化转型势必落空，如冷链物流等农业物流方式的发展才能支撑保质期更短、生态品质更好的农产品顺利流通。

基于这样的写作思路，本书第一至第三章主要解决"保障对象"的问题，除对"生态化""农业贸易"等做出事实性分析外，还对当前的国际总体立法趋势、我国的困境等进行研究，展示出本书的问题背景与所建构制度将解决的事实问题、法律问题，该三章是本书的总论。第四至第七章主要解决"保障方式"的问题，对四个子领域内如何通过法律制度进行保障提出作者的观点。总的说来，由于本书研究具有遵循"生态化—转型—保障—法律保障"的逻辑上的转折，基本思路是首先界定农业贸易生态转型含义和特征，分析国际农业贸易法律制度生态化趋势，论证通过制度创新推动我国农业贸易生态化转型的必然性；分析我国农业贸易生态化的法律困境，树立生态化转型法律途径的核心价值、基本原则和制度体系；最后将生态法一般原理用于农业贸易，探索农业贸易生态化转型的具体法律路径。

本书采用以下研究方法：（1）实证分析法，总结我国农业贸易的问题及其制度指向，并考察国际经验与其国情的关联性。（2）价值分析法，分析生态法一般原理对农业贸易转型的价值粘合作用以及对农业贸易转型的价值期待。（3）规范解释方法，阐述 WTO 规则、我国政策及立法等规范的内涵，体现我国农业贸易转型中的制度约束。（4）系统分析法，将"生态化"的基本理念通过体系化分析构建系统的转型制度体系及实现路径。

本书力图在以下方面进行探索：（1）站在农业贸易可持续发展及国际生态化趋势的战略高度，提出我国农业贸易生态化转型法律制度构建的理念和路径。（2）以农业与生态的依赖关系作为新视角，从生态法进路审视农业贸易法律制度不足，运用生态法的基本原理作为改造传统农业贸易法律制度的工具。（3）梳理农业贸易各环节生态化转型的制度需要，构建我国农业贸易完整的生态化转型法律制度体系。

目　　录

第一章

我国农业贸易生态化转型的基本问题

农业有广义和狭义之分，广义的农业概指种植业、林业、畜牧业、渔业，而狭义的农业仅指种植业，由于本书所研究的是贸易的转型问题，遂以贸易形态为据做折中处理。由于林业和渔业在贸易形态和所适用的国际法律规则具有特殊性，本书中"农业贸易"专指农业和畜牧业，即通常所称的"农牧业"。我国农业贸易生态化转型描述的是贸易形态向生态化方向的转化，但是，农业贸易作为我国转变经济增长方式的构成部分，贸易经济利益再平衡、国家政治安全、生态成本等都是其转化的考量因素。为什么"生态化"成为引导我国农业贸易转型的核心要素，并在内容与形式上进行彻底转型而非微量调整，这就取决于"生态化"对"非生态化"超越性的发掘。在进入本书正式论述前，有三个背景因素需要交代：（1）对我国转变农业贸易增长方式的必要性是没有争议的，这是我国发展方式整体变化的子系统；（2）这一转变是以我国长期积累的丰硕的贸易成果为基础的，而不是从零开始；（3）农业的生态因素是该转变过程中重要的关注点，生态化与农业贸易中的经济利益再平衡、国家政治安全是共生而非排斥的关系。

在现实层面上，人类赖以生存与发展的工农业生产活动，对自然资源、环境的干预性，一旦超过其可承受的程度，则会造成资源枯竭、环境污染，不仅破坏自然生态系统，也会影响人类永续利用生态系统满足未来需求的能力。这在工业革命以后已成为人类生活的现实，人类生存基础——农业首当其冲，既因为农业活动是人类与生态系统最直接交流的经济行为，也由于农民、农村社会是人类社会应对环境变化能力最弱的一环，农业要继续发挥人类未来发展的支撑功能，不仅需要减少农业活动的破坏效应，同时也需要增加其在改善地球生态系统中的能动贡献。

纵观人类社会发展历程，对农产品消费质与量扩增是农业产能扩大的主要动力，农业生产者不断增加土地、水、生物资源的使用规模和利用深度，并将大量的工业产品、科学技术用于农业活动中。[①] 全球化时代的来临拆除了之前受意识形态割裂的全球市场壁垒，国际农业贸易的主权性干预逐步消解，国际市场的需求进一步激发了农业生产者施压于生态系统的生产积极性。国际贸易与农业突破生态承载力间的关联性，要求我们将"国际贸易—国内生产—生态系统"作为一个整体问题加以考量，拷问贸易应当在农业与生态系统关系中怎样发挥积极作用，农业贸易生态化转型成为一个重要的时代命题。这对我国这样的处于农业发展方式转型中的发展中大国尤其重要，走生态友好之路，善用国内、国际两个市场满足人民群众日益增长的农业消费需求，是未来必须完成的重大任务。将"贸易"这一引致农业产能最大的动力源控制在生态系统可承受范围内，农业贸易生态化是必由之路，这要依靠法律制度为途径，保障农业贸易从传统形态向生态化方向转型。本章将解读农业贸易生态化的基本含义和制度需求，为全书论述展开提供基本的分析框架。

第一节　农业贸易生态化的基本理解

农业贸易活动是国内生产经营的域外延伸，虽然农业与自然生态系统密不可分，当前各国农业发展也面临严重的资源约束，但是贸易活动本身并不直接影响生态系统的存续规律。不过，在农业生产决策要视对外贸易的需求而定时，国际贸易对各国农业所发出的供求信号就至关重要，各国为对接国际市场而增大农业生产规模、引入新的农业作业方式等，由国际农业贸易引致而增加对生态资源利用范围和力度的现象，是全球农业生态危机的重要来源。可以说，全球化时代中农业要冲破资源瓶颈的束缚，不在贸易环节施加干预是不可能实现的，农业发展要顺应自然生态规律就要对贸易与产业关联模式按照有利于生态保护的方向加以改造。这必然就会打破比较优势作为农业贸易唯一标准的情势，在农业生产、农产品消费、

---

① 王宏燕、曹志平主编：《农业生态学》，化学工业出版社 2008 年版，第 6—7 页。

政府对农业的鼓励与管制等环节中，引入对生态因素的考量，也就是本书所要展开研究的"农业贸易生态化"问题。

它构成了特定国家转变农业增长方式的重要一环，是从贸易环节发力将对自然资源、环境容量的传统而粗放的利用，转变到生态友好、生态助益的利用和保护方式上，这对我国这样的发展中大国尤其重要。鉴明农业贸易范围及其生态化基本含义，立足农业国情来展示转变之路以及其中需要法律制度加以保障之处，是构建保障制度体系的认识前提。对这些基本问题的解读不能脱离实践，而要基于对国际贸易在农业与生态系统关系中的地位、生态价值在国际贸易关系中的地位的正确认识上，厘清国际贸易与农业生态系统保护的对立与冲突所在，哪些破坏生态系统的贸易因素需要以法律制度加以克服。因此，解读农业贸易生态化转型就要从农业生态系统出发，考察贸易活动哪些方面突破了其承载能力，继而制定转型的策略和措施，下文将遵循这样的思路进行分析。

一　农业贸易生态化的现实可能性

国际贸易因素处于农业产业链的下游，而生态因素则是利用自然资源与环境容量的上游环节，由于一国农业一般以国内生产与交易为主，该两大因素联系的紧密度取决于国内、国际市场互动关系对各国农业体系的影响方式。本书所述的农业贸易生态化转型正是建立在这样的认识基础上。

"国际贸易"与"生态"两大因素的关联性，考察的是人类经济行为在利用生态系统满足需要时对其产生的反作用，在生产水平低下、自然资源与环境容量相对充足的时代里，粗放利用自然资源的方式不会造成严峻的社会问题。但是，工业革命后这样的固有模式难以为继，保护性利用才能将人类行为外部影响保持在生态系统承载力之内。[1] 国际贸易是致使资源陷入短缺的重要推动力之一，农业贸易生态化的研究也是建立在它与生态系统的互动关系之上的，随着各国农业的发展和全球贸易的扩大，农业生产经营受到贸易环节的重要影响。农业贸易对生态系统间接影响逐步成为与各国国内农产品消费所施影响相当的因素，农业贸易在整个农业产业

---

[1]　梁启峰：《生态农业：我国应对农产品贸易绿色壁垒的现实选择》，《中国城市经济》2010年第10期。

中作用的发挥机理也要符合生态系统承载要求，也就是要经历"生态化"的改造。生态系统对农业贸易会提出哪些要求，当前的农业贸易哪些地方不符合生态化的要求，它又能作出怎样的改进是需要认真研究的问题，也是我们厘清农业贸易生态化确切含义的前提。这既关系到未来全球农业的发展方式，也涉及国家间农业发展平衡问题，还是各国通过贸易环节维系人类衣食住行的重要手段。不过，各国农业发展样态多元、贸易能力参差不齐，推进农业贸易生态化过程中保持贸易平衡也是重大挑战。

（一）"生态"与农业系统的关联是客观基础

"生态"（eco-）是一个含义极其广泛的词汇，被用于指代自然界、人类社会多种对象，在其词义的发展过程中经历了从静态到动态，从个体到群体再到不同群体组成的生命系统的扩展。该词源于古希腊的"οικος"一词，意指"住所"或"栖息地"，"生态"可以被看作是自然界中生物的住所，1865 年，德国生物学家 Hanns Reiter 合并两个希腊词"oikos"和"logos"构成了"生态学"一词。德国生物学家 E. H. Haeckel 首次提出了生态学的定义，他认为"生态学是研究生物有机体与其周围环境之间相互关系的科学"，强调的是有机体与非生物环境之间，以及有机体之间的相互作用。[①] 据此可见，"生态"一词既指个体生物的静态生存状态，也指生物间及其与环境因素间的整体性动态平衡状态。根据生物组织水平由高到低，"生态"可分为分子、个体、种群、群落、生态系统、景观、全球 7 个层次，虽然具有这样的多层次结构，但生态的核心是种群、群落和生态系统，特别是生态系统的结构、功能。[②]

种群意义上的"生态"所关注的是生物个体在种群内的微观性生存状态，群落意义上的"生态"所关注的是物种间形成的食物链、竞争和互利共生关系的中观性生存状态，生态系统意义上的"生态"关注生物与非生物环境间的关系，即"一定空间区域内生物群落与非生物环境之间通过不断进行物质循环、能量流动和信息传递过程而形成的相互作用及相互依存的统一整体"[③]。动植物、微生物和非生物环境所构成的生态系统，

---

① 宇振荣：《我国农业/农村生态景观管护对策探讨》，《中国生态农业学报》2012 年第7 期。

② 毕润成主编：《生态学》，科学出版社 2012 年版，第 1 页。

③ 同上书，第 2—9 页。

向人类提供了生物资源、改善环境、调节气候等生态服务，人类最为直接、频繁地利用生态服务的活动，发生在农业领域的生产中。而人类在利用生态系统满足自身需要时，其行为也会对自然状态下的生物与环境产生影响，包括生物资源利用和污染物排放等，都是对生态系统的不利影响，改变特定物种在生态系统中的"生态位"和非生物环境质量的原生状态。[1] 与此同时，生态也被赋予了丰富的修饰性含义，从描述客观世界发展到刻画社会现象和社会问题，常被用于描述人类相互间及其与外部生存环境的互动关系，如社会生态、文化生态等提法即是。

包括贸易环节等农业生产经营行为的产业链，是人类经济社会体系与生态系统联系最为紧密的部门，它直接以自然因素为劳动对象，也以自然生产的成果为劳动资料，人类在历史的发展中已经"截取"一部分自然生态系统来作为人类社会维系的物质基础，即农业生态系统。农业是地域性很强的经济活动，在生产力水平较低、经济体系较为封闭的时代，农业活动利用自然生态系统的目的在于满足个人、家庭日常消费需要，农产品供给与消费关系覆盖的地理范围是非常有限的，也没有为非农业产业提供原料的巨大压力。

但随着工业革命的到来，农业的存续规律发生了根本的变化：一方面，人类的经济社会发展进入了以工业体系为主的时代，城市文明取代农业文明成为主流社会的基本运行模式，农业生产不再奉自足性为圭臬。以满足城市新增人口的消费需求，为轻、重工业供给原料成为农业新的生产目的，不仅为人类的生存提供蛋白质和纤维，也大量地产出工业生产需要的非食用性原料。[2] 城市化对人口结构带来的改变既减少了可投入农业生产的劳动力，同时部分农产品的生产者变成了纯粹的消费者，对农业生产的规模和效率都提出了更大的要求，在社会平均劳动生产率不急剧提升、农业基本生产经营方式不发生根本改变的前提下，扩大对自然生态系统使用的地域范围和利用深度是必不可少的选择，这就意味着对生态系统的构成部分及其整体施加更大的人类干预。

另一方面，生态系统与农业生产系统关系的变化不止于此，还受工农

---

[1]　毕润成主编：《生态学》，科学出版社 2012 年版，第 10 页。

[2]　骆世明：《生态农业的景观规划、循环设计及生物关系重建》，《中国生态农业学报》2008 年第 7 期。

业地位变化的深刻影响。工业体系的发达、城市化进度的提速、人口规模的扩张，都对农业系统提出了更高的产量要求，而传统作业方式是无法对其加以满足的，对农业进行工业化改造成为缓解这一社会矛盾的突破点。利用工业技术改善种子的性状，利用石油工业形成的化肥、农药等产品改变农作物生长环境，利用城市供应的现代管理体制购销农产品，为传统农业作业环节增加了若干上游环节，也延伸出诸多的下游环节。面对现代社会对农业的新需求及其对农业生产系统的工业化改造，土壤、水、森林、草地等生态系统因之承受着更重的压力，也受到来自工业系统更重的污染和破坏，农业生产的社会产品价值主要由工业社会来加以评价。这样一来，人类利用农业生态系统的方式就形成了：种源商业化、农业投入品与农业科技的工业化、农业服务的智能化、农业产业运行的资本化、农业社会产品（包括农产品和服务）的城市化，维系农业发展的所有因素中，除了农民的劳动外基本上依附于工业体系和城市文明。

（二）生态系统与农业贸易的关系释放出生态化的可能性

大航海时代打破了地球上不同国家的地理隔断，交通和通信方式的极大改善推动了国际贸易从一种商人的冒险活动，转变为国家经济生活的有机构成部分。第二次世界大战后特别是 20 世纪 80 年代开启的经济全球化时代的到来，极大地加深了国际贸易在各国国民经济中的地位，使其成为与国内消费、投资并列的三大经济发展动力之一。对农业而言，贸易所带来的变化不仅是农产品的互相交易，并且农作物种子、化肥农药等农资产品、农业机械等许多非传统农产品贸易的内容也加入了进来，农业作业技术、科学管理经验等智力性因素也成为贸易的重要内容，国际农业贸易的工业化、技术密集程度大大加深。同时，各国关于农业的贸易内容还不限于产品、服务等贸易客体的内容扩张，农业领域的国际投资也成为越来越重要的内容，这样的发展趋势下农业贸易对生态系统的影响方式和深度都在急剧变化。

农业贸易是将农业生产获得的社会产品、服务供产地国之外国家（地区）消费，或通过相同途径从其他国家（地区）获取农产品和服务的经济行为。贸易对象上包括农产品、服务两大门类，服务是围绕农产品而展开的，因而农业贸易与生态的关系集中体现在农产品上。① 二者的关系通

---

① 张壬午：《倡导生态农业建设美丽乡村》，《农业环境与发展》2013 年第 2 期。

过农业生态系统的内在特征（从农业生产行为与生态系统关系而言）、国际贸易对农业生产的信号机制的双重因素而达成，是全球环境危机下必须关注的重要问题。

一方面，农业贸易通过资源在全球范围内优化配置，能将人类对农业生态系统的不利影响降到最低。农业生态系统是以农业生物为主要组分、以农业生产为主要目标、受人类调控的生态系统，由于物种比自然生态系统少，其稳定性、缓冲性及恢复能力较差。并且开发性强，除了自然的输入（如降雨、日照、生物固氮等）外，还有社会的输入，如人力、机械、化肥、农药、信息、资金等，可以说它不仅受到自然规律的支配和调控，还受社会经济规律的间接支配与调控，是被人类驯化了的生态系统，也常常称为人工生态系统。[①] 人类整体上对农业生态系统的输入量决定着对其干扰的程度，输入量取决于生产消费需求得到满足的程度，在自给自足的状态下每个人都必须向农业生态系统输入不同的元素，但在社会分工良好的状态下，特定领域内由生产效率的优势主体集中地利用农业生态系统，可以减少重复利用、低效利用的问题。因此，社会分工跨越的地域范围和分工的深度，间接地决定了人类利用农业生态系统的程度和频度，社会分工越科学，生产系统与消费系统的衔接程度越高，则人类内部浪费的自然资源就会越少，农业贸易就是将经济生产活动分工推向人类最大生存圈的方式。[②] 农业投入品、农产品在全球范围内运行，农业机械、科学技术以及农业服务在全球范围内交流，既能整体地提高各国人民利用农业生态系统的能力，也能通过形成国际农业合理分工来提高人类利用农业生态系统的整体效率，减少浪费和重复利用。因此，合理的农业贸易所形成的社会分工，以及由此而带来的农业资源配置的优化，是减少人类对农业系统社会性输入、减少人类对自然环境和生物群落干扰程度的有效途径。

另一方面，农业贸易与生态系统涵养存在着内在张力。第一，二者在价值追求上存在差异，农业贸易是将农业活动对生态系统利用的成果进行一般价值化，是抽象价值在国家间的流动。而生态价值则关注的是具体生物在种内、种间的互动关系，以及在生态系统中的"生态位"，还包括生

---

① 王权典：《生态农业发展法律调控保障体系之探讨——基于农业生态环境保护视角》，《生态经济》2011 年第 6 期。

② 王宏燕、曹志平主编：《农业生态学》，化学工业出版社 2008 年版，第 6—7 页。

物与非生物环境的具体联系，农业生态系统的涵养是反抽象，而诉诸具体生物、环境因子的实际价值的。第二，农业贸易形成的国际分工与生态系统的多样性要求存在冲突。贸易成果的获得与扩大建立在分工前提下的比较优势上，贸易基础则要求相对单一的经济行为方式，以及特定经济行为对农业生态系统特定部分进行单一、深度的利用，这与保持农业生态系统稳定的多样性要求存在内在的冲突。第三，农业贸易的全球性扩张需求与农业生态系统保护的地方性存在抵牾。农业贸易的扩大就意味着其在地域范围内不断扩及全球所有地区，在贸易对象上不断纳入所有具有交易价值的农产品、服务，在贸易方式上不断将人类利用农业生态系统获得产品赋予抽象的价值，具有强烈的扩张性。[①] 而由不同群落和非生物环境所形成的生态系统具有较强的地域、时空异质性，生态系统的涵养更多的是地方性问题，其益处和受到破坏的影响直接作用于地方社区和本地居民。

二　农业贸易生态化的含义与特征

"农业贸易生态化"构成本书论述的基石，是转型所要实现的目的，必须对其形成清晰认识。在前文对其可能性、必要性的阐述基础上，可以看到农业贸易的生态化既具有农业与生态系统的客观联系的事实背景，也有生态危机出现对农业体系产生破坏性影响的时代性背景。从社会关系角度观之，农业贸易的生态化是以农业贸易与生态系统的关系为载体，调适农业贸易活动的生态成本以保持其在生态系统可承受范围之内，既修复生态以保证农业贸易持续进行，又以生态化为契机将农业贸易作为生态保护的产业领域。其意涵构造的核心是贸易升级，但又不止于此，伴随贸易升级的产业基础与服务支撑也是生态化的应有之义。下文将从破解农业贸易哪些节点上具备生态化改造的可能性入手，解读农业贸易生态化的含义和特征。

（一）农业贸易中的"可生态"之处

我们必然要追问农业贸易过程中存在哪些"可生态化"之处，其答案存在于具体的贸易关系中。农业贸易关系首先是交易关系，目前看来，交易关系至少但不限于以下两类，一是生产者和消费者处于不同国家（地

---

① 乔桂银：《生态农业发展的制约因素与对策建议》，《中央社会主义学院学报》2009 年第 12 期。

区）而形成的供求关系，即农业生产与消费需求间的关系，这是传统意义上的国际贸易关系；二是生产关系中的上下游经营者处于不同国家（地区）内，它们之间形成了原料、半成品和成品的供求关系，即农业生产链中的上下游贸易关系，这是全球价值链时代呈现出的新方向。两类国际农业市场的需求都包括贸易对象和过程两个因素，前者主要指农产品以及动植物种源、投入品、农机具和相应的资金投入，是农业生产资料、劳动工具、劳动对象以及劳动成果的结合体，体现自然条件与人类行为复合效应；后者则主要指保障农产品从生产端流向需求端的中间环节，即一系列价值传递行为，以及其中各种条件形成所需要的资金投入，因此，农业贸易生态化是对象和过程生态化的综合效应。[①]

农业贸易是具体价值和抽象价值在国家（地区）之间流动的活动，前者主要指农产品、农业服务和技术的国际贸易，由于农业技术主要包括在农业设备等产品和咨询等服务领域，而许可经营的情形相对较少，本书将其融入产品和服务中一并论述，涉及诸如动植物新品种、农业知识产权等特殊问题时再加以特别论述。后者主要指农业领域的国际投资，主要关注投资的问题。按照这样的分析框架，农业贸易生态化就是在农业领域商品、服务国际贸易及相关投资中，除了考虑经济利益外还要考虑其对生态系统的影响，这要反映到农业贸易关系中才能产生效果。[②] 确切地说，农业贸易生态化的实现取决于贸易关系对生态因素的吸纳、承认的程度，这其中贸易关系的主体并未发生变更，而是通过将生态因素纳入为农业贸易关系的新客体，从而改变这些主体的权利义务内容，使保护生态系统的现实需求从影响农业贸易的外在条件，内化为农业贸易关系的构成部分。

但是，并非农业贸易所有环节都必须浸润生态因素，而要根据农业贸易关系的客观情况和具体环境来实现其生态化过程，农业贸易与生态系统的连接点就成了其可生态化的关键所在。根据农业的发展规律，笔者认为农业产业在国际贸易环节的四个方面具备"可生态化"的属性：（1）农业贸易产业基础的生态化，这主要就农产品生产经营而言，该环节涉及农

---

① 刘星辰：《几种典型生态农业模式的优点及实现途径》，《中国生态农业学报》2007年第11期。

② 李洪泽：《生态农业综合效益评价指标体系及评价方法》，《中国林业经济》2007年第9期。

业投入品、农村自然资源与生态环境等的利用，是贸易生态化的源头；（2）农业生产经营的服务支撑体系生态化，农业的田间生产、市场经营中需要物流、金融等服务业的支撑，这些服务提供者奉行助益生态、摒弃污染的理念，是形成生态化的重要环节；① （3）农业贸易方式与手段的生态化，科技与投资等元素将参与形成贸易体系，贸易过程本身的低碳化、绿色化是贸易生态化的内在要求；（4）农业法律政策体系的生态化，即对生态化的生产经营予以支持保护，淘汰、处罚不符合生态化要求的行为。包括在进出口贸易过程本身、农业国内支持及相关服务业发展政策中体现生态要求、呈现生态定价，是国家发挥干预作用促成农业贸易生态化的基本途径。

（二）农业贸易生态化的内涵

从如上四个"可生态化"点的分布，可见农业贸易生态化具有综合性意义，既包括贸易行为本身，也包括它对整个全球价值链形成生态化影响，即对上游环节形成生态化倒逼机制。本书对"农业贸易生态化"作以下三点解读。

1. 农业贸易体系的升级是生态化的内容

农业贸易生态化的对象范围是贸易内容的全域性转变，除农业产业基础外，由贸易内容、贸易结构与贸易手段方式等构成的农业贸易体系也要实现生态化升级，并向生产经营上游环节形成生态定价信号的反馈，促使农业成为生态友好与技术资本密集型的高科技行业。

第一，农业贸易生态化的核心内容是整体地提升农产品生态品质。这是从结果意义上考察农业贸易对人类价值的必然要求，农业贸易生态化至为根本的就是国际市场供给关系能带来生态品质更高的农产品，向生态化的转化就是要从以经济成本来确定比较优势的模式，转变到以农产品质量生态水平为重要衡量因素上来。这就意味着农业贸易的生态化在农产品的准入上要求技术标准、检验标准水平的整体提升，在主体准入方面相应地提出更高的要求。

第二，农业贸易生态化是贸易绩效与生态成本挂钩的价值评价模式。生态化是参与农业贸易的相关主体积极行为的结果，主体对贸易绩效的价值评判标准是关键因素。贸易主体要在行为动机与利益衡量过程中偏向拥

---

① 严立东：《绿色农业生态资本累积机制与政策研究》，《中国农业科学》2011 年第 3 期。

护生态化，至少但不限于以下两点要求：（1）国际农业市场主体将产品的生态品质作为衡量盈利水平、形成经营预期的重要目标，市场机制能灵敏地显现产品的生态品质，并确保高生态品质获得高价格和更多市场份额、低生态农产品被淘汰的甄别效应；（2）各国政府的贸易管制与促进行为，以及国家间、国际组织之下进行的农业贸易方面的合作，要以生态因素作为干预、调整国际农业市场的工具之一，将产品流的生态品质、资金流投向生态产业与区域、信息流能对生态与非生态形成区分等作为衡量国家农业国际竞争力的绩效标准。

第三，农业贸易生态化是农产品、国内产业基础、贸易服务[①]支撑体系在内的整体贸易链的生态化。围绕贸易对象——农产品的生态品质提升的是国内农业的生态化经营，这区别于以往高品质外销、低品质内销的"双轨制"贸易模式，而是农业的资源节约、环境友好的整体水平能同时符合国内与国际两个市场的要求，以确保既跨越他国非关税壁垒，也能以国内高水平的农业生态性保护水平将生态品质不高的农产品、农业投入品拒之门外，能对不利于农业生产经营生态化的服务贸易、国际投资说"不"。相应地，支撑贸易过程的物流、金融等服务业，对其服务对象——农产品要求具备生态品质，减少服务进行过程中自身的资源消耗与环境不利影响，通过设置物流技术标准、绿色金融指南等将低品质农产品拒于全球供应链之外。

2. 农业贸易比较优势重构是生态化的形式

以农产品贸易为核心的整体贸易体系向生态化方向升级，必然要求由自然资源与环境容量的可持续经营能力构成的生态因素，成为农业国际竞争力指标体系的重要构成，修正农业贸易比较优势评价标准是生态化的基本形式。针对当前我国主要以农业产业内贸易结构为主要评价尺度的做法，生态化还要求将关注点向外扩散而关注农业主要污染源——工业与城镇生活因素，还要求将关注点细化到特定产品内不同生产要素间的配置关系上。质言之，农业贸易生态化是要在产业间、产业内、产品内三个层次上，形成生态因素的贸易比较优势。

我国农业贸易在体量和特定优势产品上已经奠定了较好的基础，生态

---

① 燕芳敏：《中国现代化进程中的生态文明建设研究》，博士学位论文，中共中央党校，2015年。

化要求在此基础上重构比较优势的标准。（1）产业间生态因素利用比较优势的重构，意味着工业结构与布局要与农业结构、主产品等区划规则协同，形成工农业利用自然资源、环境容量的均衡局面，对处于弱质的农业部门加大绿色补贴。（2）产业内生态因素利用比较优势的重构，改变当前我国利用自然资源、环境容量时倚重水产品、水果、花卉等资源密集产品，轻视粮食等基础产品的失衡问题，重构农业内各品种间生态资源利用及通过提高生态品质营利的能力，减少生态因素逆差。（3）产品内生态因素利用的比较优势重构，改变特定农产品在种质资源、种养、交易诸环节，在良种、生态化肥等投入品、农产品品牌与农业技术等方面出现的价值低端、资源高消耗地位的全球供应链锁定，增加种质培育、技术研发等生态耗费少的部分，减少单纯利用土地、水等资源进行种养的部分，改变"举全国之力，养世界人民"的格局。

　　3. 农业贸易双向调控是生态化的实现方式

　　农业贸易生态化不是适应他国生态标准的被动性举措，也不是根据国际条约或"软法"等进行应时之变，而是统合国内现代农业发展与国际市场平衡之需，以贸易的双向调控作为基本的实现方式。既要阻却生态品质差、资源与环境容量消耗大的贸易内容，为生态逆差"止血"，并将生态品质高的产品推向国际市场；又要树立自己的生态标准，根据国内生态保护与农业发展状态，对贸易伙伴、贸易内容、贸易过程、贸易方式进行选择。

　　这就意味着改变促进出口创汇、以数量优先来增强农业国际竞争力的做法，纠正将农业贸易的生态问题片面理解为跨越外国非关税壁垒的理念。[①] 而要在坚持非歧视原则前提下，注重生态化手段的双向性，既重视突出贸易壁垒又重视进口环节的生态性保护。同时，以农业贸易生态化为动力引导贸易增长方式的转变，以贸易结构的优化带来的生态品质提升，来适应当前我国农产品消费结构转变的大势；反过来，借助生态化的契机将我国农业中已有生态保护成果，以透明、公允的国际贸易规则进行转化，将农业发展的成果在国际市场上兑换为实实在在的社会价值。[②]

　　综上所述，本书所言"农业贸易生态化"可定义为：为农业与非农业间、农业内各子领域间、农产品生产经营各要素间达成以生态因素利用

---

　　① 万金：《中国农产品贸易比较优势动态研究》，博士学位论文，华中农业大学，2012 年。

　　② 尹成杰：《农业跨国公司与农业国际化的双重影响》，《农业经济问题》2010 年第 3 期。

为标准的比较优势，围绕提高农产品生态品质为核心，通过进出口双向调控，推进农业贸易体系向资源节约和环境友好方向升级、并反作用于生态保护的全过程。

（三）农业贸易生态化的主要特征

第一，国际贸易是造成全球生态危机的主要推动力。对生态系统产生负面影响并非来自个人满足自身消费的行为，而是那些大量制造商品并通过交易来满足他人需求的生产行为，扩大交易规模和层次是人类行为加重生态系统负担的主要来源。各国发展形成的生态危机在 20 世纪中后期开始集中地体现出来，这不是偶然现象，而是和平与发展逐渐替代冷战对抗后，世界大多数国家开始积极参与国际合作的姿态推动自身发展，形成了经济全球化的趋势。这在人类社会内部带来了产品、服务的跨越式发展，极大地丰富和满足了世界人民的各种需求，但客观上造成了整个人类社会利用自然资源、清洁环境时，超过了生态系统自我更新的速率和规模，个体理性形成了集体不理性。[①] 因此全球化趋势下产品、服务交易以及附随于其上的资本流动急速增长，引起各国生产经营者为利用这一潮流而极大地扩大经济活动深广度，生态系统被更为深度地利用。可以说，国际贸易是当前造成生态危机的主要驱动力之一，贸易的生态化是人类社会可持续发展的一个战略性步伐。

第二，农业贸易生态化的核心是承认生态因素在全球农业价值链中的地位，它要求贸易对象与贸易过程都要符合生态化的需求。国际市场对农业经营活动的生态价值给予价格承认，各国政府赋予优位性贸易待遇，而对相反行为市场与国家给予双重否定评价的农业贸易行为模式。主体方面农业贸易生态化包括贸易主体和各国政府，行为模式上包括市场给予价格承认、各国政府在贸易管制中提供优惠的待遇给予国家承认，而所有主体和行为针对的对象都是：农业生产、加工、运输等经营活动中，减少对生态系统破坏、增加对保护生态系统贡献而形成的"生态价值"，增加这些行为对生态系统保护所产生的正外部性。贸易对象的生态化需要生产者按照生态规律组合自然资源与种质资源、投入品才可能获得，但贸易对象的生态化不等同于农业生产的生态化。贸易对象生态化不是直接关注农业生

① 张军：《技术创新在我国农业国际贸易竞争中的作用及对策研究》，《农村经济》2007 年第 8 期。

产如何保护生态的问题，而是如何向生产者有效传递关于产品、生产过程生态质量的市场信号问题，以及政府通过鼓励和强制抑制自发性市场行为破坏生态系统的问题。此外各个贸易环节内在的贸易过程也必须实现生态化，这些交易行为构成了供求关系的中间环节。在这其中，包括减少运输和销售等交易行为对生态系统的破坏，增强金融与保险等有利于分散破坏性风险的行为领域。并在此过程中，对上游行为发出生态价值的信号，改变生产经营环节主体对其与生态系统关系的认识和价值预期。

第三，农业贸易是全球生态危机背景下经济社会体系中最需要实现生态化的部门。纵观自由贸易对生态系统造成的不利影响，作为人类生存发展基本条件的农业首当其冲，不仅体现为国际贸易扩大对农业的生态承载能力的透支，其生产全过程高度依赖自然条件，是人类最接近生态系统的行为领域，也是非生态化贸易对全球人民基本生存最直接的威胁所在。还体现在全球化背景下工业、服务业的发展对农业生态环境的污染和破坏，以及在经济资源和人力资源上对农村的侵夺。在现代社会到来前，农业无须破坏生态系统即可为人们提供食物，并向其他产业提供原材料，但国际贸易的发展使得国内、国外两个市场的需求，成为引导农业生产结构和作业方式的主要因素。农业市场交易关系是最为重要的资源配置传导机制，但两个市场缺乏统一主权意志加以整合，由于各国国情差异形成对农业生态功能的不同认识，各国就必须关注隐匿于国际农业贸易标的和方式背后的生态因素，衡量本国农业的贸易优势和劣势时，不仅要看是处于贸易顺差还是逆差，还要考量既有贸易格局对国内自然资源和环境容量的增益与减损作用，研判其是否符合本国可持续发展利益。① 在全球资源与环境问题越来越突出的背景下，决定了各国需要关注农业领域的商品与服务进出口及相关投资行为，对本国生态系统到底做了多少加法、多少减法。因此，农业部门是贸易生态化必须首先关注的领域，农业贸易需要生态化。

三 农业贸易生态化与相近概念比较

由于一些生态系统构成部分的保护问题，已经在以往的国际贸易中体现出来，特别地体现在各国就环境问题引发的贸易争端中，与"农业贸易生态化"含义相近的"绿色农业贸易"和"低碳农业贸易"引起国际社

---

① 马有祥：《国际农业贸易自由化研究》，博士学位论文，华中农业大学，2005 年。

会的关注。但这两个语词与"农业贸易生态化"在词义和制度意涵上，都存在重大的不同，以下将对其进行比较，从而加深对农业贸易生态化的理解。

（一）农业贸易生态化与绿色农业贸易

绿色农业贸易是源于发达国家在国际农业贸易中，将其国内环保标准适用于来自发展中国家的农产品，使其因不符合卫生检疫和技术标准而被拒之门外，发展中国家一方面反对发达国家单边地适用国内标准，一方面着力提高本国产品的环境质量标准，农业贸易呈现出"绿色化"的形态。[①] 因此，绿色农业贸易主要是针对农产品的环境标准而言的，意在不同发展水平国家的差异性卫生、技术标准间形成公允性做法，它与农业贸易生态化的共同点都在于强调贸易对环境的保护效果，但也存在较大的差异：

一是在贸易对象的范围方面有所不同。农业贸易生态化包括农产品、农业服务，以及附随于其上的投资，含摄了所有农业产业供国际贸易交易的所有对象，生态化的过程是要引导它们的整体性变革。但绿色农业贸易主要是针对农产品而言，特别是农产品中的农药兽药残留、病虫害疫情等，在贸易关系中体现对农产品质量需要符合特定环境标准的要求。而对农业领域内的服务、投资却鲜有绿色贸易的要求，因此它以货物贸易关系作为基本语境。

二是对法律制度提出的调整要求是不同的。农业贸易生态化是通过贸易环境的制度创新，既直接提高贸易行为的生态效应，也间接地向生产经营环节形成生态效应传递。需要相关法律法规制度调整的问题不仅包括农产品进出口的边境措施、贸易管制等，也包括农产品与服务的结构平衡引导措施，国内农业支持中的生态保护支持，国内物流行业生态化的提高而对产品贸易形成支撑效应等，这就体现出农业贸易生态化需要调节整个价值链与生态系统的关联模式。[②] 而绿色农业贸易需要解决的主要问题，是不同国家农产品环境质量标准的冲突，特别是明确发达国家片面适用的国内标准是否符合国际标准，在高于 CAC 等组织制定的国际标准时，是否

---

① 王国勇：《我国农业国际贸易水平提升对策分析》，《科技信息》2012 年第 8 期。

② 夏英祝：《加入 WTO：中国农业如何参与国际贸易竞争》，《农业经济问题》2003 年第 3 期。

符合 GATT 中的"环境例外"条款、SPS 和 TBT 协议规定的条件。可以说，绿色农业贸易所针对的主要是贸易争端，而农业贸易生态化则是站在人类与生态系统的关系上，考察如何改善贸易本身，并通过贸易环节改善整个农业生产经营方式的问题。

（二）农业贸易生态化与低碳农业贸易

"低碳农业贸易"也与农业贸易生态化含义较近，它是近年来气候变化效应越发明显的时代背景下，对农业贸易作出的一种新的要求。它主要针对农业贸易环节及其生产经营基础环节中的温室气体排放，比如农场动物粪便、农田的甲烷排放等。它要求关注贸易对象在全生命周期的"碳足迹"，不论其是否体现于最终产品中，从而作为根据不同产品的碳身份而赋予不同的贸易待遇。[①] 显然，比起绿色农业贸易来，低碳农业贸易对产品、服务的全价值链的关注更加全面，是对贸易对象从种植和养殖、管理全过程的关注，这与农业贸易生态化更为接近，但是二者也存在较大差异。

一是贸易对象所涉及的生态要素范围有所不同。低碳农业贸易主要关注农产品、服务流动背后的碳足迹，也就是贸易对象中的"隐含碳"问题，但是温室气体排放不是农业贸易及其产业基础所有的生态内容，而只是其中的一个方面。但是农业贸易生态化不仅关注隐含碳，还包括支持农业贸易进行而利用的土地、水、生物资源等多种生态因素，关注贸易流背后所隐含的虚拟水等。相比低碳农业贸易而言，农业贸易生态化对贸易及其产业基础环节与生态系统关系的关注，综合性更强，而低碳农业贸易的关注则主要集中于温室气体的问题，更加深入而专向。

二是两者所涉及的主要法律问题和基本立场是不同的。低碳农业贸易中的法律问题更多地要通过国际贸易规则和国际气候变化制度协调而进行，由于温室气体多没有体现在最终产品中，低碳农业贸易所带来的首要问题是：贸易规则是否可以以生命周期中的碳足迹来作为判断"相同产品"的标准，实质性规则最终要视气候谈判的结果而定。而农业贸易生态化则是一个更为宏观的问题，它要考虑贸易环节不同国家国内法差异协调、国际贸易规则与生态保护国际规则协调的问题。每一个国家的对外贸易理念，及其作为全球生态保护义务人而对自由贸易权加以调适，通过本

---

① 刘竹：《论 WTO 规则在国际贸易新形势中的角色》，《法制博览》2015 年第 12 期。

国贸易战略、基本理念和制度框架的改变，来增强对全球农业贸易保护生态系统的贡献。[①] 所以，低碳农业贸易仍然是站在国与国之间贸易利益协调的关系上的，而农业贸易生态化在这对关系之上，更为重要的视角是落脚于每一个国家贸易行为的生态效果，是其超越低碳农业贸易的一种重要体现。

第二节　农业贸易生态化转型的内容及其中国意义

一　农业贸易生态化转型的动因分析

农业贸易是否需要转型以及是否要以生态化为转型方向，须审时度势地加以判断。传统农业阶段生产力、农业消费需求都较低，农民往往根据传统经验、遵循气候规律和时节来安排生产，并向市场提供有机化程度高的产品。但随着国际农业市场形成，工业技术进入农业作业环节，为满足短期贸易利益需要扩大农业生产规模，对生态系统造成了威胁，扼杀了农业持续发展的物质基础。改变市场需求对农业生产倒逼模式非常迫切。但生态化是否成为农业贸易转型的必然方向，还要视其中推动转型的动力何在，这取决于当前转变农业增长方式的主要矛盾为何。[②] 从全球农业产业发展及其贸易方式来看，这个主要矛盾就是：资源约束下的全球生产方式，与由消费总量增长、结构变化推动的农业贸易增长方式间的矛盾。它既受到贸易引致型农业生产对资源利用方式的影响，也受到全球贸易从反自由贸易到自由贸易，再到 2008 年金融危机后新贸易保护主义兴起对贸易体制的深刻影响，可以说农业贸易转型及其以生态化作为基本方向，是全球生态危机和国际经济新秩序综合推动的，需要各国废弃经济利益至上的旧观念，正视农业贸易与生态系统永续利用，以及不同国家贸易利益在此过程中需要充任的角色。

（一）应对全球生态危机要求农业贸易生态化转型

农业经济活动在过去的较长时期内利用、干预土壤、水、生物资源组

---

① 李丽：《低碳经济对国际贸易规则的影响及中国的对策》，《财贸经济》2014 年第 9 期。

② 刘丽：《中国与巴西生态农产品贸易分析》，《世界农业》2016 年第 1 期。

成的自然生态系统，为人类社会的繁荣发展提供了丰富的食品消费和工业原料，造成资源枯竭、环境污染和气候变化等后果，反过来又威胁到人类自身的生存。由人类主导的农业产业系统由起初解决食物短缺、工业体系原料紧张的正反馈效应，逐渐地转变为对人类持续发展的负反馈，这种转变不是由于自然原因造成的，而是由于人类消费对自然系统的过度索取、过多地利用非生态手段对自然规律进行干预，属于"自为性"生存危机。虽然是以人类生存的自然环境因素的变化为直接标志，但要纾解这一问题必须实现农业产业系统与自然生态系统的匹配，即将农业也视为一个独立的生态系统，在这方面产业生态学的研究给予了我们重要的启示。

产业生态学认为：人类赖以生存的环境，包括物理环境如地理环境、生物环境、人工设施环境、经济运行环境、文化环境和作为主体的人类一起构成复合生态系统，即社会—经济—自然生态系统。① 这当然是就全球范围而言的，在全球经济化时代国际贸易的需求在这个系统中的地位举足轻重，从贸易反映的消费需求压迫生态系统利用的关系看，生态系统承载能力的涵养需要农业贸易转型来加以适应；从农业生态系统对人类社会的反馈效应来看，起源于农地的人类食物链安全已经受到严重的威胁，对农业产业资源流中的生态质量必须高度关注，农业贸易也必须完成这样的调适以确保食物供给在质和量上的安全。

1. 农业贸易须适应全球生态环境保护的需要

在国际农业发展过程中，贸易发挥着连接消费者与生产者、上游生产者与下游生产者的功能，贸易的基础根植于农业经营活动中，农业生产条件、方式等方面的变化也会相应地影响农业贸易的内容。当前，各国农业都遭遇了严重的环境资源危机，在全球范围内形成对粮食安全、公共卫生安全等非传统安全领域的威胁，农产品减产可能造成无农产品供贸易的局面，而片面强调经济利益的传统贸易模式，可能继续向生产者输送破坏生态系统的农业投入品、农机具等。农业可持续贸易要求贸易活动与农业经营活动联动，也就是全球生态保护对各个产业发展形成外部约束的背景下，农业贸易要承认生态系统的服务价值，贸易制度要依据农业生产经营行为的生态足迹给予不同的贸易待遇，生态化转型是其必然要求。

———————

① 莫少颖：《绿色壁垒对我国农产品出口的影响及对策研究》，《改革与战略》2010 年第 7 期。

从农业生产经营活动对农业贸易的影响角度看，当前生态状况对农业发展形成较强的资源、环境容量约束，要求农业向着复合功能方向转变，农业贸易也要因应地朝着生态化方向转型。[①] 技术革命为人类在工农业发展中改造自然提供了丰富的技术和工具，极大地刺激生产力的同时，也极大地透支了生态系统提供自然性公共产品的能力。工业生产制造了大量的空气、水体、固体和噪声污染，化肥、农药、除草剂、地膜等工业产品在促进增产的同时，造成大量的污染物沉积，机械化耕作技术和设备的推广与使用加深了农业活动对生态系统影响的深度。这种扩张性增长方式极大地损害了生态系统的固有功能，土地污染、沙化严重，土壤结构及其营养功能都遭到破坏，整体上土地资源的经济功能严重退化，难以在以往发展模式下继续供农业使用。水资源也遭到严重的污染，地下水位急剧下降，支撑农业发展的水循环和水环境受到严重破坏，这不仅威胁到农业用水，甚至危及日常生活用水。长期的掠夺性开发造成物种灭绝，生态环境多样性丧失，生物圈开始呈现出"碎片化"，农业发展所依赖的生物多样性基础已岌岌可危。[②] 同时，人为排放的温室气体已造成全球气候变化现象，维系农业生产的空气温度与湿度、降水规律等都开始发生转移和变化。这些生态系统出现的紊乱现象，使农业发展所依赖的资源种类和数量急剧减少，能继续接纳农业生产负外部性的环境容量变得稀缺。人类以往发展的生态欠账使得农业活动不只是要继续发挥经济功能，更要维系社会继续发展，农业自身要跳出只进行经济利益计算的囹圄，而承担经济、社会、生态保护的多样化功能。[③] 农业复合功能的发挥要获得社会认可最直接的就是贸易活动，这就需要农业贸易因应转型来为农业发挥复合功能提供基础实现途径，能与农业这种变化匹配的就是让农业市场、政府对生态价值给予承认，也就是农业贸易的生态化转型。

从贸易环节对农业生产经营活动的能动作用角度看，农业贸易能为生产经营环节提供符合生态规律的生产资料，也能通过贸易满足日常生产、生活需求。自从自然经济生产方式打破后，农业生产所需的动、植物种质

---

① 周文宗等编：《生态产业与产业生态学》，化学工业出版社 2005 年版，第 57 页。

② 孙才志：《中国粮食贸易中的虚拟资源生态要素估算及效应分析》，《资源科学》2012 年第 3 期。

③ 陈欣：《农业系统中生物多样性利用的研究现状与未来思考》，《中国生态农业学报》2013 年第 1 期。

资源、投入品及生产工具等很大程度上依赖非农产业提供，特别是涉农工业、服务业部门的迅速发展，农业产业中的分工越来越细，种植、加工、田间管理等活动不可能还依靠农民自己进行，农田已经与工厂连接成密不可分的农业协作体。这样一来，农业贸易就不仅是将农业生产的成果向需求方提供的单向流通，而是供给方的产品、服务和资金也必须向农业生产经营环节注入资源。国际市场在互通有无的同时，也可能引发种业控制、物种入侵等威胁一国农业发展自主发展的问题；先进国家可能将在其国内不被允许或受到限制的农业部门通过贸易向落后国家转移，如农药、化肥等高污染农资的生产，受到生态破坏的国家（地区）在贸易的利益链上也没有得到多少实惠。因此，国际贸易环节很大程度上承担着过滤向农业生产经营环节传递生态破坏性因素的功能，阻止有害于各国生态系统的生产物资流向农业经营者，方可降低市场向种植、养殖等生产经营环节输入生态致害因素的风险。在追求生态化的农业贸易关系中，那些通过市场交易关系向农村供给投入品、农机具和资金的市场主体，会修正完全依靠经济计算的行为模式，而将农业贸易中对贸易对象和过程的生态化要求进行成本化管理。而这种投入成本核算方式的变化，加上农业生产过程中融入的生态因素考量，最终由农产品消费传达到普通消费者之间，在上游经营者、农业生产经营者、消费者之间逐步取得生态保护的社会共识。如果在农业交易关系缺少将生态因素价值"显化"的载体，生态保护需求很难在生产经营环节中取得主流性地位，则只能依凭农民、农村社区基于道德伦理动机来进行，并且他们也缺乏单独行动的能力。因此，农业贸易生态化是能动地改变农业生产经营，进而影响消费者生态观的中间环节，不可缺少。

2. 农业贸易要回应人类食物链安全保障的需求

食物权是人人享有的获得充分食物的权利，该项权利的核心内容是"食物在数量和质量上都足以满足个人的饮食需要，无有害物质，并在某一文化中可以接受；此类食物可以可持续、不妨碍其他人权的享受的方式获取。国家对于食物权负有三重义务，即尊重、保障和实现的义务"[①]。从生态系统中持续地获取足量、安全的食品，是国家保障其公民生存、发

---

① 高东、何霞红：《利用农业生物多样性持续控制有害生物》，《生态学报》2011 年第 12 期。

展的基本人权事项，食物链免于自然灾害、环境污染、资源破坏的威胁需要相应的法律制度加以调整。

农业不仅是受全球危机被动影响的经济领域，也是国际社会通力合作应对生存危机的战略支撑点之一，在此状况下，农业贸易不能仅着眼于外部环境对农业影响的改变来加以调适，还要着眼于如何挖掘贸易的潜力，增强农业在应对全球危机中的主动性贡献。威胁全球的因素从武装冲突、政治风险等传统安全问题，转变为粮食、能源、风险社会治理等非传统安全问题，威胁各国及其人民生存发展的致害源不再限于国家之间、人与人之间的紧张关系，不仅是相互之间的攻击性行为，更多的是人与自然之间关系的失衡，所有国家都面临着来自人类社会外部的共同威胁，此时，人类只能竭力地减少资源消耗、降低人际摩擦，来换取人与自然的和谐关系。农业地位举足轻重，农业贸易的生态化也就成为应对非传统安全的一个必然环节。

首先，粮食安全问题的凸显要求农业贸易朝着生态化转型。粮食安全从现象上看是全球粮食生产的产量、品种结构和经济成本上不能满足消费需求，人口增长、消费结构多元化对农业生产形成强大压力，在部分落后国家（地区）甚至出现基本口粮短缺的状况。人类保障粮食安全可以选择两种途径：一是继续既有的农业发展模式，通过加深对土地、水等自然资源使用的深度和频度，甚至利用转基因等新兴技术改变农用动、植物品种的遗传特征。通过加深人类主动性介入农业规律中的深度，扩大农业生产规模而为国际市场供给更多的产品。短期来看，这似乎是无可避免的选择，但如果选择这一条道路，人类将陷入"粮食短缺—继续扩大生产—生态系统质量恶化—粮食进一步短缺"的恶性循环中无法自拔。如果不断地通过人为技术加以突破，待自然资源和环境容量用无可用而形成崩溃之时，则悔之晚矣。二是以粮食安全背后的农业社会关系安全为着力点，站在整个农业生产、加工、交换、消费的全周期，及其各环节间的双向互动关系之上。粮食安全既受自然条件恶化的不利影响，也受到各国经济社会发展水平的制约，还受到资源未在全球充分配置的掣肘，不应当在农业产量出现一定程度的短缺时片面地扩张人类改造自然的能力，这种思维会造成供求关系需求端对技术的侥幸心理和依赖感，农业贸易实际上就充当了放大粮食安全威胁因素的帮凶。[①] 而应当审视现有科技水平为人类提供的改造世界能力下，是否存在资源配置的失衡，以高度依赖农药、化肥等工业技术扩大产量的做法是否已经透支了生态的承受能力。并且，这些做法造成的农业产能短期扩大的幻想，使农业人口在衣食暂时无忧之时，为追求收入的增加大量涌入城市，其中包括大量的农事经验丰富、具有一定技术技能的优质人群，这种幻象对社会关心的扭曲很难得到及时的扭转。所以，我们不能继续依靠生态破坏性做法来发展农业，农业贸易也就不应该无节制地满足人们无限扩展的需要，而应当转向生态化的轨道，对粮食安全背后人类利用生态系统的关系产生积极引导作用。

其次，气候变化及其引发的能源安全问题需要农业贸易的生态化转型。工农业生产排放的温室气体已经产生了严重负面效应，改变了地球的气候环境，造成海洋酸化、海面上升、极端气候、全球变暖等不良后果，要求削减人类在经济社会活动中的继续性排放，恢复和增加现有的碳汇和碳库。[②] 在全球应对气候变化行动的过程中，农业不只是受到影响的领域，而且也是可以积极参与、有所作为的领域。一方面，农业生产经营特别是农作物种植和畜产品的养殖，是一个非常重要的温室气体排放源，且增速较快。不仅直接向大气中排放温室气体，而且农药、化肥等来自工业生产的投入品造成了严重的面源污染，破坏了植被、森林、水环境等方面的生态环境多样性，这样的农业生产结构和作业方式必须加以调整，才能削减其中的温室气体排放总量和浓度。这要求农业贸易行为要遵守气候友好的准则，通过对贸易对象和过程的生态质量给予价格承认和政府评价，构建有利于减排的农业投入品（如绿色农药、化肥等农资）的市场地位，促进生态农业技术及农机具产品的流动规模，逐步推广在农业生产经营中碳收集及储存等清洁生产技术（Carbon Capture and Storage，CCS）的使用。与农业传统、粗放作业的盈利模式相比，这些试图对其加以改造的产品、技术无利可图，难以在自发的市场条件下形成，因而需要对其加以有效的干预，也就是要融入"生态化"的价值考量。[③] 另一方面，改善能源

---

① 宁立标：《食物权的正当性分析》，《法制与社会发展》2011 年第 3 期。

② 樊明太：《中国贸易自由化及其对粮食安全的影响——一个基于中国农业 CGE 模型的应用分析》，《农业经济问题》2005 年第 12 期。

③ 王文涛、刘燕华、于宏源：《全球气候变化与能源安全的地缘政治》，《地理学报》2014 年第 9 期。

结构和提高能效是应对气候变化的关键行动，清洁能源革命是必然趋势之一，其中的生物质发电与生物柴油、汽油等新能源产品直接来自农业的原料供给。它们在性质上属于能源产品和农产品交合的领域，其原料、成品和相关技术也开辟了一片新的贸易领域，既需要秉承能源清洁化的价值追求，拓展农业中涉及清洁能源部分的国际贸易，也要警惕新能源原料生产的单一化、规模化对生态系统、粮食安全造成的挤压效应。① 国际市场给予这些贸易对象的价格承认和各国政府对其进行的贸易管制，不得不审视它们与生态系统之间的客观联系，使其既有利于改造化石能源的近期目标实现，又不过分透支生态系统来支持所谓的能源革命，农业贸易就必须朝着生态化进行转型。

最后，风险的全球治理需要农业贸易的生态化转型。现代社会中，人类社会最大的威胁不再来自自然界，而是来自人类社会内部，体现为科技发展、技术革命后人际相互伤害的局面，人类在自身的发展中也积累了大量可能危及自己的风险因素。随着工业技术和工业品进入农业生产经营过程，基因遗传技术甚至正在改变农用动植物内在的遗传特征，并且这是一场全球运动，决定了风险致害因素跨国传递的趋势日渐明显，其传播的载体正是货物和人员的国际流动，贸易环节是这些流动的主要领域。农业贸易中的动植物及其制品、林产品等尤其是影响公共安全的高风险所在，它们在丰富全球农产品消费的同时，也可能传递那些破坏生态系统的环境安全致害因素（如入侵物种），传递那些伤害消费者身体健康的食品安全致害因素（如农药、兽药残留）。农业贸易流的内容不仅是物流和资金流，还包括影响资源和环境的建设性或破坏性因素，要消除农业贸易风险因素引发的恐惧感，需要在各国政府之间、处于不同国家的生产者与消费者之间建立起信任关系，这种关系势必要建立在针对贸易对象与过程的最低质量共识之上，并相应地提高贸易的透明度。② 因此，在全球范围内建立一个相互信任的风险治理框架，保障基本生存、发展资料的农业贸易的生态化转型是必不可缺的一环。

（二）新贸易秩序要求农业贸易实现利益再平衡

世界并不是平的，在全球范围内保护生态系统的宏观目标之下，还存

---

① 朱立志：《农业发展与生态文明建设》，《中国科学院院刊》2013 年第 3 期。
② 黄洪：《农业环保农村能源与生态安全》，《中国农业信息》2014 年第 7 期。

在着明显的国别利益差异，由于生态安全受地理范围的限制，食物链安全受其长度和结构国别归属差异的约束，农业贸易领域存在着严重的国家利益冲突。调解冲突的国际贸易体制由来已久，特别是 GATT 在 1947 年建立以后，国际规则的协调作用得到了较好的发挥，进入 20 世纪 90 年代，冷战结束为贸易的进一步自由化提供了良好的时代环境，世界贸易组织的建立成为这一时代趋势的重大成果。但是，此间国际贸易的方式已经与大卫·李嘉图时代以产业间比较优势为基础有着质的区别，全球化形成更加细化的国际分工，各国以全球价值链连接的贸易纽带中产业内、产品内贸易方式，在包括农业领域在内的所有国际贸易中占据更大的比例，并且这一趋势有增无减。

1. 农业贸易要达成国家间利益再平衡

在广大发展中国家经过反殖民斗争和民族战争获得独立后，由于长期受到剥削和压榨，脆弱的国家经济条件使它们最关注基本温饱问题。而先进国家却由于历史发展积累的优势，在经济社会发展方面具有较大优势，在其国内倡导更高的农业消费形态，先进国家和落后国家间形成了巨大的差异。随着落后国家从战争状态转向全面发展综合国力，加上先进国家、国际组织在资金、技术等方面提供的发展性援助，落后国家也逐步向先进国家靠近。① 同时，随着国际贸易中货物、服务和资金的交流，以及先进国家实施的绿色贸易壁垒等措施，逼迫落后国家对自身做法加以调适，它们开始适应先进国家主导的国际经济秩序，并逐步加强自己的影响力。可以说，在这个过程中客观上形成了先进国家经验输入落后国家，后者逐步调适并发展出符合自身特征的途径，整体上极大地提高了全球范围内农业贸易的质量。并且，这种发展程度形成的制度势能不可能消失，先进国家继续发挥优势，落后国家尝到发展甜头后还将更加迅猛地提高本国农业贸易实力。从既有的农业贸易格局和各国间贸易竞争形势来看，农业贸易生态化转型的趋势难以阻挡。

2. 农业贸易要达成经济与生态利益再平衡

农业贸易归根结底是满足人们的生产生活需要，决定着除农业与生态系统的关系现状以外，人类对农业提供的各种产品的边际需求也是不可忽

① 谢国娥：《我国食品贸易竞争力的现状及对策研究——基于食品安全体系的视角》，《国际贸易问题》2013 年第 1 期。

视的原因。应当说，农业贸易在任何时候都具备一定程度的生态化，与其最为密切的当然是人们的物质生活水平，以及先进国家对整体水平的拉动效应，多年以来的农业贸易实践经验确已形成了继续提高生态化程度的行为惯性。

人类消费需求升级对产品和服务质量要求的提升，形成了人们对既定水平的生活条件的依赖，以及对未来发展的合理期待。对消费者个体而言，自身经济条件的改善及其参与经济社会活动的增强，需要农业贸易为其提供类型更多、质量更高的生活便利，这是一种无法再次降低的基本需求。① 第二次世界大战后全球农业的复苏带来了人们农业消费的极大满足，并完成了从数量到质量的转变，当出现新的威胁时，个体消费者不会自愿降低生活质量，以约束自身需求来应对挑战，各国政府也不会降低对基本人权保护的力度来应对威胁，更可能的做法是引入新元素来中和威胁因素，从而在新形势下继续高质量地满足人类的各种消费需求。在各国之间互通有无的农业贸易也是这样，生态危机背景下农业消费边际需求继续提高时，它必然首先遵循需求的未来指向来改造贸易模式，而不可能以减低质的要求来满足量的需求。因此，进一步提高贸易对象和过程对生存质量保障的力度是不二选择，农业贸易就会从既有的生态化水平向更高程度转型，农业贸易生态化转型是协调人类需求和生态化紧张关系的一种必然的妥协路径。

二　农业贸易生态化转型的主要内容

从前文的分析可以看到，农业贸易生态化并不是要求相关行为要达到具体的客观指标要求，更不是对国际农业贸易活动理想状态的僵化描述。而是根据贸易对象和过程对生态系统的影响程度，以其在全球和各国的普遍状况与特殊性表现差异，对农业贸易中的相关主体行为做出的趋势性要求。② 本书的研究旨趣也非为生态化划定非常清晰的目标，而是基于各国农业管理与技术的基础，提出农业生态系统保持的总体需要怎样在贸易环节得到最好的落实，相应国内、国际贸易规则应如何因应变化的问题。

---

① 曾文革、张婷：《论多边贸易体制下农业贸易可持续发展理念》，《国际商法论丛》2010年第12期。

② 刘禹宏：《当代农业贸易保护政策的国际比较与借鉴》，《广西农业生物科学》2014年第2期。

（一）农业贸易生态化转型的基本理解

"转型"是从原初状态转变到新状态的发展过程，特定事物在内部构成和外部表现上都发生了质变，这要经历否定之否定过程来积累量变基础，起点、终点和过程实现是转型必不可少的三个构成要素。不同事物的转型在客观表现和内在要求上存在不同，同一事物也可能由于追求的目标不同而有多种转型方向或实现方式，确定转型的确切含义还要根据待转型的对象及其目标要求而定。

农业贸易生态化转型也是这样的，"农业贸易"是转型对象，是一系列贸易对象和过程的集合，它不同于其他工业品贸易、农业生产等相关领域的转变。而农业贸易的转型可能有多种多样的方向和可能性，"生态化"只是其中的一种，在农业贸易已经得到一定程度发展前提，并且生态危机已经困扰全球发展的时代背景下，它成为未来开展农业贸易急迫需要解决的问题。在遵守价值规律之外还必须尊重生态规律，生态化就成为转变农业贸易的必要方向与目标，不是简单地要求贸易主体从以往完全不尊重生态规律而转变为高度尊重，而是要根据不同国家的情况确定起点和目标，并且在转型过程中处理好生态化与其他贸易价值的关系。

转型过程不会自然而然地形成，在其中要克服许多传统因素的困扰，一是农业产业具有高度敏感性，本身其市场化和自由化的程度有限，要在此基础上实现生态化转型富有挑战；二是农业市场价值规律具有经济规定性，决定了它不会自动为"生态价值"营造广阔的生存空间；三是"生态化"确切内容主观性较大，转型的起点、目标与过程存在相对性，要在国际社会层面形成相对一致的认知存在巨大困难。与此同时，农业贸易生态化转型也具有强大的动力，与阻碍它进行的因素放在一起，就会发现其实背后的实质问题是主体间的利益错位、长期利益与短期利益的协调问题。

评价农业贸易生态化的状况至少有两个参考坐标：一是本国、本地区和特定主体所处的生态系统状况，资源禀赋良好、生态保护得力的地方对农业经营活动的约束比较宽缓，在生态基础差、破坏严重的地方则要强力限制自发行为。[①] 二是全球农业贸易生态化总体格局和先进经验，对农业贸易竞争优势的期冀，落后国家向生态化程度更好、做法更好的先进国家

看齐，先进国家为保持优势会持续提升贸易行为与生态系统的契合程度。农业贸易生态化转型呈现为一个从低级到高级的渐进过程，但在不同国家、不同时期以及不同的发展阶段中却有着丰富的内容，市场、政府对农业贸易中"生态价值"的承认是主线。

（二）农业贸易生态化转型的主要方面

第一，推动转型的主体包括贸易主体、各国政府和国际组织，这其中各国政府是发挥主导作用的主体。贸易的交易双方是转型的直接行为者，但是他们往往不会自发地越出国际贸易的价值规律，抛弃自己的经济利益来积极追求生态化。各国政府往往超越个体经济理性而积极推动生态化转型，根据国内生态基础和贸易优势，以激励和约束手段改变贸易主体的经济预期。[①] 而受国家行为干预的贸易关系中也有它国贸易主体，进口国的生态化转型会影响它国产品的出口，出口国的生态化转型会影响它国需求的满足程度，国内转型行为具有国际效应，会与国际组织和其他国家发生互动。

第二，转型的起点基于对国内与全球生态现实状况的综合评判，由于全球生态系统的整体性，以及各国生态状况差异性创造了贸易机会，一国确定农业贸易生态化转型的态度和力度，不仅要考虑国情，也要评估它国生态状况对自己的联动影响，还要考虑它国农业贸易生态化程度较高时对自身丧失贸易优势与贸易可持续性的可能，它国生态化程度较低时自身可以作为之处。所以，农业贸易生态化转型起点的确立，是经济观与生态观、国家观与国际观两对范畴综合效应。[②]

第三，转型目标的确立是基于对生态保护与贸易优势的综合考虑而形成的，在全球化时代农业生态系统受国内国际多方面原因影响，到底将农业贸易改造到什么程度才能符合生态系统保护的目的？很难给出一个明确的答案。转型目标应该通过在各国竞相以生态为工具树立国际优势过程中的相互对照而形成，它不是一个固化的评价指标体系。

第四，转型过程是不断提高生态化程度的过程，体现为农业贸易各领域的生态化从无到有、从低程度生态化向高程度生态化形态转变的双重变化。这样的转型当然要沿着农业贸易生态化的规定性路径前进，根据前文

---

① 涂永前：《食品安全的国际规制与法律保障》，《中国法学》2013 年第 8 期。

② 李勤昌：《WTO 框架下我国农业政策调整策略选择》，《财经问题研究》2009 年第 4 期。

对"农业贸易生态化"的分析，可以知道转型在内容上会体现为对贸易对象、过程的生态化改造。[①] 既要提高生态价值在农业贸易关系中获得价格承认的机会和力度，增强那些没有体现在农产品与服务中的生态因素对贸易过程的影响力，通过市场需求向农业经营行为发出生态系统保护的信号还要对生态系统破坏效应大的那些负"生态价值"形成更为灵敏而严厉的市场淘汰机制。此外要加深各国政府在农业贸易促进和管制与生态价值的对应关系，不断将公共资源赋予那些生态程度高、对生态系统保护贡献大的产品和领域，逐步削减或剥夺资源密集程度过高、环境不利影响过大领域所占有的公共资源，通过"看得见的手"来引导农业贸易对象、过程朝着符合生态规律方向转变。

（三）农业贸易生态化转型的特征

首先，农业贸易生态化转型具有国别差异性。要将其具体国家（地区）农业贸易和生态系统的关联模式结合起来，不存在放之四海而皆准的转型模式，每个国家的起点、愿景目标和推动转型的能力都大为不同。农业贸易生态化转型具有相对性，由于前文所述贸易竞争而带来生态化过程的持续性，各国很难为自身的转型确定明确的终点，检验转型是否成功、是否取得效果，更多的要看在保护生态系统的前提下是否获得农业贸易竞争优势，各国推动农业贸易生态化转型总是有意或无意地以其他国家为参照的。

其次，农业贸易生态化转型具有动态性。在自然资源和环境条件不断受到人类以往和正在进行的行为影响时，生态系统及其构成部分的状态是不断变化的，有可能由于生态化转型的累积效应，以及其他社会活动与农业贸易产生协同保护效应，生态系统的质量不断提高；也有可能农业贸易向更加生态化形态转化，但其他生产生活行为造成了更严重的破坏，削减了农业贸易生态化转型的成果，恶化了其继续转型的外部条件。[②] 总之，农业贸易只是影响生态系统的行为领域之一，其转型中边际行动受许多因素影响，因而转型过程展开的外部条件是易动不定的，农业贸易也须根据客观变化适时调整

---

① 戴明辉：《从贸易生态化视角看中国对外贸易可持续发展变迁：一个 PSR 模型的量化评估》，《国际贸易问题》2015 年第 1 期。

② 张炳淳：《论国际贸易法的"生态化"对国家主权原则的挑战》，《甘肃政法学院学报》2008 年第 7 期。

生态化转型的推动过程，农业贸易生态化转型具有高度的动态性。

最后，农业贸易生态化转型综合体现于方向和程度上。虽然生态系统保护的客观需要为开展贸易行为提供了一个可能的评价指标体系，但生态因素在各国贸易博弈中的特殊地位，农业贸易生态化对特定国家而言都是必须一直坚持进行的。同时，国内生态系统是全球生态不可分割的一部分，即便那些保护良好的地方在未来也可能遭遇威胁，各国竞相推动农业贸易的生态化也会在全球范围内呈现出螺旋上升的竞争性状态。无论立足于国内或全球生态系统保护，还是以获取农业贸易竞争优势为动机，各国都会在现有的贸易格局基础上，提升本国农业贸易对象和过程获得国际市场和他国政府承认的程度，这种变化过程就是本书研究的"农业贸易生态化转型"。

三　我国推进农业贸易生态化转型的意义

对我国这样农业大国和贸易大国而言，农业贸易生态化转型具有丰富的意义。"中国对外贸易发展还存在不均衡、不协调、不可持续的问题，突出表现在：出口增长主要依赖资源、能源、土地、劳动力和环境等要素投入及耗费，科技、管理、创新等要素投入不足，外贸发展与资源能源供给和环境承载力的矛盾日益突出"[①]。农业的经济层面，需要我们解决产能规模保障与生态破坏的张力，也体现在国际贸易平衡、国家安全保障及生态保护国际法义务等多个方面，需要我们在农业整体贸易逆差与失衡的现状之下，审视外部环境变化来应对贸易与环境的双重压力。

（一）生态化转型是夯实我国农业贸易基础的必然举措

农业贸易的基础在于生态系统的永续利用，在贸易的国内基础方面体现为农业生产与生态系统的关系，在农业的对外贸易方面体现为我国农业国内市场与国际市场的平衡状态。推动我国农业贸易的生态化转型根本上是要通过贸易的需求信号，向农业生产环节提出与生态系统打交道的行为要求，直指我国农业贸易基础的要害问题，但它是保障生态承载能力为我国及国际市场持续提供产品、服务的必然举措。

1. 生态化转型能形成农业生态服务的价值认同

农业贸易生态化转型要求在国内农业发展为国际贸易奠定基础时，将生态系统的承受能力充分融入整个农业生产链中，而这正是我国农业发展

---

① 陈泉生：《论科学发展观与法律的生态化》，《福建法学》2006年第12期。

模式的弱点所在。第一，农业自然资源的利用方式生态化程度不高，生产经营过程中投入品使用的生态质量也较低。为保障粮食安全和土地资源的可持续利用，我国划定了 18 亿亩耕地红线，并进行严格的用途管理，而农业发展中对土地的利用存在许多问题。在粮食主产区和经济条件较好的地区，为了满足其他地区和国际贸易需要，过度利用土地的问题比较突出，而在落后地区抛荒现象较为突出。在所有土地中，中低产耕地占大多数而高产地为数不多，对农业中科学配置土地、水等自然资源，合理协调农业作业活动与生态环境关系重视程度不够。① 提升农业边际产出的主要手段仍是依靠增加农药、化肥、地膜等非生态物资的使用，这样一来，参与农业贸易的资源代价太大，特别是我国以出口水产品、蔬菜水果等资源密集型产品为主，缺乏生产环节的生态关注，难以在农业贸易生态化转型中获得优势地位。

　　第二，我国在社会经济发展过程中形成了工农业间、城乡间收入水平差距过大，公共服务供给严重不均的问题，将农业从业者大量地吸引到城镇地区，特别是东南沿海地区，从事第二、第三产业的工作。其中，青壮劳力和具备一定知识文化水平的农民居多，他们要么彻底脱离农业，要么采取兼业务农的方式，严重降低了务农人群的年龄与知识文化结构，使得农村剩余人群不具备在农事生产活动中掌握、运用生态系统保护性知识技能的能力，难以回应农业贸易生态化转型对人力资源储备提出的要求，甚至将其作为城镇务工的补充，或作为留守人群赖以糊口的手段。② 这造成了缺乏对个体劳动的宏观效应的思考，也未能实现合理程度的组织化经营，农业生产关系的稳定性较差，无法支撑农业贸易的生态化转型。同时，在地理位置优越、经济条件较好的地区，呈现出对花卉、蔬菜等高附加值和资源密集作业对象的偏好，一旦经济收益完全主导农业生产经营活动，则农业经营者不愿放弃自身收益而将保护生态系统的义务向外推卸。可以看到，农业贸易生态化转型对我国的农业人口、农产品品种结构等方面带来了严重的挑战。

---

　　① 国务院新闻办公室：《中国的对外贸易》（http://www.gov.cn/zwgk/2011 - 12/07/content_2013475. htm.）。

　　② 刘彦随：《中国县域耕地与农业劳动力变化的时空耦合关系》，《地理学报》2010 年第 12 期。

第三，农业贸易生态化转型需要许多先进技术参与其中，但我国农业技术的基础设施和技术基础还存在较大的差距。生态化转型不仅是理念的转型，更需相关措施及其保障手段一并而上，而我国农村的基础设施建设仍然停留在主要满足传统农业的阶段，精细化程度不高，且年久失修和废弃的情况仍然存在。同时，生态化转型的另一个内容就是将产品的生态质量加以透明化、定量化，这要大量使用互联网、电子商务平台等新兴资源才能完成，而我国农业在这方面的建设还比较落后，即便客观上实现了较高程度的生态化，也没有合适的技术途径。

2. 生态化转型能扩展农业社会功能的空间

农业贸易生态化转型对我国食品安全与公共卫生安全的保障能力带来了挑战。提升国际贸易对象和过程的生态化水平，除了倒逼生产经营环节对生态系统予以保护之外，也要在贸易后果上提高对食品安全和公共卫生安全的保障水平，农业贸易的生态化转型就势必要和食品安全、公共卫生安全保障进行联动。[1]

进入 21 世纪以后，我国的食品安全形势愈发严峻，从以往的食品卫生问题演化为影响范围更大、程度更深的系统性安全风险问题，特别是三聚氰胺、苏丹红等食品安全事故的发生，使人们感受到生活中日常消费品也可能存在威胁，知名企业、著名品牌的食品也不值得充分信任。在此之后，我国通过重构监管权配置方式，制定《食品安全法》以及相关配套措施，将食品安全保障系统从事后救济调整为事前预防。但是，监管权的配置和行使对政府人力、技术设备、工作程序等方面的能力的要求也趋于严格，要求激发公众积极参与到食品安全风险的预防，提高食品安全技术标准。

事实告诉我们，当前更多的是在理念上、道义上达成社会共识，在具体实践和路径设计上阻力重重，公共卫生保障方面也存在相似的问题。农业贸易生态化转型包括进出口在内的双向共进过程，食品安全、公共卫生安全保障体系是与农业贸易对接，将贸易对象引入消费对象，贸易过程衔接到消费过程，安全风险防控体系失灵难以让农业贸易生态化转型的效果落到实处。

---

① 石成玉：《气候变化、农业水利投资与我国耕地产出效率分析》，《农业技术经济》2015年第 12 期。

3. 生态化转型能提高利用两个市场保障粮食安全的能力

农业贸易生态化转型对我国奉行的粮食安全观带来了挑战。当前，我国农业生产中存在地区发展失衡、农产品品种结构性产能不足等问题，人口增长与城镇化等所带来的消费需求总量增加、结构多元，让我们将保障粮食自给率作为粮食安全的首要目标。相应地就划定耕地红线，形成以价格支持为主的农业支持体系，作为粮食安全的实现手段。农业贸易与粮食安全关系密切，国际贸易可以一定程度上缓解国内产能不足的问题，也可以输出本国具有比较优势的农产品、农业服务以及资本存量，但如果对外依赖过甚则会打击国内农业的生产规模及从业人口规模与结构，粮食安全的袋子就系在了别人腰上，如果与国际市场对接不畅又会增加自主生产的资源压力。我国的粮食安全形势就面临着这种两难选择，农业贸易生态化转型要求我国的粮食安全观也相应地调整到生态安全的基础上。

一方面，在保障粮食自给率的同时，要从保障产能与消费匹配，转变到整体生产方式与生态系统承受能力匹配，这就意味着不能只考虑结果意义上形成多少产量，更要考虑这些产品获得的方式。从结果的关注到过程的关注，就意味着我国的粮食安全观从保障供需关系平衡，过渡到粮食生产关系以及背后的人与生态关系的安全。

另一方面，在适当利用国际市场弥补国内生产在规模和结构上的不足时，要根据国内产能安全、生态安全等多个维度确定怎样利用国际市场。国际农业市场中不是所有的供给都符合粮食安全的保障需求，有的只能满足一时之需而可能形成后续危机（如过量的种子进口可能使我们丧失种源的独立性），有的在安全性上存在不确定因素（如转基因），农业贸易的生态化转型需要粮食安全观坚持有所为有所不为的原则，在利用国际市场时避免仅考虑与国内产能契合的短视，而要考虑到引入后可能造成对生态系统的长期性修正作用。

（二）生态化转型是我国转变农业贸易增长方式的基本环节

农业贸易生态化转型还对我国的对外贸易模式也带来诸多的困境，由于我国在农业贸易中总体上处于逆差之下，并且外国贸易环境还朝着较为不利的方向发展。在贸易失衡状态可能继续恶化的同时，要提高贸易对象和过程的生态质量不能不说是一项巨大的挑战。

一方面，农业贸易生态化转型对我国贸易效应评价方法形成直接冲击。农业贸易的生态化既体现贸易对保护农业生态系统形成贡献，更要通过生态化手段满足农业消费需求，贸易流所承载的生态利益流动构成了新的维度。我国农业贸易在经济价值上整体处于逆差状态，从产业发展利益上看，如果长期处于这种状态特别是关键农产品失守，则国内消费对外依赖会造成国内相关生产的萎缩。① 此外，我国农业出口在获得经济回报时，也要考虑这些对外输出背后的虚拟水等非经济成本，对农业贸易的双向流动评价模式都要根据生态化要求加以改造。农业发展不能奉行全域性自给，否则会造成生态基础难以承受；也不能过度依赖国际市场，否则国内相关行业和生产经营活动会受到破坏。农业领域的对外贸易就必然要具备选择性功能，它不能以经济价值的顺差、逆差为唯一标杆，还要权衡经济收益和生态利益之前的互动关系。因此，农业贸易生态化转型需要我国的对外贸易模式在资源密集型产品上善用国际市场，适度限制这些产品的大量出口，以减少农业生产对生态系统的耗费，对其他农业贸易领域则需极大促进，其至给予较大的政策性扶持。总体说来，农业贸易生态化将修正"顺差至上"的理念。

另一方面，农业贸易生态化转型对我国适应新的国际贸易形势带来了新困难。农业贸易生态化转型的本质是提高贸易流的生态关注，这需要贸易流动规则相对稳定而可预见，从实践上看就是以 WTO 形成的国际贸易体制和外部环境为语境，但国际局势中这种前提性语境正在发生急剧的变化。WTO 于 2001 年启动的多哈回合谈判迄今为止也未达成预定目标，在已形成的主席案文、"巴厘协定"中，由于农业的敏感性而在其贸易问题上进展不大。如美国、欧盟、中国等世界主要的贸易大国（地区）都开始转向区域贸易协定，特别是美国推动的跨太平洋、跨大西洋两个贸易协定形成了 WTO 下贸易秩序的替代效应，我国也在积极推动中国—东盟自贸区的升级行动。可以预见的是，农业贸易流在新形势下必然发生一定程度的转向，我国对外贸易关系的对象、规模和内容都会发生相应的转变，可能趋于良性发展，也可能由于当前主要贸易伙伴构筑的贸易壁垒，而产生不利影响。贸易平衡的未来尚具有较大的不确定性，在此基础上实现生态化则难上加难，但国内生态保护又迫使我们不能走回头路，兼顾贸易利益和生态利益构成了我国未来开展农业贸易的基本立场，需要对新的外部环境具有更强的适应能力。

---

① 张陆彪：《绿色贸易壁垒与农业生态环境保护》，《上海环境科学》2002 年第 12 期。

（三） 生态化转型是我国保障食物链安全的必然选择

农业贸易生态化转型也是我国转变经济发展方式的必要环节，其必要性不仅是存在强大的压力，也是我国提高发展质量的一个有力步伐，可以说农业生态化转型与我国的深入改革在目标和步伐上都是一致的，如能对其加以积极利用则可发挥出其中对我国发展的机遇。

一方面，农业贸易生态化转型为扩大我国作为世界最大消费市场的话语权创造了有利条件。生态化转型根本上要以农业贸易关系作为载体，消费能力可以在此转型过程中发挥强大的选择性力量，我国的农业产能、贸易流动量、农业消费能力规模都居于世界前列，特别是作为世界第一大消费国的购买力可能在农业贸易生态化转型中发挥引导力。其一，我国巨大的国内农业消费需求是撬动国际市场的主要力量，需要的数量、质量和结构变化都会极大地影响国际农业贸易格局，如我国对粮食的需求如果出现较大波动，则会极大地影响全球粮价和供需平衡。通过向国际市场提出生态化程度更高的需求，会推动全球农业贸易转型的方向和速度，改变我国对外贸易关系中的生态利益联结方式，贸易关系结构的变化能影响贸易利益的全球再平衡过程，这对我国从贸易大国向贸易强国转型是必要的。其二，我国可以依靠消费市场规模对不合理的贸易待遇说"不"。对外部贸易条件施以能动影响，既可以针对农业贸易领域，也可以与其他领域的贸易形势形成联动，如可以与我国产品长期受到"双反"困扰综合考量，这在我国根据排量确定汽车进口税的做法中已获得较好的效果。以生态考量来修正贸易经济利益的单一思维，综合利用选择性力量和否定力量，既能提高进入我国的农产品、服务的质量，引导农业投资的去向，也能作为维护贸易总体利益的手段，扩大我国在国际贸易市场中的话语权。

另一方面，农业贸易生态化转型为我国城乡统筹与协调发展提供了外在动力。破除城乡二元结构是我国未来面临的重要任务之一，关键是找到一个既能为农村输血又能让其自身造血的途径，除了打破资源体制、放开城镇户籍管制外，为了避免继续以破坏农村生态系统为新农村建设的代价，以及抛弃依靠行政管理体制进行扶贫的帮助模式，建设农村市场并对农民提供的生态服务付费是一种有效的做法。① 农业贸易生态化转型将对生态质量高的农产品给予更高的定价，淘汰那些生态破坏性较大的技术和产品投入到农业生产，

---

① 严力冬：《绿色农业生态资本积累机制与政策研究》，《中国农业科学》2011 年第 3 期。

引导国际投资向更符合生态保护的地区和农业领域流动。总体说来，农业贸易生态化转型会极大地提高流入和流出农村的资源和产品的生态品质，这种新的、增值潜力更大的市场需求既能刺激农民扩大产能，又能约束他们按照符合生态规律的方式开展生产经营活动。在传统农业作业模式带来的基础收入外，能通过市场对生态价值的承认而为农民带来新的收入，市场对农业的生态需求也会提高对农民作业水平和透明度的要求，技术含量和作业过程的复杂程度相应提高。收入源的增加和水平的提高能缩小务农与外出务工的收入差距，有利于让城镇就业中收入水平有限、受到各种歧视的优质青壮年劳力回流农村，不仅农业发展的基础得到夯实，农村社会建设和基层民主力量也能得到充实。所以，由农业贸易生态化转型转化为农民收入源和就业机会增加，能起到维持农业经济关系、农村社会关系等多重目的，加上国家适时推出的社会保障均等化，这样才能将农业中承载的养老等社会负担卸下，而将其转化为一个择业领域，城镇和农村在经济发展、社会发育上才能实现并进，从而为新城镇建设提供必要支撑。

（四）　生态化转型是我国适应外部制度环境新常态的有力举措

我国对内保障农业安全、对外增强农业国际竞争力所面临的外部制度环境已然不同，多边环境协定与国际贸易规则体系都在极速的变动中，TPP、TTIP 等发达国家新推出的高水平保护贸易规则也形成了重大挑战。改善国际条约的履约机制、调整参与国际法与全球治理规则的方式，已成为我国农业贸易必须适应的新常态。

首先，全球农业发展模式急速变化的背景下对农业支持保护、贸易规则有新的要求。根据经合组织与联合国粮农组织以"宏观经济不确定性""单产不确定性""宏观经济和产量的联合不确定性"为指标进行的全球农业不确定性分析报告，未来的农业的全球供求关系将呈现出不同程度的不确定性；生产增长率受到不同因素的制约，包括生产成本的增加、农业用地扩张的限制、环境问题以及政策环境的变化。特别是食用消费和燃料用途结合的农业多功能发展背景下，能源投入、饲料和劳动力成本上升等生产成本的上涨，以及耕地减少、水资源短缺以及日益增加的环境压力等资源约束的双重限制，大多数作物的产量增长来自单产水平提高。[①] 农业贸易上游牵涉环境资源安全，下游牵涉食品安全与公共卫生健康，这种对

---

① 　陈泉生：《论科学发展观与法律的生态化》，《福建法学》2006 年第 12 期。

农业多功能的全球性关注，使我国在选择贸易策略时也必须适应这一农业发展的新常态。

其次，多哈回合谈判中的农业议题、主要贸易伙伴国达成农业区域贸易规则竞争等构成的国际贸易规则发展的新常态，要求我国在贸易规则中更加注重农产品生态品质、农业服务的生态支撑效应、农业投资的生态保护绩效，才能增进农业国际竞争力。多哈回合一直围绕农业国内保护问题进行了长期的争论，特别是 2013 年达成的"巴厘协定"中，将"土地复垦""土壤保护与资源管理"等六大农业发展与减困一般服务事项（general services），纳入《农业协定》附件 2 的"绿箱补贴"之列。① 同时，欧美积极推进 TPP、TTIP② 等高水平保护农业的自贸区规则，这对我国与欧美国家间贸易，及我国缔结和正在推动的"区域全面经济合作伙伴关系"（RCEP）等区域性规则构成法治竞争。所面临的外部国际贸易规则环境更为艰难，倒逼我国在农业对外贸易规则方面也要逐步提高生态水平。

最后，多边环境协定发展及其谈判进程中，呈现出我国可能承担更重国际义务的趋势，对直接受环境、资源约束的农业领域所进行的国际贸易、对外合作需要有新思路和新对策。典型的是 2020 年在全球应对气候变化行动中就可能承担更为严格的温室气体排放削减义务。这要求我国在国内发展中提前做好准备，在国际义务尚未严格之前利用给予发展中国家待遇的机会，在产业布局、发展方式等方面进行调整。在参与国际环保责任履行中已经有了如 CDM 机制等较好的经验。当然，我们不能在经济体系之外另行建立一个独立的生态保护体系，利用现有的时机对各个经济领域进行改造最具经济效率，也最具生态保护性。在所有的经济行为中，能将大部分生态要素全部串联起来最为典型的行业就是农业，在农业生产经营和贸易环节中，既与土地、水、森林等生态要素的个别联系密不可分，也依赖不同物种和生态环境所构成的生物圈来为其提供物质支撑。农业贸易生态化转型在提高农业经济产出的种类和质量之时，也将对生态系统产生积极效应，能减少化肥、农药等有机物对土地、水体等所造成的生态污染，能减少农业作业过程中排放的

---

① 经合组织/粮农组织：《2014—2023 年农业展望》（http：//dx. doi. org/10. 1787/agr_ outlook -2014）。

② WTO, *General Services Ministerial Decision of 7 December* 2013（https：//www. wto. org/english/thewto_ e/minist_ e/mc9_ e/balipackage_ e. htm#agriculture）.

温室气体，也能增加农业生态系统中物种类型和环境多样性的保护程度，这些行为本身就是履行各种国际环保义务的法定行为模式。①

农业贸易生态化转型能让农业所连接的各种生态要素，以及由它们构成的生物圈分享保护性行为的好处，将我国的国际义务履行行为与改造农业经济行为放在同一个过程中一并完成，实现二者的内在统一，而避免以往那种经济社会发展与生态保护"两张皮"的困境。综上所述，农业贸易生态化转型内容是丰富多样的，对我国当前的农业发展模式和贸易战略会产生不可忽视的影响，挑战与机遇并存，这样的影响对全球所有国家都是平等的，也是全球生态危机条件下不可避免的。问题破解的关键之道在于要正视这个转型过程的必然性，根据我国农业贸易及其连接的生产经营模式、生态系统状况，综合而科学地研判其所带来的冲击，以及为我国国际地位营造的新机遇和国内发展形成的新动力。

第三节　我国农业贸易生态化转型的
法律保障体系

农业贸易生态化转型是从宏观上、应然意义上分析的结果，但农业贸易领域的所有利益相关人对其紧迫性的感受是不尽相同的，对那些觉察到转型趋势并具备意愿的相关主体而言，其个体力量可能不足以改变与其联系的其他利益关系人的行为。在我国当前的国情下，转型的实现存在着宏观利益与微观利益、微观个体间认识与利益上的割裂，许多问题并不是农业贸易本身的问题，还涉及农村基层社治理、环境保护政策和对外关系等复杂问题。同时，不是所有利益关系人都能按照农业贸易的经济理性逻辑而在转型过程中获利，他们自然也不会放弃自己的既得利益来成就整体的转型，在故有贸易模式中占据有利地位的主体还可能成为阻碍生态化转型

---

① 根据美国农业部研究部门公布的 2014 年贸易数据，美国对 TPP 其他 11 个参与国的出口为 626 亿美元（占美国总出口额 1505 亿美元的 41.5%）、进口为 572 亿美元（占美国总进口额 1190 亿美元的 48%）；美国对 TTIP 欧盟 28 个成员国的出口额为 126 亿美元（占比 8.3%）、进口 191 亿美元（占比 16%），也就是说通过这两个贸易协定，美国超过一半的进出口额将适用更高环保水平的规则。see Rob Johansson, Outlook for US Agriculture, 19 February 2015。

的阻碍因素。① 因此，在我国农业发展不足、生态保护乏力、农业贸易失衡、农村社会建设严重滞后的状况下，既要注入强大的动力来刺激生态利益在农业贸易关系中形成，又要强力抑制非生态因素继续主导贸易利益。国家在转型过程中有所作为是必然要求，要将生态化转型过程衍化为社会共同利益的交合点，就要建立这样的社会共识，要将其置于稳定的社会关系之中才可能实现，唯有以国家强制力保障实施的法律关系能担此重任。农业贸易生态化转型所改变的也就是农业贸易法律关系，对主体的改变不是最重要的方面，权利义务内容的变更——将生态利益转化为与经济利益平行最为明显，转型具有很大的法制需求。

一　我国农业贸易生态化转型法律制度的保障任务

应当说，我国农业贸易的生态化问题已经引起了重视，对其中生态要素流动情况也有较多的关注，但在粮食安全保障、城乡差距较大弥合、国际贸易失衡调适等形势下，生态化转型的力度非常有限。② 清晰地认识到问题但行动效果不佳，意味着在一些关键问题上未能得到突破，综观我国农业贸易的现状，社会共识缺乏、主体能力不足、生态价值承认机制滞后等是支撑转型的基本制度要解决的主要问题。

（一）将对农业贸易生态价值的认识融入法治理念

在全社会统一将生态利益融入农业贸易的认识是转型的思想前提，这种社会共识体现在理念和利益分配两个层面上，实际上就是将贸易流动中以往没有给予承认的生态价值发掘出来，形成农业贸易关系中新的利益承载体。在我国受到生态危机的侵袭后，似乎对在农业贸易中兼顾生态利益已经形成了社会共识，但从近些年特别是我国加入 WTO 后十余年的经验来看，农业贸易规模的扩大、类型的丰富、结构的多样化并未减轻所面临的生态压力。③ 这是因为既已形成的认识多停留在应然的理念层面，是存在于农业贸易领域的空中楼阁，而未能深刻地镶嵌到农业贸易关系中去，成为贸易利益本身或作为分配贸易中经济影响的标尺之一。因此，继续探

---

① 高东：《利用农业生物多样性持续控制有害生物》，《生态学报》2011 年第 12 期。

② 卢宝荣：《农作物遗传多样性农家保护的现状及前景》，《华南热带农业大学学报》2015 年第 2 期。

③ 宋博：《生物多样性控制作物病害研究进展》，《云南大学学报》（自然科学版）2008 年第 9 期。

讨在全社会层面形成生态利益融入农业贸易，特别是在实际利益层面，仍然具有很大的时代价值。

一方面，社会共识要从生态利益融入农业贸易的重要性认识，扩展到可行性认识之上。生态危机对贸易所依赖的生产经营活动形成外部压力，此时对生态利益的看法多是认识到以往忽视而现在应予重视的重要性，一旦短期影响缓解、个人利益膨胀则可能罔顾于此。这对实践的指导作用有限，对其加以扩展才能将既有共识与贸易实践结合起来。要将保护生态系统的意识与贸易对象、过程具体地结合起来，把握生态价值在整个贸易流程中的分布规律，包括形成对农产品中生产成分定价方式及其生态特征识别机制，提供生态服务的回报模式，如何将生态部门作为农业投资优先领域等。[①] 对生态利益具体地融入贸易全过程的方式与途径达成共识后，还要进一步实现农业贸易中生态价值与经济价值的同构性共识，即是将农业贸易的对象和过程，对生态系统保护所做出的贡献在市场和国家承认其经济价值时一并给予承认，生态价值要作为农产品价格的一部分，作为提供相关农业服务和投资的收益和回报，在获取社会产品的分配时形成生态利益与贸易经济利益的同构性。

另一方面，从正面形成对生态利益与贸易经济利益达成具体的同构性的社会共识是不够的，还需要在打破阻碍农业贸易生态化转型的利益格局上取得共识，也就是从旧有的非生态型农业贸易利益格局，向生态化条件下形成新格局的必要性、方式和途径达成共识。生态系统是公共性程度较高的社会产品，要在生态程度不高的既有贸易利益格局之外，实现贸易与生态在实际利益层面的同构，必然要探索出避免生态保护中"搭便车"的现象，防止个体理性集合下形成的集体不理性；也要适度改变原有的农业贸易营利模式，在非生态化农业贸易中能极大获利的部门和行为模式，在新的条件下可能获利较少，甚至受到否定性评价。这样的话，对农业贸易的具体参与主体而言，生态化转型就意味着获利点在价值链中位置的改变，获得固有贸易优势的方式和手段会受到削弱，而需要置换成符合生态规律的新贸易工具。既动摇了已获得的竞争优势，也会增加其自身生产经营转型的经济成本，如农业投入品的必须变化、工业产品依赖转向田间管理的加强等，它们往往不会主动而积极地放弃自己的利益，而去迎合损害

---

① 林文雄：《农业生态学的新视野》，《中国生态农业学报》2012 年第 3 期。

其优势地位的生态化转型过程。因此，对旧贸易格局中的既得利益者可能制造的阻碍因素，全社会必须形成对其加以破除的认识。这些阻碍因素可能是继续既有模式而坚持不改变，以生态破坏为代价形成贸易中的价格优势，以对自然资源和环境进行短期而粗放经营而获取利益；也可能在参加生态化的农业贸易过程中阳奉阴违，隐瞒自身产品和服务的生态特征，弄虚作假以非生态化的产品和服务加以冒充；甚至直接破坏有利于生态化转型的贸易秩序，利用生态系统保护中存在的不确定性，诋毁他人产品和服务，利用固有的竞争优势甚至垄断地位压制生态价值在贸易竞争中发挥积极作用。不管是无视还是悖逆生态规律的农业贸易行为，都是阻碍转型过程的阻碍因素，都必须加以抑制、反对甚至给予严厉的处罚，虽然在短期内可能推高具体主体的经营成本和难度，但是从农业贸易行为对生态系统永续利用的角度看，社会收益是远远大于转型成本的，对这些阻碍因素的破除应成为推动转型的社会共识。

（二）农业贸易开放条件下实现国家新安全观的法制化

农业贸易生态化转型是以继续坚持对外开放的基本国策为前提的，而非采取"闭关锁国"的贸易保护主义来片面保护国内生态环境，而是要在对外开放条件下通过改变农业贸易的基本模式，既促进国际经济贸易，又贯彻保障我国粮食安全、生态安全的观念。

一方面，要继续坚持农业贸易对外开放的基本国策，用开放的手段来突破农业可持续发展的瓶颈，既要坚持"内外一致"的非歧视原则以善用两个市场，也要注重全球与区域贸易关系错位发展来形成合理的贸易布局。相比传统的农业贸易模式，生态化转型会更加强调农产品、农业的贸易行为，以及相关的投资行为与我国农业生态系统的关联性。因此，坚持农业贸易对外开放也不意味着固守原有的贸易结构和贸易方式，而是要在不违反 WTO 基本原则的前提下，尽量地向有利于保护我国粮食安全、生态安全的策略上靠近。既要适度调整农业贸易的结构布局，增加农业服务、农业技术方面的贸易规模，提高管理水平和技术支撑对农业发展的推动能力；又要在对外贸易布局上有针对性地与我国农业分工紧密的贸易伙伴建立双边、区域贸易关系，利用 GATT1994 第 24 条对区域自贸区、关税同盟的例外条款，来为我国把握农业对外合作中上下游关键环节创造制度环境。[①] 因此，对外开放条件要求我国农业贸易生态化转型，在坚持非歧视原则前提下对具体策略加以调适，将贸易政策的视角付之于国内农业生态系统涵养之上。

另一方面，我国要将农业对外贸易作为新国家安全观实现的重要环节，加强对农业领域种子安全、食用卫生安全和粮食安全的保护力度，更加注重农业贸易形成的生态流对顺差和逆差评价的影响。农业贸易是建立在比较优势基础上，实现全球资源优化配置而提高人类整体对生态系统的利用效率的，但这种看法是以农业市场的充分自由竞争为前提，显然这一前提在现实中是不存在的。取而代之是非完全竞争的国际农业市场，以及受国内、国际市场影响下国内农业生产方式的改变，面临这样的格局我国也要注重将本国农业生产、贸易的关键资源控制在自己手中。这主要包括粮食安全、生态安全的保护，粮食安全是对主要粮食品种生产贸易链的控制权，既包括生产端的安全（如对生态环境利用的非破坏性），也包括消费端的安全（如食品安全），还包括粮食安全持续保障能力（特别是种子安全），这是我国利用自身力量保障本国人民生存发展的应有之义。生态安全保障则意味着关注农业贸易背后的生态因素流动问题，尽力减少对外贸易中的生态因素流失，特别是资源高密度产品的出口，减少经济顺差而环境逆差现象的出现；重视防范进口农产品、技术对国内农业生态系统的不利影响，警惕商业性种子输入对我国种子安全的影响，以及物种入侵和生物资源安全问题。

（三）将承认农业贸易生态价值的观念具化为行为规范

农业生态系统对附随于国际贸易对象、过程而提供的生态服务，必须得到市场规律和政府干预过程的承认，才能扭转正外部性被忽视的局面，在全社会范围内形成的生态意识，以及协调对外开放与国家安全的路径，最终要落实到对农业贸易中生态价值在市场、政府两个层面予以承认的机制中。

1. 增强贸易主体的生态价值能力建设

增强贸易主体的生态价值创造能力是生态化转型中必须解决的源头性问题，也就是提升农村的生态保护能力的建设水平。一方面，增强贸易主

---

① 张烽文：《农业生态环境灰色综合评价及其支持系统》，《系统工程理论与实践》2013 年第 11 期。

体的生态价值知识能力。农业贸易中生态价值与经济价值是混同的，要有对生态利益的专门认识才能对贸易客体的社会价值加以分层和识别。[①] 改革开放以来，工农业收益悬殊和城乡发展失衡的问题凸显，农业优质劳动力大量流入工业和服务业，降低了农民生产者把握生态利益的能力。特别是兼业务农状态下，也缺乏将农业利益分经济、生态两层次处理的主动性，农业贸易生态化转型需要破解从业人群质量的瓶颈。[②]

另一方面，增加贸易主体创造生态价值的行动能力，即主体参与转型的物质基础、行为条件。既要在以往保障农业生产的田间管理设施外，增加资源节约和环境破坏效应控制的相关设施，如测土施肥、投入品控制、生态管理等设施的建设，并能广泛地为农业从业人员普遍掌握；更要加强农业生产经营者市场参与和互动能力的支撑设施建设，如电子商务平台、农村信息中心、物流节点等现代技术设备，促进农业的供给能更加顺利地向市场传达，并及时搜集来自市场的价格信息和消费者的各种需求，改变"大物流，小农户"对农村市场发育的阻碍。

2. 形成生态价值的市场承认机制

生态价值在农业生产经营环节形成后，如果不能得到市场的充分承认，在农业贸易中创造生态价值的主体能力和意识将受到严重冲击。很大程度上，农业贸易生态化转型最为重要的内容就是在国际农业交易关系中，从原来未对生态价值给予市场承认的做法，转向在价格和竞争地位上都倾向于那些生态化程度较高的产品和服务。在市场交易关系中存在识别产品、服务中的生态价值的手段，并逐渐给予其价格承认，适度推动其在竞争上获得优势，才能形成完整的生态价值市场承认机制。

一是形成对农产品和服务中生态成分的识别手段，也就是对这些贸易对象的市场价值表达时要具有生态价值的成分，将潜含于其中的生态成分"显化"为获得交易主体和消费者广为认可的社会价值。核心在于将产品、服务的生态品质用市场化的话语加以表达，首要的当然是生态标签的使用，既要用于表达生态品质，表明其在整体质量上与一般产品"质"的差异；又要体现其中的生态化层次和级别，能体现出区别于一般产品的

---

① 张晓京：《WTO 与粮食安全——法律与政策问题》，博士学位论文，武汉大学，2013 年。

② 王权典：《生态农业发展法律调控保障体系之探讨——基于农业生态环境保护视角》，《生态经济》2011 年第 6 期。

特殊品质及其程度，这样才能符合市场根据产品级差而分别给予承认的内在逻辑。[①] 其次，是能呈现与产品连接在一起的生态、作业环境状况的市场工具，包括生态地理标志和各类生态认证标志等，这能加强对贸易对象的生产经营背景情况的描述，避免只有产品自身状态描述而可能带来的滥用标签标识。最后是能展现产品和服务的主体身份和生产过程的描述，不是简单地展示其姓名、名称及经营类型，而是其运用各种自然资源形成贸易对象的工艺、过程、方法及其自身的经验等，这样能加深农业贸易中交易对象和消费者对其生态品质如何生成的全面了解。

二是形成有效的生态定价机制，也就是在产品和服务价格中在其经济价值之外给予生态价值以单独的承认。这是我国当前生态化转型最需要突破之处，由于市场定价机制对生态价值的反应迟钝，而不能向农业生产经营环节传递对生态保护的市场需求，显然，给予生态化的产品以较一般产品更有利的价格地位，给予生态品味更高的产品以更高的价格承认，是诱导农业从业人员参与生态化转型的最为直接而有效的利益机制。而阻碍这一机制形成的因素主要有二：第一，贸易中间商获取竞争优势而压低价格，在生产经营环节发出的订单中抹杀生态价值的承认，片面地造成竞争性低价而加以了生态因素在价值结构中的空间，特别是在出口环节不利于我国控制产品背后的拟态水、虚拟碳等生态因素流。第二，消费者对农业消费品的低价偏好，基本农产品物价是影响一国消费水平、通货膨胀的重要因素，而消费者对自己恩格尔系数也尤为关注，这一困境的破解有赖于将农产品和服务的经济使用价值与生态价值表达分开，能让消费者在利用货币选票时将生态因素作为独立于经济计算的单独标准。

三是逐步形成有利于生态性农产品和服务的竞争秩序和促进机制。在我国既有国情下，农业贸易生态化转型在一定程度上体现为一批"特殊产品、服务"的出现，它们的价格和识别标准离普通民众的生活比较遥远，甚至可能被视为农业消费中的"奢侈品"。与大量的普通农产品、服务比起来，它的优势在于生态品质能满足一部分收入水平较高人群对提高生活质量的需求，而劣势在于需求量有限且接受程度不高。农业贸易生态化转型的成果就是要将高生态品质的贸易对象给予普遍化，在市场待遇和竞争

---

① 董红、王有强：《我国农业生态环境保护立法探析》，《云南民族大学学报》（哲学社会科学版）2013 年第 2 期。

秩序上逐步向生态化方向倾斜，对那些在故有竞争秩序下依靠高污染、高投入而形成的贸易对象和过程给予淘汰。同时，逐步形成生态化贸易主体的商誉机制，在市场秩序中给予长期从事生态化农业贸易的个人和组织高度的社会评价，拓展贸易主体的社会责任范围，逐步淘汰那些具有生态破坏效应的贸易对象、过程及其生产经营方式，根据所从事的农业贸易生态化程度而形成各自不同的市场声誉机制。

3. 形成生态价值的国家承认机制

我国实现农业贸易的生态化转型，社会主义市场经济体制是重构资源配置的基础性手段，发挥市场和国家二者的主动性必不可少，并且长期以经济建设为中心形成的制度惯性，让市场自发地承认生态价值非常困难。① 破除农产品和服务的经济使用价值对生态价值的挟制，促成生态价值市场承认普遍化，都需要国家在关键破解点上注入公共资源甚至公权力适度干预。对我国而言，集中力量办大事的国家资源动员能力更具有实际效应，生态价值的国家承认机制是我国在转型中破题的重要力量。

国家对农业贸易中生态价值的承认，首先是提供促进生态价值创造的公共服务，并对贸易主体的创造活动实效给予实质性鼓励，改变传统农业生产经营、贸易流动中主体面临的成本收益结构，由此形成用生态价值争取经营获利与市场地位的愿景。显然，这正是我国在农村建设和农业经济促进中的弱项，既存在向谁提供公共服务的问题，因为农业生产经营主体的组织化、规范化程度较低；也存在如何提供的问题，长期以来支持农村发展受扶贫的思维影响过甚，且支持资源的传递高度依赖行政管理体制，经过层层过滤后到达农村和农民手中的资源非常有限，如果生态价值支持资源也如法炮制，相同情形可能复现；还存在支持与促进内容如何确定的问题，产能保障、收入支持等经济价值方面的支持较好确定，但是生态价值存在政府定价困难的问题，政府行为本身是需要预算、核算的，需要对其加以一定的量化，这对我国而言是一个新问题。其次是对非生态贸易对象和过程加以约束和控制，并逐步进行淘汰，建立对农业贸易中生态利益公允的识别标准和机制，并形成有利于生态化贸易对象及其主体显示其"生态"身份的官方认可体系，这样才能实现公共资源配置和市场资源在支撑生态化转型中达成一致。最后是提高生态化贸易的国际一致性，这需

---

① 孙宝鼎：《德国农业生态补偿及其对农业环境保护作用》，《世界农业》2012 年第 2 期。

要国家间进行紧密合作，保障一国的农业贸易生态化转型能尽量获得国际社会的任何，特别是为不同生态化程度的贸易对象和过程设定有区别的贸易待遇时，尽力达成国际一致做法，否则一国之内的生态化努力可能遭遇贸易伙伴国的抵制而消减，而其本身也可能成为引发贸易战的威胁因素。

二 我国农业贸易生态化转型法律保障的体系构成

虽然我国推动农业贸易生态化转型很有必要，但是其中的现实困难很大，制度转化的成本也很高，而转型的必要性更多地指向宏观层面整体利益保障，以及长远利益的维护，对贸易主体的微观利益和当前情势却不具有很强吸引力。这就意味着转型不能在现有农业贸易关系的存续前提下调整，更可能对其加以打破，也就是适度重新界定相关主体在贸易链中的产权边界与贸易地位，这种重大的调整需要国家与市场的协力，需要政府和公众达成共识，而这种转型的必要性、基本方向、转变步骤和程序等就需要能广泛体现社会共同利益，并在所有利益相关人知情并积极参与的过程中完成。因此，转型过程既不会由市场自发调节完成，也不可能依靠少数人意志来达成，只有在经济与生态利益新的关系模式下，以强制力加以保障才能实现。[①] 将生态利益嵌入既有农业贸易利益格局，淘汰生态破坏性贸易模式，并将这些转型的需求纳入到贸易与环保国际法的履行机制中加以考量，无不依赖法律制度的创新与完善。

（一）转型中价值和原则表达的法制化

虽然生态危机的现实和国际形势要求我国推动农业贸易的生态化转型，具体的实现却是寓于具体的农业贸易关系，以及各国对此形成的干预关系中，转型的完成实际上就是这些关系主体行为方式的改变。那么回应转型的事实需求是否需要国家强制力加以保障？是否需要国家意志对个体理性加以适当修正？是全部而彻底的生态化，还是部分的分步实现？因此，转型的必要性应该在法律制度的价值追求上加以展现，并在此基础上形成指导转型的基本原则。

在法律制度层面对农业贸易生态化转型的现实价值加以表达，就是回答两个最为根本的问题：我国的农业贸易是否需要生态化转型？如何实现

---

① 杨永芳：《古代农业生态环境保护制度对当今的启示》，《农业现代化研究》2007年第7期。

从传统型向生态化形态的农业贸易转变？这涉及转型的价值选择和指导原则两大核心事项。一是从现实需要到社会价值的转换需要法律制度来达成，我国处于全球性生态危机中并且农业是受其影响最为敏感的领域之一，满足国内农业消费的能力受到抑制；我国也处于农业贸易失衡的状态中，进出口在经济价值和生态因素流方面都有许多需要改进之处。① 同时，在农业贸易的转型中我国也可以利用自身经济体量的增加等有利因素，借力生态化之力改变国内农业市场与国际市场对接方式，实现革新我国国内农业经济发展模式和理顺农村社会关系并序进行。如上文所述，在农业贸易经济中心主义的理念中置入生态保护理念，必然要在一定程度上打破旧有格局下的贸易利益关系，不破则不立，并且非生态化农业贸易格局是既有法制秩序的有机部分之一。这势必要引入国家意志和强制力加以干预，将生态保护列为农业贸易转型的一部分必须加以法制化，并且实现法制体系内部的更新，否则生态化转型的期望可能落空。二是将转型的价值选择落实到实施过程，需要法制划定基本的指导原则，来指导生态化进行的基本方向和形成新的利益格局。转型的现实考量主要是从宏观利益出发，抑制过度膨胀的个体理性，对个体性贸易主体而言，很难以一己意志在宏观上、整体上把握转型的基本原则和主要方向。农业贸易从非生态向生态化、低层次生态化向高层次生态化转型，法律制度将从整体利益出发设计和规划实现路径，并且以法制作为工具，为政府、贸易主体、消费者等所有利益相关者提供一套公正、透明的新机制，规范各自的行为，在此之上形成共同的新农业贸易观。

（二）转型中主体角色转换的法制化

农业贸易生态化的转型归根结底是对人的行为的改变，内容主要体现在三层相互影响的社会关系中，包括国家与贸易主体间的支持和管制关系，贸易主体与消费者间的交易与消费利益保护关系，贸易主体之间的交易关系。生态化转型也就是改变这些关系中流动的利益类型和规模，在主体间形成新的利益关系，这就是说生态化转型通过为农业贸易关系注入新内容，赋予各方主体新的身份。在这个角色转换过程中，不同主体的利益会发生增益和减损，背后需要的经济资源配置也会相应地发生变化，只有将新形势定型为新的法律关系结构，才能实现贸易关系中利益分布和主体

---

① 邹光：《我国农业生态补偿法律制度完善研究》，《湖北农业科学》2014 年第 2 期。

行为模式的稳定性和可预测性。

首先，生态化转型要在贸易对象和过程中新增生态质量的识别与确定法则，它要平等适用于转型中所有的利益相关人，调整转型后新贸易关系下的所有行为。生态利益天然地会与彻底的经济利益至上发生抵触，生态化转型所带来的新的社会关系，以及对旧有关系在内容方面的改造，需要法律加以设计和认可。这些新内容在制定出来以后，还需要所有利益相关人切实地遵守，所以还需形成生态化转型后法律关系运行的保障措施，这其中有些是贸易关系固有的内容，有些是相关领域中所涉及的内容，但要放在整个转型过程中综合考虑。所以，从生态因素的引入到新贸易关系的形成与发展，再到保障新关系格局的实现，都需要法律制度对其中利益相关人的制度身份和行为模式加以明确规定。

其次，转型中国家的角色会从管制型向服务型转变，并在与贸易主体和消费者新的关系中具备新的角色。对生态化转型后国家的新角色而言，一是其贸易管制的行为模式将产生变化，贸易对象的生态质量、贸易过程对生态系统影响，将成为国家在决定进出口和国内支持措施的行为标准。这对农业贸易的影响十分巨大，我国对农业贸易的干预行为应当法制化，以公正透明的形式向贸易主体传达，否则生态化可能成为破坏贸易秩序的借口，不利于农业贸易的健康发展。[①] 二是转型中许多关键资源需要国家以公共服务的形式加以提供，特别是国内农业支持和贸易便利化两个方面。贸易转型的初始力源于生产经营环节，实现生态化转型要改变生产要素投入结构，特别是各国农业补贴构成的国内支持体系，要在以往的保粮价、促产能和增收的目标任务上，增加生态保护的支持措施，这对我国来说还是一个新的补贴领域，需要法律制度加以明文规定。三是转型后的贸易便利化需要国家为生态质量高的贸易对象及其所属主体，提供更为便于其达成贸易、降低成本的待遇，这也是生态化转型带来的新问题，需要法律制度加以明晰。

（三）转型中阻力消减因素的法制化

生态化转型是对经济利益至上的否定，故而必遭既有利益格局下相关主体的反对和抵制，但生态危机和农业贸易的可持续性要求转型必须推

---

① 张壬午、计文瑛、张彤：《我国生态农业与生态环境保护协调性研究》，《生态农业研究》2012 年第 8 期。

进，消减转型过程中的阻碍因素势必要依托国家意志及其所手中的强制力。

　　生态化转型将会推高非生态化贸易关系下的经济成本，对其组合经济资源的方式产生否定效应，要求它们更改原材料及生产设备的类型与投入比例，增加防范生态破坏的各种投入。微观利益获利方式的修改需要时间适应，动摇已经形成的竞争优势地位，新增的生态关注对已经适应旧贸易模式主体来看是艰难的，旧格局下地位越高、优势越强的贸易主体转型越难。而生态化转型又必须依靠它们为主体，换句话说转型过程必须对旧格局中的主要贸易主体加以约束、限制和改造。因此，对其原有的行为自由必须给予适度的限制，对其原来未予内化的环境负外部性要转化为其经营成本的一部分，这都需要向这些贸易主体传达明确的生态化信息，使其明确生态化转型对其行为的具体意涵及修正要求，并以国家强制力来保证这些要求的实现。

　　当然，国家与贸易主体的关系也会发生变化，在对贸易主体给予限制时也必须坚持行政合法及合理的原则。要提高国家在生态化转型中的执法效率，生态化本身就是一个内涵丰富的行为过程。贸易主体和国家未必能取得完成一致的认识，贸易主体必须能方便和高效地获得指导自己行为的信号，则寄希望于国家能高效迅速地提供这些信息，那么国家在消减转型阻碍因素时也要遵循公正而可预见的行为模式，需要法律制度加以明确，否则可能使贸易主体无所适从。此外，转型中的阻碍因素可能存在动态性，国家在确认过程中可能出现偏差，可能由于生态危机应对和贸易结构优化的宏观需求，而误判贸易主体的特定行为。国家在确认与清除转型阻碍因素时，要防止执法的随意性，防止基于不充分的信息和非正当程序作出限制约束甚至处罚的决定。在微观主体对生态化转型存疑，而由宏观利益主导进行推进，国家意志可能由于过度看重生态利益问题而对贸易中经济利益限制的动力太强。或者为了尽快流转贸易失衡及生态因素流过快丧失，国家理性对个体理性过度压制的问题就可能出现。因此，国家在限制贸易主体行为、处罚违法行为时也需要有明确的行为边界和程序，这要与生态化转型中限制贸易主体行为的法律制度一并制定和执行。

（四）转型中国际公允性的法制化

　　农业贸易不是一国之力可完全覆盖的行为领域，贸易主体的行为也贯穿于不同的国家间，如果各国主权意志协调失当，则推进转型不仅不能实现贸易经济利益与生态利益的有机融合，反而会破坏国际自由贸易秩序，在国家之间造成国内法的紧张关系。这会侵蚀国际贸易对资源在国际社会优化配置的应有功能，并且一国实施农业贸易措施还要遵守国际法，我国推动农业贸易生态化转型也要以自己承担的国际法义务为依据，审视转型后新贸易关系下行为模式可能造成的国际效应，要获得国际社会的广泛承认，则须展示国内转型措施契合于国际法的属性，法制化是必然要求。[1]

一方面，我国农业贸易生态化转型要遵守国际贸易法制的限制，履行在 WTO 规则及区域自贸区等制度中承担的国际义务。我国在加入 WTO 的议定书，以及与东盟等缔结的区域自贸组织协定中，农业贸易规则是其中的重要内容，我国都在其中做出了减让关税、降低补贴等许多承诺，甚至在中国—东盟自贸区的《货物贸易协定》下做出了零关税的承诺。在农业国内支持、市场准入和出口促进方面的国际承诺，都是推动农业贸易生态化转型的法定约束因素。因而转型中对非生态化贸易模式修改之处必须按照国际贸易规则已形成的框架，保障转型后的做法具有国际对应性，能按照透明度原则使贸易伙伴充分了解。特别是生态化问题中必然会涉及许多技术性、卫生检验检疫措施，还要遵循已有的国际标准，按照 TBT 和 SPS 中关于这类措施制定的要求，听取其他国家的意见。在区域贸易协定中，许多生态化问题都是双方合作性事项的内容，而不似 WTO 框架下那样的严格，相互通报并形成执法合作等措施必不可少。不管是在全球贸易体制还是区域贸易体制下，我国农业贸易生态化转型要获得国际社会的认可，都需要首先实现国内法制化。

另一方面，法制化也是我国在农业贸易生态化转型中同时履行贸易与生态保护国际义务的内在要求。生态保护在一定程度上会对自由贸易产生限制，这在许多多边环境协定中也有规定，一般称为"贸易环境措施"，它们都要求在履行环境保护的国际义务时不对国际贸易造成不正当的限制。在实质利益上要实现贸易与生态保护的完全融合是非常困难的，将生态利益融入农业贸易必然会改变自由贸易的内在逻辑，只要其程度控制在国际社会可接受之范围内即可。我国在推动转型时也就要将这二者置于此范围内，需要明确的行为规则来加以支撑，明确生态利益在经济链条中的分布规律和介入程度。所以，法制化也是我国在履行生态保护国际条约中，证明自己未牺牲它国贸易利益的必然路径。

---

[1] 李冬雪：《生态农业立法问题研究》，《东北林业大学学报》2015 年第 4 期。

第二章

农业贸易国际法律实践的生态化趋势

随着生态环境保护问题在整个国际社会的不断升温，与之紧密联系并引发冲突的其他问题也被广泛关注。农业因其所具有的外部性、多功能性以及与生态和环境保护之间所具有的紧密联系和依赖性，从而使农产品贸易成为生态环境与贸易领域研究的热点。研究的重点是如何实现农业贸易的生态化，实现经济增长与环境保护的双赢。在日趋竞争激烈的国际农业贸易中大多数国家都将贸易环境措施应用于贸易活动之中，在国内也采取了广泛的环境政策，以此来达到限制甚至阻止国外农产品流入国内市场的目的，从而引发了国际农业贸易与环境和生态保护的冲突与协调研究。

第一节　WTO框架下农业贸易生态保护规则的梳理与评价

一　国际农业贸易与环境保护的关联性

农产品贸易成为生态环境与贸易领域冲突的核心，绝非偶然。农产品生产过程与自然资源和生态环境的紧密联系及对其的高度依赖性是冲突的根源。各国纷纷采取适合国情的方式来解决日益恶化的环境问题，以此来促进经济和社会的可持续发展。但是，任何以保护环境为借口而采取的贸易政策措施，都不能构成对国际农业贸易的不正当歧视。

《21世纪议程》提出：要通过贸易促进可持续发展。开放、多元化的贸易体系可以使资源更有效地分配利用，这不仅能为农业生产、农民收入的增加做出贡献，还有益于减少对环境的破坏。这一系统还可以为经济的增长、环境保护提供必要的追加资源。从另一方面看，健全的环境保护又使多元化的贸易体系得以健康成长，为贸易的持续扩大提供所必需的生态资源及其他资源。

农产品贸易自由化有利于降低环境破坏，但这并不意味着各个国家的环境问题就会减轻。当贸易造成生态和环境的破坏时，其根本原因往往不在贸易本身，而是由于经济活动所产生的外部性以及政府政策的扭曲和失衡。为了改变这种状况，必须将环境保护费用列入成本，充分利用市场经济手段进行控制。

二　WTO 框架下与环境有关的贸易规则

基于农业在整个国民经济中发挥的举足轻重的基础性作用与地位，在GATT 乌拉圭回合谈判以前，农业和农产品贸易问题就一直受到各国的高度关注，特别是发达国家，更采取一系列措施保障农产品贸易的可持续发展。自从 GATT 生效以后，在长达几十年的时间里，整个国际社会一直尝试着将农产品贸易问题纳入 GATT 的规制框架里，但是其努力一直都没有成功。农产品问题在数轮的贸易自由化谈判中一直都被视作特殊情况或者例外来对待，因而也使得多边贸易一般规则长期对农产品贸易无法实现规制和约束。[①] 乌拉圭回合谈判的突破性进展就是达成了《农业协议》，第一次实现了将农产品贸易全面纳入到国际多边贸易体制的规制之下，从而奠定了农产品贸易自由化的基础

（一）GATT 中与环保有关的贸易规则

作为一个有关国际货物贸易的全球性规则，GATT 一定程度上对贸易以外的价值，尤其是环境保护予以了相当程度的关注。GATT 与环境保护有关的贸易规则主要体现在规则第 2 条、第 11 条和第 20 条。

GATT 第 2 条规定，成员国可以以保护环境为目的，按照本国的环境计划，自行决定对进口产品征收环境税费。上述规定，实际上肯定了一国基于环境保护目的，以税费措施将商品的环境成本内化的可行性。换言之，承认了缔约方可以基于环境考虑而采取某些例外于 GATT 一般性承诺

---

① 张晓涛、倪洪兴：《农产品贸易自由化进程中的非贸易关注问题》，《国际贸易问题》2004 年第 1 期。

的贸易环境措施。

在第 11 条中，GATT 进一步针对三种情况设定了贸易承诺的例外。按照该条规定，在三种情况下，缔约方可以针对国际贸易实施数量限制：A. 输出缔约国可以临时实施出口限制或禁止措施来缓解或防止粮食以及其他必需品的匮乏；B. 为实施国际贸易上商品分类、分级和销售的标准及条例，各国根据环保要求或环境标准，必须采取的限制进出口或禁止进出口措施；C. 以保护国内生态环境为目的，在对本国农渔产品实施限制的同时，也可以限制相关的进口产品。在这三项例外中，第一项和最后一项均涉及国际农业贸易问题。第一项例外可以称为粮食安全例外，而第二项则可以称为环境例外。

GATT 第 20 条是对贸易自由化原则的一般性例外的规定，与生态环境保护直接相关的条款体现在（b）和（g）两款的规定。第 20 条规定："本协定的规定不得解释为禁止缔约方采用或加强以下措施，但对情况相同的各国，实施的措施不得构成武断的或不合理的差别待遇，或构成对国际贸易的变相限制：（b）为保护人类、动植物的生命或健康所必需的措施；……（g）与国内限制生产与消费的措施相配合，为有效保护可能用竭的天然资源的有关措施。"

GATT 第 20 条的上述环保例外条款可以分为两个部分即前面的引言部分和单项例外中的（b）、（g）项。引言部分主要规定的是各项例外措施适用方式上的要求，目的在于为成员方援引各款所载例外设置实施标准，防止成员方滥用环保例外条款构建新的贸易壁垒。单项例外主要规定具体例外事项，与其他条款不同，这些单项例外均不直接涉及经济利益，而是 GATT/WTO 赋予成员方基于公共利益考虑可以实施某些贸易限制措施，而且该环保例外可以适用于总协定下的所有义务，如国民待遇、最惠国待遇以及其他义务等。这一点，在农业贸易生态化情况下将同样可能被缔约方加以运用。通过运用这一贸易例外达到环境保护的目的。

（二）《技术性贸易壁垒协议》

《技术性贸易壁垒协议》（TBT 协议）① 的适用范围涵盖了包括农产品

---

① TBT："贸易技术壁垒"（Technical Barriers To Trade，TBT），是指进口国所制定的强制和非强制性的商品标准、法规以及检验商品是否符合标准、法规的合格评定程序所形成的贸易障碍。农产品目前尚未形成一套统一的国际标准。发达国家利用其先进技术，操纵了农产品标准的制订，轻易地为发展中国家农产品出口设置多种障碍，以便达到占领和控制国际农产品市场的目的。

和工业品在内的所有产品。协议的宗旨是：对所有成员国实施技术性贸易措施与法规的行为进行统一规范；对成员国制订和实施合理的技术性贸易措施进行指导；在不会对国际贸易造成不必要的障碍和形成贸易壁垒的前提下，鼓励成员国采用符合国际标准、技术法规以及合格评定程序的包装、标记和标签等技术贸易措施，以减少和消除贸易领域产生的摩擦和争端。成员国为实现上述目的所采取的技术性措施对贸易施加的限制，不能超过为实现合法目标所必需的限度，同时要将实现合法目标所可能带来的风险考虑在内。此类合法目标特别包括：国家安全要求；防止欺诈行为；保护人类生命健康和安全、保护动植物的生命和健康、保护生态环境。为实现合法目标而采取的技术标准、技术法规以及符合国际标准的合格评定程序都属于协议中技术性措施的范畴。

TBT 协议的上述生态环境例外规定基本类似于 GATT 第 11 条（g）、（b）项的环境例外。在肯定缔约方有权基于保护人类生命健康和安全、动植物生命健康、生态环境目的而偏离协定有关技术规则统一性的要求前提下，同时也要求缔约方的上述偏离和例外不得超过为实现合法目标所必需。从 WTO 争端解决机制若干判例来看，所谓"合法目标所必需"需要根据个案的具体情况来判定，但其基本原则仍是基于"比例原则"。即其保护的目标、目标价值等不得与因此所造成的贸易扭曲不成比例。

（三）《实施动植物卫生检疫措施的协议》

为了解决 GATT 和 TBT 协议在动植物卫生检疫措施问题上面临的缺乏约束力、无具体要求，在解决现实中出现的由此而产生的大量农产品贸易争端时的束手无策现象，国际社会在后续的乌拉圭回合谈判中达成了《实施动植物卫生检疫措施的协议》（SPS 协议），以此来对国际农产品贸易中的动植物检疫问题制定统一的标准，并进行严格的规制。

SPS 协议明确界定了"必需的检疫措施"的内涵：只能在出于保护动植物生命或健康的限度内采取；应以科学原理为根据。在缺乏足够理由和依据的条件下禁止实施上述检疫措施；不能对相同条件下或相似条件下的成员国构成不正当的歧视；也不能变相地限制国际贸易。与此同时，SPS 协议还对实施动植物卫生检疫措施的国际标准、检疫措施的透明度、对发展中国家的特殊或差别待遇以及有害生物的风险性分析做出了相应的规制。

（四）《补贴与反补贴措施协定》

《补贴与反补贴措施协定》（SCM 协定）主要规制的对象针对的是扭

曲了贸易的补贴以及相应采取的反补贴措施。协定中将补贴分为禁止和非禁止两大类，非禁止补贴又分为可诉和不可诉两类，鼓励改进和保护环境的补贴属于不可诉补贴。协定第8条是对不可诉补贴做出的严格限定条件，其中第2款（c）项规定：在某些特定条件下，所有成员方为促使现有的生产设施适应法律或法规所提出的新的环境要求而提供的援助，如补贴占所需成本的20%以下，则被认为不可诉补贴，即任何成员方都可以采用而别的成员方无权对其采取反补贴措施的所谓"绿色补贴"，即不受制于反补贴税。协定还对以保护环境为目的的补贴行为规定了实施的条件和适用的情况：虽然这种补贴有利于商品的出口，但是这种出口却对进口国某一产业的利益造成了损害；或者这种补贴虽然有利于国内工业的发展，但是却对多边贸易体制下他国应得的权益或贸易利益造成了损害。

（五）《与贸易有关的知识产权协定》

与保护环境直接相关的条款体现在《与贸易有关的知识产权协定》（TRIPs协定）第27条的第2款和第3款。第2款对可拒绝授予发明专利权的情况做出了规定：出于维护公共秩序和道德、保护人类和动植物的生命和健康以及避免造成严重的环境损害的目的等，从而必须在其境内限制或阻止对用于人类和动植物的诊断、治疗和外科手术方法等这些发明的商业应用。第3款还允许各成员国政府对下述情形不授予专利权：除微生物以外的动物和植物，以及生产除生物和微生物外的动物和植物的生物方法。但是，成员国对于植物新品种的保护应采取专利保护、专门制度保护或者是两种制度的综合保护。同时，协定还鼓励成员国更多地进行环境保护技术的研究、创新、使用和转让。

（六）"巴厘协定"

2013年1月7日达成的"巴厘一揽子协定"终于为WTO面临的诸多困境带来了解决的契机。"巴厘一揽子协定"包括10份协定，内容包括海关及口岸通关程序的简化、发展中国家在粮食安全问题上可以拥有更多选择权、对最不发达国家贸易发展进行协助等内容。

（1）在贸易便利化方面，协定决定尽快成立筹备委员会，就协定文本进行法律审查，确保相关条款在2015年7月31日前正式生效。各方在声明中同意尽力建立"单一窗口"以简化清关手续。

（2）在农业方面，协定同意为发展中国家提供一系列与农业相关的服务，并在一定条件下同意发展中国家为保障粮食安全进行公共储粮。

（3）在棉花贸易方面，协定同意为最不发达国家进一步开放市场，并协助这些国家提高棉花产量。

（4）在发展议题方面，协定同意为最不发达国家出口到富裕国家的商品实现免税免配额制；进一步简化最不发达国家出口产品的认定程序；允许最不发达国家的服务优先进入富裕国家市场；同意建立监督机制，对最不发达国家享受的优先待遇进行监督。①

在为"巴厘协定"的出台欢呼的同时，我们也应该清醒地认识到，这只不过是预示着一个良好的开端，在实现全球农业贸易自由化和一体化的道路上，还有很长的路要走。因而，只有 WTO 成员方们积极投入并共同为之做出努力，才能进一步推动全球自由贸易向着更广阔的空间前进。

（七）《农业协议》和农产品贸易中的非贸易关注与农业的多功能性

《农业协议》第 20 条中明确规定：非贸易关注问题要在改革的继续进程中加以考虑。就理论层面而言，"非贸易关注"是指那些违背了 WTO 的自由贸易基本原则，但是却关乎个人、国家以至于整个世界多个方面的社会福祉的问题。由此可以看出，以下问题都涵盖在了非贸易关注的范围内：①农业多功能性问题；②动植物检验检疫、绿色技术贸易壁垒以及知识产权保护问题；③环境标准和动物福利问题。② 因此，非贸易关注实际上与农业的多功能性是两个紧密联系的概念，非贸易关注要考虑农业的多功能性对贸易双方福利的影响以及影响的消除。③

1. 《农业协定》中的非贸易关注事项

"非贸易关注"是 WTO《农业协定》中一项非常重要的内容。"非贸易关注事项"是由日本在农业贸易谈判中提出的，"非贸易关注事项"的核心是如何保持和实现农业的多功能性。日本提出的农业多种机能的观点符合 21 世纪经济、生态环境与整个社会协调可持续发展的目标，因其具有一定的理论创新性而受到了很多国家和地区的认可。

农业的多功能性作为非贸易关注的核心，主要包括：（1）环境保护，

---

① 丁一凡：《国际贸易新动向——多边自由贸易框架的复活还是新地区自由贸易框架的崛起?》，《当代世界》2014 年第 2 期。

② 周升起：《农产品国际贸易生态经济效益研究》，博士学位论文，山东农业大学，2005 年。

③ 张晓涛、倪洪兴：《农产品贸易自由化进程中的非贸易关注问题》，《国际贸易问题》2004 年第 1 期。

具体涵盖了国土资源的保护、景观的形成、水源的涵养、自然环境的保护等。（2）食品安全保障，为了达到满足所有人积极和健康生活的食物需要，就要确保所有人在任何时候都能获得物质和经济上安全、充足和富有营养的食物。食品安全保障要保障所有的家庭都能够在物质上和经济上得到足够其家庭成员享用的充足食物，并且所有家庭都不存在食物购买力缺乏的危险性。具体包含三方面内容：供给力、稳定性以及获得食物的机会。所谓充足的食物供给是指能够满足平均消费需求的充足食物供应。稳定性是指即使在窘迫的年份或时节，在保证有足够食物能抵御饥饿的前提下，能将对食物消费的需求减少并维持在最小限度内。食物购买力是指每个家庭都有能力得到食物。但从长远来看，如果对食物的需求是从对不可再生天然资源的掠夺中获取或者是在破坏环境的前提下而得到满足，这就不足以提供长期的食品安全保障。

2. 对农业多功能性的争论

国际上对于对农业多功能性的理解主要有两种观点：

一是从自由贸易方面对农业多功能性加以理解。美国、澳大利亚、新西兰、加拿大等国的理解与 WTO、OECD[①] 的理解相同。美国认为在推进贸易自由化的进程中，是可以实现包括环境保护在内的多功能性机能的。欧盟、挪威、韩国、日本等国则反对这一观点，在这些国家看来，国际农业贸易应保持其国际贸易的纯粹性，促进农产品的自由贸易，才能更好实现农产品在全球市场的均衡与有效配置，最终实现农业的多功能性。如果以保护环境和农业多功能性为目的制定农业政策，反而可能被少数国家所利用，最终阻碍国际农产品贸易的自由化进程。美国的观点认为，进行环境保护可以通过完善的环境政策来实现，环境的破坏并不一定都是由于贸易自由化造成的。

---

① OECD 全称为 Organization for Economic Cooperation and Development，OECD 成立于 1961 年，其前身是欧洲经济合作组织，目前共有 30 个成员国，包括澳大利亚、奥地利、比利时、加拿大、捷克、丹麦、芬兰、法国、德国、希腊、匈牙利、冰岛、爱尔兰、意大利、日本、韩国、卢森堡、墨西哥、荷兰、新西兰、挪威、波兰、葡萄牙、斯洛伐克、西班牙、瑞典、瑞士、土耳其、英国、美国。还包括国际能源代理机构、核能代理机构、欧洲交通部长会议、发展中心、教育研究和创新等代理机构。包括了几乎所有发达国家，国民生产总值占全世界2/3。OECD 的职能主要是研究分析和预测世界经济的发展走向，协调成员国关系，促进成员国合作，经常为成员国制定国内政策和确定在区域性、国际性组织中的立场提供帮助。

值得注意的是，在与美国相对的阵营内部，关于农业多功能化的具体实现方向与目标还存在一定分歧。分歧的焦点在于是否将食品安全保障纳入农业多功能性之内。以欧盟为代表的国家和地区对食品安全保障并不关心，因为欧盟的食品自给率很高，粮食已经到了过剩的程度，相对而言，他们更关注农业多功能性价值的生产，例如，美丽的农村景观①的价值，以及保持其价值的方式和政策。但是，由于日本、韩国和北欧等国较低的食品自给率，使得保障食品的安全成为这些国家关注的重点民生问题。

第二节 多边环境协定对农业贸易生态化的影响

问题领域的簇集和交织会导致不同国际机制和制度发生不同程度的互动。在生态环境保护与国际贸易规制这两个领域同样如此。在农业贸易领域开始关注生态环境问题的同时；在生态环境保护领域，考虑到国际环境法的弱可执行性以及贸易本身的环境影响，越来越多的多边环境协定也开始从贸易层面思考环境保护问题。

目前，国际社会达成的多边环境条约共有 200 多个，其中与贸易相关的共有 22 个。在这 22 个多边环境条约中，国际性公约共有 13 个，地区性公约共有 9 个。在这 22 个与贸易相关的多边环境条约里，比 WTO 目前的成员国还多的就有 4 个，分别是《濒危物种国际贸易公约》《消耗臭氧层物质蒙特利尔议定书》《生物多样性公约》以及《联合国气候变化框架公约》。

一 《濒危野生动植物物种国际贸易公约》对农业贸易生态化的影响

该公约制定的宗旨是通过贸易的控制来使濒危野生物种获得保护，是国际社会多边环境条约中一项非常重要的国际公约。条约将受到贸易控制的动植物物种清单分别规定在了三个附录文件中，共列举了 879 种动物和157 种植物。公约对上述三个附录所列的物种分别规定了不同的国际贸易管制措施及禁止性规定。公约对濒危物种的贸易禁止和贸易限制，显然将

---

① 美丽的农村景观属于环境财产之一，是一种有价值的资源。

对国际农业贸易产生重大影响。

公约主要通过进出口许可证、配额及原产地标志等方式作用于成员国的进出口，以期达到避免国际贸易自由化导致濒危动植物物种灭绝的目的。通过贸易手段切断濒危物种的国际贸易从而实现对濒危物种保护的做法显然是有效的。因为无法贸易，自然无法获利，从而可以从根本上杜绝对濒危物种的捕猎。这种做法无疑也会影响到国际贸易自由化。然而，这种贸易环境措施事实上并不会与 WTO 贸易规则体系发生冲突，因为禁止濒危物种国际贸易显然符合 GATT 第 11 条有关环境例外要求。根据 WTO/GATT 产品分类，绝大部分濒危物种贸易显然均属于农产品贸易。禁止、限制濒危动植物的国际贸易，从另一层面推动了农产品贸易的生态化转型。

公约第 10 条规定，如果出口、再出口或进口的对象属于公约的非缔约国时，要想该国所出具的文件与任何一个缔约国所出具的文件具有同等效力而被接受，那么该国的政府权力机构所签发的类似文件需要符合公约对许可证和证明书的实质性要求。

如果任一缔约国违反了其在公约项下应履行的义务，那么其他国家都可以停止与该国进行某一物种或某些物种之间的贸易。[①] 公约此一规定颇为值得关注，这种跨商品类别的贸易限制或贸易制裁措施实际上并不符合 WTO/GATT 的相关规定。因为无论是 GATT 还是其他 WTO 框架内与贸易有关的规则均未赋予缔约方在一方未履行环境义务而可以采取跨商品或行业报复的权利。这种情况下，规则冲突也因此产生。尽管目前要求在 WTO 框架内修改有关贸易规则以协调其与贸易规则体系外的制度之间的矛盾的可能性不大，但是在 WTO 框架外，通过区域或双边自由贸易协定来协调二者的冲突则相对容易。跨类别的制裁措施的建立无疑是对国际环境法的较弱的可执行性的一个强有力的补充。

二 《控制危险废物越境转移及处置巴塞尔公约》对农业贸易生态化的影响

公约对于出口国只有在事先取得进口国同意的情况下才能将有害废物

---

① See Elizabeth Granadillo, "*Regulation of the International Trade of Endangered Species by the World Trade Organization*", *George Washington Journal of International Law and Economics*, Vol. 32, 2000, pp. 437 – 439.

出口到该国制定了详细的程序：出口国如果意图进行任何关于危险废物或其他废物的越境转移行为，都有义务事先通知该进口国的有关部门。该项程序的规定能够确保进口国第一时间获得充足的信息来判断和决定它能否在处理该种进口有害物质时对环境是无害的，或者尽最大可能来减轻对环境的损害。

公约对于成员国与非成员国之间的有害废物的进出口原则上是禁止的，但同时规定了例外情形。即只有在成员国与非成员国之间就有害废物的管理达成了与公约类似或是比公约更加严格的双边协议或区域协议，才允许有害废物的进出口，否则成员国不能从非成员国进口，也不得向非成员国出口有害废物。

公约签订后，一些谋求经济利益的发达国家和迫切需要外汇的发展中国家在金钱利益的驱使下，根本不考虑发展中成员国是否有能力采取对生态环境无害的方式来处理和管理这些危险废物，而是一味地继续将有害废物出口到这些发展中国家。因此，缔约国决定立即禁止经合组织国家将有害废物出口到非经合组织国家。①

危险废弃物的跨境转移的目的无非是通过跨境处置废弃物以规避废弃物输出国严格的废弃物处置环境标准。跨境危险废弃物跨境转移与处理行为本身可能会导致接受国农业生态环境的破坏。例如废弃物在接受国的填埋行为等均可能对接受国农业生态环境，包括地下水、植被等造成损害。该公约的出台无疑对农业生态贸易的发展有着重大影响，其将间接实现对农产品生产环境，包括土壤、水质等方面的保护。

三　《关于消耗臭氧层物质的蒙特利尔议定书》对农业贸易生态化的影响

该议定书规定，除非非缔约国一方能够以可靠的证据来证明它遵守了议定书的相关规定，否则非缔约国与缔约国之间就议定书明确控制物质的进出口贸易是被严格禁止的。这一规定的主要目的在于通过鼓励全球的参与来共同防止发达国家将工业向发展中国家进行转移，鼓励生产者研发替

---

① 1994 年 3 月，《控制危险废物越境转移及处置巴塞尔公约》召开第二次缔约国大会，并且缔约国决定，到 1997 年 12 月 31 日，完全禁止从经合组织国家向非经合组织国家出口可回收再利用的废物，防止不可回收或难以再利用的废物以可回收的废物的名义出口。

代氟利昂等消耗臭氧层物质的新物质，并采取措施来确保非缔约国生产氟利昂等物质的行为不会削弱这种替代行为。

消耗臭氧层物质的控制对全球农业生产的最大影响和贡献在于对气候变化的控制。众所周知，消耗臭氧层物质同时也是一种温室气体，对全球农业生产有着重要影响，消除和控制消耗臭氧层物质，无疑将进一步改善农业生产环境，间接促进农业贸易生态化。

四 《生物多样性公约》对农业贸易生态化的影响

该公约中有贸易有关的规定主要体现在：第 6 条、第 7 条、第 8 条第 5 项、第 8 条第 10 项、第 8 条第 12 项、第 10 条第 4 项、第 10 条第 5 项、第 11 条、第 18 条第 4 项等。上述条款要求缔约国探讨贸易措施对生物多样性产生的影响以及贸易部门在该问题上应该发挥的作用。

在该次大会上探讨的与世界贸易组织相关的主要议题包括：保护生物多样性及其可持续利用；知识产权；遗传资源的取得；加强及运用科技合作的交换机制；相关的生物安全议题等。

在该次大会上对环境与贸易、生物多样性的维持等议题进行了再次探讨，并列明了公约与环境委员会（CTE）所确立的 10 项议题之间的关系如下：

议题一是关于讨论多边贸易体系条文与用来达成环境目的贸易措施之间的关系；议题二是关于讨论与贸易相关以及具有显著贸易效果的环保政策；议题三是关于讨论多边贸易体制下规定的以环境保护为名义的税收以及产品标准、技术规范、包装标识与循环利用之间的关系；议题四是关于讨论多边贸易体制下规定的以环境保护为名义的贸易措施的透明度；议题五是关于讨论 WTO 争端解决机制与多边环境保护协议中争端解决机制之间的关系；议题六是关于讨论环境保护措施对发展中国家，特别是较贫困国家市场准入的影响以及解除贸易限制与扭曲所带来的环境利益；议题七是关于讨论一国国内违禁产品的出口问题（主要针对转基因生物体的释放与跨境转移）；议题八是关于讨论与贸易有关的知识产权协议与环境的相关性；议题九是关于讨论环境与服务贸易之间的关联性；议题十是关于讨论 WTO 与其他组织，包括非政府组织与政府间组织之关系。[1]

---

[1]　牛海峰：《浅析〈生物多样性公约〉与 WTO 贸易规则的关联性》，《当代财经》2003 年第 1 期。

生物多样性可以从以下三个方面来进行理解：遗传多样性，物种多样性，生境多样性。维持生物多样性对农业的影响表现在多个方面，例如生物多样性种植方式可以减少农药使用量，还能够较好控制住作物病虫害。生物多样性的维护还可以起到维护遗传异质、化感、稀释阻隔、减少初侵染、混淆干扰和引诱趋避等作用。从这方面来看，《生物多样公约》对于生物多样性的维护同样将对农业贸易生态化的发展起到重要推动作用。

五 《联合国气候变化框架公约》对农业贸易生态化的影响

《联合国气候变化框架公约》规定，为了减缓气候变化及其造成的不利影响，各缔约国应根据各自责任大小、发展的优先顺序目标和情况来采取减少或制止所有温室气体人为排放，并清除已经排放的温室气体的各种措施。为了满足发展中国家的特殊需求，公约在五个领域内制定了与技术转让相关的规则，即技术需求及需求评估、技术信息、优良环境、能力建设和转让机制，其目的在于帮助发展中国家履行公约项下的各项义务规定。

由于公约只是一项框架性的协议，因此，工业化国家承诺削减二氧化碳和其他温室气体排放量的主要国际机制都在《京都议定书》中做出了具体规定。尽管附件 I 国家必须制定相应的国内政策和措施以确保目标的实现，但议定书并未要求各成员国政府颁布执行具体的政策措施，而是允许各国根据各自具体的经济环境选择各种最佳途径来削减温室气体排放。议定书规定了作为各国国内减排行动补充措施的三种灵活机制来帮助附件 I 国家降低实现减排目标的总成本，它们分别是联合履约机制（Joint Implementation，JI）、清洁发展机制（Clean Development Mechanism，CDM）以及排放交易机制（Emissions Trading，ET），被称为"京都三机制"。JI 是指发达国家之间通过项目级的合作，其所实现的减排指标可以转让给另一发达国家缔约方，但是同时必须在转让方的允许排放限额上扣减相应的额度。CDM 允许工业化国家的投资者在发展中国家实施有利于发展中国家可持续发展的减排项目，从而减少温室气体排放量，以帮助发展中国家履行其在议定书中所承诺的限排或减排义务。其设置初衷是为了帮助非附件 I 国家在可持续发展的前提下进行减排并从中获益。ET 是指一个发达国家，将其超额完成减排义务的指标，以贸易的方式转让给另外一个未能完成减排义务的发达国家，并同时从转让方的允许排放限额上扣减相应的转让额度。

气候变化对于全球农业生产的影响是极为巨大的。众所周知，农业生态系统是一种受人类强烈干预的人控系统，也是自我调节机制较为薄弱的生物系统，是全球气候变化的主要承受者和受害者。不少研究表明，全球气候变暖对农业的影响既有不利的一面，也有有利的一面。总体而言，是机遇与挑战并存。

一方面，由于二氧化碳是农作物光合作用的原料，对于作物生长至关重要。在一定范围内，二氧化碳浓度升高，植物生长将因此加快。但另一方面，随着植物二氧化碳浓度的过度增加也会导致一系列生态因子的变化，实验研究表明，大气中的二氧化碳浓度倍增之后，部分地区的农作物生长将会因此受到影响。此外，二氧化碳浓度的增加还会导致农作物品质下降，尤其是减少农作物中的蛋白质含量。与此同时，气候的剧烈变动还会导致农作物病虫害的增加。所有这些都表明，随着全球气候变化的加剧，全球农业生产也将因此受到影响。同时有关气候变化的法律制度的发展对于生态农业的发展显然也具有重要的制度外影响。

第三节　WTO 农业贸易的生态保护规则与多哈回合生态议题的协调

多哈回合是"发展回合"，发展问题，尤其是与发展中成员相关的发展问题越来越成为推动谈判的关键。农产品贸易与环境问题亦是多哈回合一个新的重要谈判领域，具体包括两个分支领域：一是贸易与环境保护的关系。主要涉及的谈判议题包括：多边贸易体制下的规则与多边环境协定中涉及的贸易规则之间的关系；环境产品和服务贸易壁垒的减少或消除；WTO 与多边环境协定秘书处之间的信息交换和共享；给予国际环境保护组织在 WTO 中的观察员地位等。二是 WTO 环境与贸易委员会的工作。该委员会今后工作的重点在于环境保护问题对于农产品市场准入产生的影响，尤其是对发展中国家农产品市场准入的影响；贸易限制的减少或消除对贸易、环境与发展等问题带来的积极意义。但目前在这些问题的谈判上还尚未取得明显进展。

如前所述，WTO 环境与贸易委员会提出了需要在环境与贸易关系领域协调的十大议题。其中，有些议题已经形成了结论，并在 WTO 成员方中达成了一定程度上的共识。但是，多数议题由于争议较大，还没有一个统一定论，仍在进一步的讨论中。

一　WTO 与多边环境保护协定关系的协调

两者产生冲突的情形可能包括两类：一是多边环境协定成员国与非成员国之间应该依照什么原则来开展贸易问题。在这种情形下，解决冲突的原则依据国际法中的"特别法优于一般法"，而且 WTO 在解决环境问题时也鼓励采取双边或多边协定的方式。二是多边环境保护协定中的贸易条款可能违背了非歧视原则，比如说对来自不同国家的同类产品实行不同的环境标准，从而违背最惠国待遇原则；或者是对国外产品与国内产品实行差别的环境标准待遇，从而违背了国民待遇原则。客观而言，在农业贸易生态化过程中，如果采取第一种态度，则可能会瓦解 WTO 统一的贸易规则，使得各国可以基于不同环境保护标准而实现贸易待遇的差异化，这无疑会整个动摇作为 WTO 贸易规则体系根基的国民待遇和最惠国待遇原则。但如果坚持第二种做法，那么贸易中的环境价值无疑将无法有效实现。因此，处理包括农业贸易生态化与贸易自由化之间一个有效平衡的最佳做法应该是在 WTO 规则体系中制定统一的环境规则和标准。

二　与贸易有关的环境政策措施与 WTO 关系的协调

补贴是该议题中讨论的焦点问题。从实际情况来看，补贴是把双刃剑，对环境产生积极影响的同时，也会产生负面效应。例如，补贴可能会导致过度利用自然资源。农业和生态领域的补贴可能会造成市场的扭曲，破坏甚至恶化生态环境。环保主义者所持的观点认为，WTO 应该在鼓励成员国采取对环境有益的行动和技术方面，实施包括补贴在内的更加灵活的措施。环境补贴可以作为贸易自由化例外条款的规定在乌拉圭回合达成的协议中多有体现。但是在补贴问题上还需要进一步讨论才有可能达成共识。

三　多边贸易体制与环境税收及环境标准关系的协调

为了实现保护环境的目标，并将环境保护的成本内部化，WTO 成员国越来越多地采用了征收环境税或者环境费的方式。WTO 对成员国政府可以在该问题上采取的限度进行了明确的规定。还需进一步讨论的问题是关于进口产品时，内外产品在环境税费上是否要实行差别待遇。

在该议题中，最具争议的问题就是生态标志。生态标志可以分为两种，即基于产品生产过程的生态标志和基于产品本身的生态标志，这将会对产品的生产过程和消费者的选择产生一定影响。然而，由于国际上不需要采用统一的标准，因此各国就会采用不同的生态标志标准，在这种情况下就很可能会形成贸易壁垒，尤其是基于产品生产过程的技术标准、包装、用后处置以及循环使用等生态标志的使用问题。因此，该议题接下来需要重点关注的问题就是如何提高生态标志的透明度。

四　WTO 规定的以环境保护为名义的贸易措施与透明度问题的协调

关于与透明度问题的协调主要包括以下问题：各成员国在采取以环境保护为名义的贸易措施时，有义务设立咨询点、提供相关的信息、履行事先通知程序并在第一时间公布其有关措施或决定。该议题还要求进一步将透明度的适用范围扩大到环境经济手段与环境标准等领域。

五　WTO 争端解决机制与多边环境保护协议中争端解决机制之间关系的协调

虽然在解决贸易与环境争端方面，WTO 争端解决机制发挥了重要作用，但是就目前的实际操作情况而言，WTO 争端解决机制与多边环境保护协议中争端解决机制之间还存在着许多不兼容的地方。还需要在接下来的谈判回合中进行进一步的讨论。

六　环境措施与市场准入关系的协调

在该议题上，WTO 建议采取一系列措施，一方面可以增加发展中国家的市场准入机会，带来环境效益，另一方面可以降低关税，限制或取消关税累加、出口限制、补贴以及非关税措施等贸易扭曲现象，从而实现贸易与环境的双赢。上述措施主要包括：鼓励对自然资源的可持续开发、增加环境友好产品和服务的使用、采用更有效益的消费模式、在市场准入方面对环境友好产品实行更加优惠的政策。

七　环境保护与一国国内违禁产品的出口问题

该议题讨论最多的是关于转基因生物体的释放与跨境转移。由于发展中国家缺乏相应的知识、人才和技术措施来控制这类商品的进口，而国际社会现有的制度措施又不能对其进行有效的规制，因而，广大发展中国家实际上更多地成了这类产品的受害者。

八　环境保护与贸易有关的知识产权协定关系的协调

环境与贸易领域中产生的很多新技术和新发明都属于知识产权保护的范畴。例如在保护臭氧层的过程中就需要研发无氟制冷技术，在减少温室气体排放的过程中就需要研发控制二氧化碳排放量的新技术。但是由于知识产权协定中关于专利技术垄断和付费的相关规定，无形中增加了发展中国家获得环境新技术的成本，也为国际环境法中关于以优惠条件向发展中国家转让环境技术的规定设置了诸多障碍。

环境与贸易问题委员会认为，在该议题的协调问题上还需要国家社会的共同努力，尤其是要充分考虑广大发展中国家的现实需要和特殊情况，发达国家需要做出更大的努力和让步。

九　环境保护与服务贸易关系的协调

环境保护与服务贸易之间也可能会存在冲突，某些服务行为对环境也可能会产生负面影响，例如旅游服务可能会对自然和人文景观造成破坏，交通运输服务中排放的温室气体将会造成空气的污染。关于协调环境保护与服务贸易的条款主要体现在《服务贸易总协定》第 14 条的"一般例外"条款中，但是由于国际条约在制定时所一贯采取的原则性规定，使该条款在现实中缺乏可操作性。该议题也是成员国需要进一步讨论和明确加以界定的问题。

十　WTO 与其他国际组织关系的协调

该议题主要针对的是 WTO 与积极参与环境保护事务的非政府组织之间的关系问题。由于非政府组织在环境与贸易事务中发挥着举足轻重的作用，因此 WTO 在环境与贸易领域中必须要对与其之间的关系做出回应。在此问题上，WTO 应采取一个更加宽容和开放的态度，通过适当的程序承认并接纳非政府组织在解决贸易与环境问题上的特殊地位，更密切地与非政府组织进行合作和协商。虽然 WTO 已经采取了一系列措施来加强与非政府组织的密切联系，但如何进一步增加信息透明度的问题是需要进一步讨论的重点。[①]

第四节   区域贸易中的环境政策及立法

一   经济合作与发展组织有关贸易与环境的政策

经合组织在协调环境保护与贸易自由化的冲突中，主要依靠以下四个原则进行处理：

1. 协调原则

由于各成员国环境标准的差异会对国际资源分配与国际贸易模式造成不恰当的干涉，因此，成员国政府之间应尽可能地使他们的国内环境政策协调一致，除非有正当的理由和情形允许分歧的存在。

2. 污染者付费原则

该原则的目的主要在于促进环境保护与贸易自由化之间的法律协调，避免由于环境措施的使用而扭曲了国际贸易和投资。该原则通过指导控制污染和治理污染费用的合理分摊，来实现资源的可持续利用和保护。

3. 出口补贴和补偿性进口税的禁止使用原则

该原则规定，不能因为各国环境标准和政策存在差异就单方面采取出口补贴、补偿性进口税或类似措施。虽然环境和资源费用成本的内部化可以实现保护和充分利用有限资源的作用，但是却给经济落后、环保水平较低的发展中国家带来了挑战。

4. 非歧视和国民待遇原则

虽然经合组织规定了该原则，但在实际的运行中，该原则却受到了巨大的冲击：经合组织中的许多成员国均制定了产品的生产和加工方法的环境标准，限制或禁止对环境有害的生产和加工方法生产出来的产品，同时

---

① Jennifer Schultz, "*The GATT/WTO Committee on Trade and the Environment toward Environment Reform*", *American journal of international law*, April 1995.

要求进口产品也必须符合本国的环境标准和政策，这实际上背离了该原则制定的初衷①。

二　欧盟农业贸易生态化政策及其相关立法

继乌拉圭回合谈判推动农产品贸易可持续发展以来，欧盟高额的农业补贴备受美国、加拿大和澳大利亚等农产品出口国的批评和指责。1992年，欧盟为协调乌拉圭回合谈判中的立场，对其共同农业政策进行了系统的改革。改革的主要内容包括三个方面：第一，逐步降低粮食、油料、豆类作物和牛肉等农产品的支持价格，使之接近世界市场价格；第二，对生产者由此而蒙受的收入损失采取直接收入支付方式给予补偿；第三，对上述作物的种植面积进行限制。② 欧盟的上述政策对欧盟的农业和农村发展起到了一定的推动作用。在乌拉圭回合结束后，欧盟为深化对1992年共同农业政策的改革，于1998年通过了《欧盟2000年议程》，对农业政策进行了更为彻底的改革，将传统的农业支持措施转变为"绿箱"政策措施，把价格支持补贴专项支持贫瘠低产地区农业发展、农业环境保护和市场营销设施建设等方面。③ 2002年，欧盟设计了2007—2013年共同农业政策方案，④ 该方案的核心是改变了欧盟对农业的补贴方式，完成了共同农业政策由初期以价格支持为基础逐步过渡到以对农民收入补贴为主的演变进程，⑤ 被认为是对共同农业政策的根本变革。

1. 欧盟农业政策调整的主要内容

首先，稳定产品价格政策。欧盟对谷物、黑麦、传统硬粒小麦、干燥饲草、稻米、牛奶、黄油等每种主要农产品都分别规定了具体措施。据

---

① 刘惠荣：《论国际贸易与环境保护的法律协调》，博士学位论文，中国海洋大学，2004年。

② 方伶俐、王雅鹏：《中外农业补贴政策的比较分析及启示》，《华中农业大学学报》（社会科学版）2005年第2期。

③ *Agenda 2000 – A CAP for the future*, http：//ec. europa. eu/agriculture/publi/review99/08_09_en. pdf.

④ *Single Payment Scheme – the Concept*, http：//ec. europa. eu/agriculture/capreform/infosheets/pay_ en. pdf.

⑤ 曾文革、张婷：《农业可持续贸易的国际法律实践与我国的应对》，《华东经济管理》2011年第2期。

OECD 测算，价格政策的调整将不会使欧盟的粮食生产和粮食消费出现太大变化，唯一可能出现的情形是大米和黑麦生产数量的大幅下跌。

其次，欧盟农业政策调整的主要内容是将与生产挂钩的"黄箱"支持转变为属于"绿箱"的"单一农场补贴"（SFP）支持。在确定每个农民可以获得的补贴时，仅以 2000—2002 年为基期的情况为准，而不再与农户当年种植的作物种类和种植面积挂钩，在这样的情况下就可以被认定为属于"绿箱"政策。但在实际执行中，基于欧盟成员国内部复杂的矛盾和各自的利益需求，使得该项政策调整的效果大打折扣，通过规定过渡期等方式对这一规定做出妥协和保留。

最后，在制定贸易与环境的政策框架时，将农业环境保护、农业多功能性以及实现农业与农村的可持续发展战略纳入到考虑范围之中。新的"绿箱"补贴政策虽然可能不再与生产挂钩，但是却与食品安全、动植物健康以及生态环境保护等方面的法规要求相联系。在这样的情况下，直接补贴就具有了合法的正当性。[1]

2. 环境保护问题在欧盟共同农业政策 2000 年改革中的体现

乌拉圭回合谈判之后，欧盟为了适应 WTO 新一轮农产品贸易谈判的要求，对农业政策进行了更为彻底的改革。在《欧盟 2000 年议程》中，最终确定了以指导农村社会发展、农业结构调整和环境保护为主要内容的农村发展政策，再次确定了农业食品安全、农业生产质量和农业环境保护等农业支持政策中的优先考虑事项，并对农业环境建设和农业科学研究及技术推广加大了财政支持力度，鼓励无公害、无污染的农业生产活动，进一步加强农民环境保护意识的不断提高，从而使欧盟未来的农业和农村发展走向了可持续的发展道路。[2]

3. 环境保护问题在欧盟共同农业政策 2003 年改革中的体现

2003 年欧盟通过的 2007—2013 年共同农业政策方案在 2000 年改革的基础上，又一次对农业补贴的支持方式进行了重大的变革。此次改革的主要内容包括：一方面废除将农业补贴与农产品产量挂钩的做法，改为向农民提供"单一补贴体系"，削减对大型农场的直接补贴；另一方面，强化

---

① 张楷：《欧盟共同农业政策的演变及启示》，《山东省农业管理干部学院学报》2008 年第 5 期。

② 陈彬：《欧盟共同农业政策对环境保护问题的关注》，《德国研究》2008 年第 2 期。

农村发展政策措施，如加强环境保护、食品安全与质量、动物福利、动物卫生、农民职业安全、农田保护等支持措施。

从上述的三个阶段可以看出，欧盟共同农业政策对于农业、农村的可持续发展和生态环境的保护是一个逐步深化和变革的过程。历次改革中，与加强农业生态保护、促进农业可持续发展相关的提案有 160 多个。①

4. 环境保护问题在欧盟新一轮 WTO 农业谈判立场中的体现

在 WTO 新一轮农业贸易谈判中，欧盟向 WTO 提交了一份代表欧盟立场的综合性提案。提案主要内容包括：贸易问题；非贸易关注；发展中国家的特殊和差别条款；和平条款。在这项提案中，欧盟以《农业协定》第 20 条为出发点，承诺将保证改革进程的连续性，进一步削减支持和保护，注重保持贸易关注和非贸易关注之间的平衡，为发展中国家提供特殊和差别待遇。

在非贸易关注方面，欧盟建议在《农业协定》中要对保护生态环境的相关措施和手段做出明确规定，并且保证这些措施的透明度、明确的可执行性、对消除农村贫困的积极性以及对贸易扭曲的最小损害程度。②

三　北美自由贸易协定的绿色贸易条款

《北美自由贸易协定》（NAFTA）是当今世界上第一个明确要求将环境保护与可持续发展写入贸易协定并付诸实施的区域性国际贸易组织。在如何拟定绿色贸易条款、如何设置相应的执行机构、如何安排和合理使用环境保护资金、如何执行和监督条约的实施、如何协调贸易与环境保护的冲突等方面，都为整个国际社会提供了可资借鉴的蓝本。NAFTA 第一次在贸易协定的框架内制定了一套系统的环境标准规则，这部分环境标准条

---

① 2003 年之后，欧盟并没有停止共同农业政策改革的步伐，例如 2006 年 2 月 20 日，欧盟颁布了《关于对共同体糖业进行改革的暂时安排以及修订〈有关欧共体农业政策基金的第（EC）1290/2005 号规则〉的第（EC）320/2006 号理事会规则》。2008 年 5 月 20 日，欧盟委员会发布了《食品与农业：健康检测》建议书。建议书指出，为了使得欧盟共同农业政策更加现代化、简便化和流线化，需要减少对农民的限制，从而帮助农民回应对食品不断增长的市场需要。建议书认为，采取一系列措施之后，欧盟农业可以更好地应对新挑战、抓住新机遇，包括气候变化、水资源管理和生物多样性的保护等。Available at http://eu - ropa. eu/rapid/pressReleasesAction. do? reference = IP/08/762&format = HTML&aged = 0&language = EN&guiLanguage = en。

② 陈彬：《欧盟共同农业政策对环境保护问题的关注》，《德国研究》2008 年第 2 期。

款集中在协定的第七章和第九章中。第七章第二节规定了卫生与检疫措施,第九章规定了其他所有与标准有关的措施的规则。[①] 主要涉及环境保护水平设定权、环境标准权、环境标准的协调及 PPMs 等几个问题,下面将分别加以述评。

(一) 风险预防原则制度化

根据 NAFTA 的环境标准条款的规定,成员国可以采取旨在保护人类、动植物的生命或健康的卫生与检疫措施以降低其所认为的某类特定产品或服务所带来的较大的环境风险。根据 NAFTA 第七章的卫生与检疫措施规则,成员国不必证明其所采取的环境保护水平是有科学依据的,只需要说明这种保护措施是建立在科学原则的基础上且是经过风险评估程序得出的结果即可,从而排除了成员国证明其所采取的环境标准的科学依据的义务。第九章的环境保护标准措施规则同样认为成员国在采取环境标准措施之前无须进行风险评估,并且成员国设定环境保护水平也不以提供科学依据为必要。由此可见,NAFTA 实际上已经将国际环境法中的风险预防原则内置到该协议中了。

(二) 环境标准权的设定

NAFTA 除了赋予成员国自主的环境保护水平设定权外,在环境标准的适用上,除了国际标准外,还可以自行采取更为严格的环境标准,这与欧盟的绿色贸易政策有所区别。

在限制环境标准的制定权方面,GATT 第 20 条的例外规定在 NAFTA 环保规则条款中得到了进一步明确的阐述,即为保护人类、动植物的生命健康所采取的环境保护措施符合 GATT 第 20 条第 6 项的规定和精神。这样的规定使发达国家既可以继续使用国内原有的较严格的环境标准,也可以进一步制定更为严格的国内环保政策,同时也承认其他国家采取的以国际标准为最低标准的其他环境保护标准。

(三) 发达国家同发展中国家环境标准的调节机制

美加同墨西哥的环境保护水平有较大差异,这是在起草 NAFTA 环保规则时面对的现实问题。美国和加拿大的环保团体不支持协调策略,因为,协调它们同墨西哥的环保政策,必将再次出现前文提到的环保水平降

---

① 秦天宝:《北美自由贸易协定对贸易规则与环境标准的协调》,载韩德培主编《环境资源法论丛》第 2 卷,法律出版社 2002 年版,第 288 页。

低的问题，这是美国、加拿大国内环保团体所不允许的。为此，NAFTA是顺应了环保主义者的要求，没有对此采用传统的向下协调的做法，相反，却采取了一些较特殊的协调方式。其中一种方式是向上协调，但任何协调都"不能降低对人类、动植物的生命或健康的保护水平"。上述规定表明 NAFTA 环保规则并没有完全机械地采用数字标准，而是承认"同等环境标准"，这一点是值得今后国际社会制定环保政策时参考的。

（四）相同产品及 PPMs 争端解决方案

"相同产品"的认定和 PPMS（生产与加工方法标准）一直是绿色贸易议题中难以解决的问题。NAFTA 承认了以 PPMS 为基础的标准措施可以作为一种贸易限制的方式，但没有将其明确列入合法目标中。NAFTA 也没有解决 PPMs 为基础的相同产品认定问题，甚至也没能够提供一个可以借鉴的模式，这也从侧面反映出该问题的复杂性。

四　中国—东盟自由贸易协定的环境保护制度安排

（一）《中国与东盟自由贸易区全面经济合作框架协议》

《中国与东盟自由贸易区全面经济合作框架协议》（以下简称《框架协议》）对中国和东盟国家有法律约束力，是中国—东盟自由贸易区建设的法律依据，其中在保护环境的问题上也是采用了一般例外的方式。

《框架协议》一般例外中，肯定了环境保护的重要地位，而且对于为了保护人类、动植物的生命和健康所必需的措施都做出了相应的规定。环境保护在加强和增进各缔约方之间的经济、贸易和投资合作中的特殊价值在条文中也有所提及。在一般例外中，对"必需"的理解为新标准的执行提供了前提条件，即所采取的措施必须符合保护国家安全，保护具有艺术、历史或考古价值的文物，保护公共道德或者是保护人类、动植物的生命和健康的特殊需要。① 由此可见，对"必需"的认定更强调有关措施必须是实现其自身的目标所必需的；从是否能够实现环境保护可持续发展的角度来考量能否适用替代措施。

（二）《框架协议》下的"早期收获计划"

《框架协议》中的"早期收获计划"（Early Harvest），是指在规定所有品种关税取消的期限和方式之前，就先行对特定品种的贸易自由化问题

---

① 《中国—东盟自贸区十年建成路》，《农产品加工业》2010 年第 1 期。

实行优惠政策。早期收获计划问题在《框架协议》的四个附件中都有所体现，分别是：早期收获计划中的例外产品目录、早期收获计划中特定产品目录、早期收获中涉及的关税削减和取消的 3 类产品目录以及为实施早期收获计划所采取的措施和活动等。

目前实施的"早期收获"方案中 HS 编码前 8 章中的产品均为农牧产品，其中对于环境与贸易进行协调和规制的措施都体现出了环境与贸易的紧密联系。但是欠缺的却是贸易与环境关系的协调标准规则。[①] 对于农产品卫生标准、植物检疫措施、避免滥用卫生与检疫措施缺乏详尽的规定。

第五节　国外农业贸易生态化的政策选择及其相关立法实践

无论是对发达国家还是发展中国家来说，WTO《农业协定》（AOA）的实施既是机遇又是挑战，而且随着全球粮食安全问题日益突出以及农产品价格上涨等现实问题的影响，迫使各国政府进行农业改革，一方面适应《农业协定》规则的要求，另一方面迎接国际农产品市场激烈竞争的新挑战。乌拉圭回合 AOA 签署及实施以后，世界各国农业政策调整和立法进程明显加快。在这些政策和立法的变化中一部分是各国为了执行 AOA 而必须采取的行动，同时一些国家还主动对农业政策进行更为全面、深刻的调整，以适应实现农产品贸易生态化的发展趋势，为下一轮谈判做准备。[②]

一　发达国家农业贸易生态化政策和立法的调整

（一）美国农业贸易生态化政策及其相关国内立法

美国在乌拉圭回合谈判结束后，为适应多边贸易规则的要求，对其农业政策和立法进行了一些重大的改革。1996 年，美国出台了《联邦农业

---

① 曹明德、赵爽：《中国与东盟自由贸易区建设中的环境法律机制构建——基于区域合作中国际环境资源法律机制构建的视角》，《河北法学》2008 年第 5 期。

② 曾文革、张婷：《农业可持续贸易的国际法律实践与我国的应对》，《华东经济管理》2011 年第 2 期。

完善和改革法》，该法案是在全球经济一体化和贸易自由化趋势不断加强的背景下提出的，其主要内容和思想有两点：一是自由种植；二是政府逐步减少对农业的补贴。这两点与世界贸易规则和贸易自由化原则相一致。2002 年 5 月，美国又出台了《农业安全与农村投资法案》，以接替 1996 年《联邦农业完善和改革法》。在该法案中，直接与农民补贴有关的农产品计划、环境保护计划、农产品贸易计划等最受关注，是新农业法案的核心，也是争议的焦点。① 此外，美国还针对农业市场风险、自然风险等情况的变化，制定了一系列的专门法案，如《2003 年农业援助法案》，针对市场波动强化反周期补贴，并向遭受灾害及其他紧急情况损失的生产者提供补贴。由于 2002 年农业法案于 2007 年到期，因此，美国农业部于 2008 年 5 月进一步出台了《2008 食品、自然资源保护以及能源法案》，又被称为《2008 农场法案》。该法案进一步突出以市场为导向的指导思想，对政府各项农业支持计划进行了改革，继续实施自然资源保护计划，并且重点扶持发展可再生能源。② 该法案的实施促使美国农业贸易实现可持续发展又向前迈进了一大步。③

1. 美国农业政策调整概览

首先，高度重视农产品贸易。长期以来，美国为了扩大农业贸易出口，一直将出口促进计划和奶制品出口促进计划作为农业生产补贴的两个主要计划措施。2003 年农业法案再次授权使用这两个计划。这两个计划和设备担保计划、供给信贷担保计划为农产品出口创造了优势。政府还通过经济支持基金拨款对购买美国食品提供资金支持。市场准入计划使用农产品信贷公司的基金来帮助美国农产品进入、扩大国外市场并保持市场份额。

其次，增加对农业的投入和补贴。这也成为 2002 年生效的《农业安全与农村投资法案》的主要目标，通过商品计划来实现。商品计划对美国大宗农产品生产和农场主收入提供支持的主要手段包括脱钩的直接支付、

---

① U. S. Department Of Agriculture, *2007 Farm Bill Theme Papers*, Risk Management May (2006), http：//www. usda. gov/documents/Farmbill07 riskmgmtrev. doc/.

② *Food, Conservation, and Energy Act of 2008*, http：//en. wikipedia. org/wiki/2007 _ U. S. _ Farm_Bill/.

③ 曾文革、张婷：《农业可持续贸易的国际法律实践与我国的应对》，《华东经济管理》2011 年第 2 期。

供销售贷款和反周期支付三层安全网络。另外，《2002 年农业风险保护法》规定，政府将会对因天气、产量和价格等方面的不确定性而带来的损失进行全部或部分支付。而 WTO 将反周期支付、保险计划以及政府销售援助贷款纳入"黄箱"规制范围。

最后，突出生态保护和农村全面可持续发展。《2008 农场法案》将通过资金投入来对野生动植物、水资源、草地、湿地、沙漠湖、小流域治理等进行专门保护，从而改善生态环境质量，实现资源的可持续利用。①

上述规定都为农业可持续发展奠定了基础，也充分表明了美国政府协调发展贸易、环境与可持续发展的政策立场。

2. 自然资源和环境保护补贴政策

随着经济的飞速发展，美国政府越来越重视对生态环境的保护。与2003 年农业法案相比，《2008 农场法案》不仅对规定的一些项目进行了调整并增加了新的保护项目，对自然资源保育项目也做出了更加详尽和具有可操作性的规定。

①环境质量促改计划。实质是联邦政府与农户共担环境保护的成本，以帮助他们完成对其土地的养护，实现向有机农业系统的转变。

②用养护管理计划代替养护安全计划。由于养护管理是一个自愿的环保项目，因此政府与愿意参加这一计划的农户签订为期 5 年的合同，只要农户自愿改善、维护和管理现有的养护活动并开展更多的保护资源环境的活动，采取资源节约型的轮耕，并试行新技术或创新来加强农场保护，那么政府对于上述农业生产者的行为都会进行支付。该计划的期间是从2009—2017 年，并且在实行时不考虑土地面积、产量和地理位置，这就给了所有农业生产者公平参加这一项目的机会。

③湿地保护计划。在该计划下，农户可以在两种方式中进行选择，即农户可以向农业部出售永久的或 30 年的对其土地进行养护的权力，也可以参加长达 10 年的与政府共担养护成本的计划，来对湿地进行恢复和保护。

（二）日本农业贸易生态化政策及其立法的全面调整

日本采取的巨额农业补贴政策一直都受到世贸组织和一些国家的指责。1995 年，为适应 AOA 对各成员国的共同要求，日本实施了战后调整

---

① 王三兴：《美国、欧盟农业政策的调整及思考》，《石家庄经济学院学报》2006 年第 6 期。

力度最大的新的农业支持保护政策。其中，最主要的有：1995 年开始实施《关于主要粮食供需平衡及价格稳定的法律》（即《新粮食法》）；1997年出台了新的《大米流通法》，改变了过去长期保留下来的对粮食价格保护的方式，减少了政府对粮食流通的财政直接补贴规模；1999 年 7 月开始实施《食品、农业、农村基本法》（即《新农业法》），取代 1961 年制定的《农业基本法》；2000 年年底日本政府拟定了参加下一轮 WTO 农业谈判的方案，其基本精神是：关注农业的多方面机能，确保食品的安全稳定，促进农产品出口国与进口国贸易规则的平衡，较多关注发展中国家农业的利益等。2001 年政府通过了《农业经营政策大纲》，主要包括提高国内农产品的价格竞争力和改善农产品的销售与流通环节等。这一系列的改革措施突出了日本对自身粮食安全的重视和在人多地少的传统农业国家里，农业具有贸易之外的多种功能的认识。在逐步减少对粮食的直接补贴的同时，加大对养护农业资源环境、培养农业人才、农民对基础设施的投入、农民调整种植结构的财政支持力度，以实现日本农业的可持续发展。[①]

1. 日本支持农业多功能性的政策

日本支持农业多功能性的事业主要包括农村问题、环境保护、粮食安全保障以及食品的安全性等。

①农村问题

日本工业化程度较高，随着工业和第三产业的迅速发展，农村被忽视、被边缘化，大量农村人口放弃了农业生产活动，加入到工业和服务业中，使农村从业人员大量减少，大量耕地撂荒。振兴农村地区是为了加强农业的基础地位，确保城乡社会的均衡发展，维护农村的持续发展，这也是保持农业多功能性的重要方面之一。

②环境保护

在各国农业的持续稳定发展中，环境保护发挥着至关重要的作用。如果对食物的需求是从对不可再生天然资源的掠夺中获取，或者是在以对环境进行破坏的前提下而得到满足，这就不足以提供长期的食物安全保障。可见，环境保护不仅是保障食物安全的重要方面，也是农业可持续发展的

---

① 曾文革、张婷：《农业可持续贸易的国际法律实践与我国的应对》，《华东经济管理》2011 年第 2 期。

重要内容。

③粮食安全保障

"粮食安全保障"是日本最为关注的农业问题。日本的"粮食安全保障"是以基础粮食的定义为逻辑起点的。基础粮食是国民的主要营养源，是在日常膳食生活中构成能量摄取主要来源的要素。这些要素在平时能确保国内生产的安定和充足，而在粮食缺乏时则要采取措施使国内生产或供给能满足需求。基础粮食在粮食安全保障中具有十分基础的地位。因此，日本十分重视基础粮食的生产。

④食品安全

食品安全一直以来都是日本比较关注的问题。食品安全不仅关系到农业的发展，还关系到国民的健康和社会的稳定发展。20 世纪 60 年代以来，日本除大米外，其他粮食与饲料一直不能自给自足，且自给率呈不断下降之势。为此，日本提出不应制止危害食品安全的单方面措施，不应该利用食品来制造政治和经济压力。

2. 日本农业环境政策的发展

①建立农业环境保护法律体系

为了防止农业导致的环境污染，增进农业自然循环机能，在 1999 年新农业基本法实施的同时，《家畜排泄物法》《肥料管理法（修订）》及《持续农业法》等"农业环境三法"也开始实施。

三部法中，《持续农业法》为关注的焦点。该法全称为《关于促进高持续性农业生产方式采用的法律》。所谓"高持续性生产方式"，是指对维持和增进由土壤性质决定的耕地生产能力等有益的农业生产方式，包括对改善土壤性质效果好的堆肥等有机质的施用技术、对减少化学肥料和化学农药用量效果好的肥料施用技术及病虫害防治技术。[1] 农业经营者根据都、道、府、县制定的"采用高持续性农业生产方式指南"制定采用计划。如果农业经营者的计划得到了政府的认定，那么可以被授予"生态农业者"的称号，由此而享受税收和其他金融政策方面的优惠措施。[2]

---

① 刘宇航、宋敏：《日本环境保全型农业的发展及启示》，《沈阳农业大学学报》（社会科学版）2009 年第 1 期。

② 罗如新：《日本发展环保型生态农业的经验及其对中国的借鉴》，《安徽农业科学》2013年第 36 期。

②确定环境保全型农业的发展目标

随着消费者对环境问题和食品安全的空前关注，自 2001 年以来，日本农业环境政策进入到了一个新的发展阶段。2004 年 1 月开始的"食物、农业、农村政策审议会"，把"农业环境、资源保全政策"与"经营安定对策""核心经营者与农地制度改革"并列为三大主要议题。2005 年 3 月，新的《食物、农业、农村基本计划》提出了使日本农业"全面向重视环境保全型转变"的方针。

③滋贺县"农业环境直接补贴制度"

滋贺县位于日本关西地区，其境内的琵琶湖是日本关西地区 1400 万人的生产、生活水源，但由于农业及生活污水的大量排放而使琵琶湖的水质不断恶化。为减少来源于农业的水质污染，滋贺县根据 2003 年 4 月开始实行的《滋贺县环境友好农业推进条例》，在全国首先实施"环境直接补贴"制度，对"环境友好农产品"实行直接补贴。①

综上所述，日本保持农业多功能性的理论和实践也处于不断发展的过程中，从粮食安全到环境保护，再到环境保全型农业的发展，日本促进农业多功能性的发展方向更加明晰，所采取的政策和措施也在不断建立和完善过程中，这方面值得深入研究。

3. 日本的技术性贸易壁垒

日本对进口农产品设立了严格的技术贸易壁垒，农产品想要进入日本市场，就需要同时符合国际标准和日本所设立的国内标准。因此，日本可以根据各国标准的不一致性，灵活机动地选择有利于本国的标准，从而达到限制国外产品对本国市场的冲击和限制指定国家或地区的指定农产品进口的目的。

①繁杂的检验检疫制度

日本根据《食品卫生法》《植物防疫法》《家畜传染病预防法》等法律法规，对进口农产品实行严格的检验检疫制度。农产品想要进入日本市场首先要通过日本农林水产省下属的动物检疫所和植物防疫所的检疫，还要经过日本厚生劳动省下属的检疫所对具有食品性质的农产品的卫生防疫检查。

②农产品标识方法及包装的规定

---

① 杨秀平、孙东升：《日本环境保全型农业的发展》，《世界农业》2006 年第 9 期。

日本对进口农产品包装的标识及规格做出了极其严格的要求。进口到日本的农产品，不仅要在标签上标明品种、原材料名、保质期、保存方法以及制造厂家、制造年月、经营厂商名等，还要将原产地、使用方法、保存温度、烹调方法等分别注明。[①]

③对转基因产品的策略

日本对转基因产品持中立态度，转基因食品不被视为有机食品。为了专门对转基因食品做出规制，日本政府于 2001 年颁布了《转基因食品标识法》，允许转基因产品的进口，但要求对转基因食品在外包装上做出明确的标识，以供消费者选择。

二　发展中国家农业贸易生态化政策的变革

就发展中国家的农业贸易生态化而言，经济发展和农业生产的滞后成为这些国家协调环境与农产品贸易之间关系的根本障碍。AOA 生效以来，为适应农产品贸易自由化和可持续发展及生态化的国际形势，大多数发展中国家的农业政策都进行了新的调整，以下仅简要介绍巴西和印度两个农业大国为促进农业贸易的生态化发展所采取的政策变革措施。

(一) 巴西的农业贸易生态化政策措施

巴西作为传统农业大国，"入世"以后，政府努力促进本国农业及其贸易的长足发展。为提高农产品的国际竞争能力，维护农业经营者的利益，巴西政府采取了一系列行之有效的农业贸易措施。[②] 主要包括：

1. 实施农业支持和保护政策

巴西农业政策的要点是保护农民利益，减少生产风险，增加农民（特别是中小农）收入。这主要体现在实行农产品最低保证价格、农业信贷政策和农业保险制度三个方面。[③]

2. 鼓励合作社的发展

在巴西，其主要的农业行会组织就是农业合作社。其主要的功能包括三个方面：一是提供生产技术、市场信息、经营管理咨询、技术培训等服

---

① 赵立华：《日本技术壁垒对我国农产品出口的影响及对策》，《商业研究》2005 年第 8 期。

② 曾文革、张婷：《农业可持续贸易的国际法律实践与我国的应对》，《华东经济管理》2011 年第 2 期。

③ 农业部软科学委员会课题组：《加入世贸组织与中国农业》，中国农业出版社 2002 年版，第 300 页。

务；二是向农户提供农业生产、农产品出口咨询服务与技术帮助；三是组织个体生产者联合向国外市场销售农产品。[①] 在推动巴西农业产业化、实现供销一体化方面，合作社发挥了积极的作用。

3. 以出口为导向的外向型农业经济

巴西政府高度重视农业出口创汇，制定了一系列利于农产品出口的优惠措施来鼓励和扶持农业出口贸易。为了促进了巴西农产品的出口，巴西政府通过与其他国家进行双边或多边贸易谈判，签署了一系列农产品自由贸易协议。

4. 农业生产与生态环境保持协调发展

巴西非常重视农业的可持续发展与农村生态环境的保护。其在农业生产与生态环境保持协调发展方面，采取了一系列有效措施：①重视农村基础设施和水利工程建设。为了改良土壤及提高土壤肥力，政府对农民种植绿肥作物进行鼓励和指导，并提供技术支持和资金资助。②大力推行植树造林。在保护植被、防止水土流失的同时，也能增加农民收入，促进多种农业经济良性发展。③对资源开发利用进行统一部署。根据资源分布情况来划分不同作物的种植区域，以实现保证作物品种多样性的目的。④推行"提高小农生活质量计划"。该计划的目标是改变以往掠夺式的农业经营方式，推广先进的农业生产技术以此来促进农业资源的可持续利用。该计划的资金支持主要来自世界银行贷款。[②]

（二）印度的农业贸易生态化政策措施

印度是 GATT 缔约国之一，也是 WTO 创始国之一。印度政府认识到，大力发展本国农业，增强其参与国际竞争的能力，才是更好地迎接"入世"对农业挑战的根本性措施。在农业政策调整上，印度实行了更加优惠的农业发展政策，调整农产品补贴，使其更加适应 WTO 的规则，避免他国对其出口商品的反补贴调查；取消邦与邦之间商品流通的限制，借此促进农产品的外销；提供给农民最新的技术与广泛的市场资讯。印度农业国内支持政策调整最大的特点是，从自身国情出发，在应对 AOA 及其他 WTO 相关规则时做出了相当保守而谨慎的承诺，逐步形成了符合本国国

① 娄昭、徐忠：《农业巴西》，《农产品市场周刊》2013 年第 40 期。

② 娄昭、徐忠、张磊：《巴西农业发展的经验》，《新农村》2012 年第 3 期。

情的农业支持体系，从而促进了农业和农业贸易的持续稳定发展。[①]

1. 加强农业开放中的保护

在加入 WTO 的过程中，印度以必须保证粮食安全为由，以《农业协定》中的特殊差别条款为理由，在削减农业补贴、国内支持以及农产品市场准入等方面都做了保留，没有给出任何明确的承诺。印度对一些重要农产品的进口都明确规定了关税的约束范围，除本土不能生产的农产品外，其他进口农产品都被普遍定在了 100%—300% 之间上限水平的约束性关税率。[②] 这些措施在一定程度上缓解了印度农业在对外开放过程中所受的冲击。

2. 加强农业基础设施建设和农业科技投入

在加大农村基础设施建设、改善农业生产条件和提高农业科技投入方面，印度政府积极利用 WTO "绿箱" 规则，不断增加对国内落后地区的支持力度，向小农和贫困农民提供补贴，以此来实现国家农业政策目标和应对农业对外开放的挑战。

印度政府还从 1999 年开始在全国范围内执行全新的《国家农业保险计划》，替代原来针对信贷农户的《农作物综合保险计划》。该计划将承保面扩大到所有农户，通过在自然灾害发生时向农民提供保险服务和金融支持，来鼓励农民采纳新农业技术，保障农民利益在灾害发生时不受损害。[③]

3. 出口贸易政策工具

印度农产品出口贸易政策工具具有两面性：一方面，限制出口以保证国内供应和稳定价格；另一方面，通过建立农产品出口区来鼓励出口。近些年来，印度政府为了保证国内供应和价格稳定，一直在不间断地执行着各种出口限制措施。虽然依据 WTO 规则在逐步取消出口的禁止、许可证和其他出口限制，但是其采取的所有措施都是以维护主要农产品的国内供应和粮食安全为出发点。同时，中央和各邦政府为了改善农产品流通效率，在全国范围内建立了大约 60 多个农产品出口区，通过为这些出口区

---

① 曾文革、张婷：《农业可持续贸易的国际法律实践与我国的应对》，《华东经济管理》2011 年第 2 期。

② 杜旻、刘长全：《全球化进程中的印度农业、农村改革与农民保护》，《经济研究参考》2011 年第 51 期。

③ 同上。

提供资金和服务援助来鼓励和扩大出口。①

第六节　国际农业贸易生态化政策及其立法的发展趋势

在世界农业新的国际环境中，发达国家与发展中国家的农业政策变革所面临的任务是不同的。发达国家必须减弱以往农业政策的过度保护色彩，尤其是要减少和取消那些扭曲农业生产和贸易的政策。而农产品贸易的自由化给发展中国家的农业发展带来了很大的挑战，为了提高农业的竞争力，它们必须彻底扭转对农业的歧视政策，增加政府对农业的支持。因此，发达国家与发展中国家的农业可持续贸易可能会呈现以下趋势：

就发达国家而言，一方面，将会继续对农业支持方式和结构进行调整，它们必将想方设法将其政策划出 AOA 确定的"黄箱"类别范围（即由于扭曲贸易而要削减补贴的产品），并大力发展属于"蓝箱"类别范围（即不受削减补贴限制的产品）或"绿箱"类别范围（即大力提倡生产的产品），调整其关税和出口补贴政策，并且寻求通过环境保护或者农村发展计划来名正言顺地继续为本国农业发展提供资金支持。另一方面，由于面临包括环境保护、食品安全与质量、农村发展和农业结构重组在内的各种新情况，发达国家必将把农业贸易与解决新问题紧密结合起来，不断完善相关法律规定和标准，以实现农业贸易与社会的协调发展。总的说来，发达国家农业政策的目标并没有实质变化，但其政策手段进行了重大调整，使农业政策朝着市场化和环保化方向发展。

就发展中国家而言，一方面，各国都会合理利用 WTO 农业贸易规则体系，构建适合各自国情的农业可持续贸易体系。进一步改革低效率的、以价格支持政策为主要形式的农业保护政策，将资金用在对农民收入、农业结构调整、农村环境保护、农业信息服务和市场营销服务上，将农业国内支持的重点转到提高农产品国际竞争力上。另一方面，发展中国家会日趋紧密地团结起来，在以后的多边贸易谈判中发挥集体力量，善用谈判策

---

① 董运来、余建斌、刘志雄：《印度农业贸易自由化改革——基于粮食安全的视角分析》，《中国农业大学学报》（社会科学版）2008 年第 3 期。

略，争取对广大发展中国家有利的谈判地位。① 就整个国际社会而言，农业贸易生态化将会呈以下发展趋势。

一　农业贸易规则须具备调整生态法律关系的功能

贸易自由化与环境保护的加强是人类社会面临的两个共同发展趋势。面对频繁发生的环境与贸易争端，国际社会以及各成员国面临的一项迫切任务就是实现贸易自由化与环境保护之间的协调和平衡，促进贸易与环境的可持续发展。因此，农业贸易规则若要具备调整生态法律关系的功能，就需要在制定规则时考虑以下因素：

（一）以可持续发展为根本原则

协调农业贸易自由化与环境保护冲突的根本原则就是坚持可持续发展。当两者的利益发生冲突时，应当遵循可持续发展的宗旨，把握好贸易发展与环境保护之间的"度"的问题，在农业贸易发展与环境保护相互协调的情况下寻找利益的结合点和平衡点，争取实现各自利益的最大化，从而达到"双赢"的最佳结果。

（二）完善 WTO 中与农业贸易有关的环境法规体系

首先，WTO 应进一步加强国际谈判和国际合作，着力于制定明确的贸易和环境规则体系，将环境保护的基本理念和精神内化在多边贸易规则体系之中。

其次，将 WTO 规则体系中的环境保护条款进一步明确和细化。作为WTO 法律体系中环境保护的主要依据，GATT 第 20 条的规定首先应予以优化和完善，进一步明确其内涵，避免各条款之间的重复、歧义和矛盾，使之具有确定性和可执行性。

最后，制定环境保护的国际标准或最低标准。各成员国可以根据自身的发展程度和国内的特殊情况，在环境标准上进行自主选择，并使其选择的标准具有透明度，并以此标准作为解决贸易与环境争端的法律依据。

二　农业贸易对环境因素依赖关系逐渐纳入法律调整

由于农业生产与生态环境天然具有的紧密联系，使得农业贸易对于自

---

① 曾文革、张婷：《农业可持续贸易的国际法律实践与我国的应对》，《华东经济管理》2011 年第 2 期。

然资源和环境因素具有强烈的依赖性。自然资源和环境保护措施是否采取得当,直接决定了一国农业经济和国民经济的可持续发展程度。加入WTO 以来,各成员国在充分考虑利用《农业协定》的规定和原则来保护农业的同时,不断强调农业的多功能性及"非贸易关注"问题。而农业多功能性和"非贸易关注"也成了各国调整和制定农业与农产品贸易支持政策,促进农业可持续发展的重要理论依据。农业具有不可替代性,在现代经济社会发展中具有重要的战略地位和意义,因此,如何改变过去单纯强调农业的经济功能和经济贡献的政策导向,转变为实现农业生产经济效益、农业生态环境效益和农业社会效益的综合协调和可持续发展,是国际社会和各成员国在制定贸易与环境规则时需要给予特别关注和重点研究的问题。

三 环境措施是农业贸易转型的重要手段

在国际农业贸易与生态环境问题日益得到重视的大趋势下,环境措施成为农业贸易转型的重要手段,"绿色关税""绿色技术标准""生态标签"以及"动物福利"等以生态环境保护为目标的新型农业贸易措施的不断增强和多样化,成为影响和协调贸易与环境问题的新方向。① 各成员国根据其所加入的国际贸易与环境公约,结合本国的贸易与环境政策和法律,制定相应的贸易与生态环境保护措施。虽然这些措施在某种程度上会限制或影响农业贸易的发展,但是从长远来看,这些措施促使企业不断开发有利于生态环境的新技术和新产品,为符合环境保护要求的农业产品、农业技术、农业服务或有机食品等领域创造更大的发展空间,有利于庞大的绿色农业市场的开发,也有利于加快农业生态化转型的进程。

四 技术法规是农业贸易生态化的关键

就技术法规在农业贸易生态化转型中所呈现的趋势而言,主要体现在:①加强国际合作,积极参与国际环境条约、协定或技术规则的制定过程;②强化绿色管理思想,建立农业贸易与环境协调发展的政策协调机制;③各国将积极发挥政府在宏观调控和宣传引导上的作用,不断提高绿

---

① Thomas Andersson, Carl Folke, Setefen Nyosrtm, *Trading with the Environment*, Business Strategy and the Environment, December 1996, pp. 280 – 281.

色环保意识，并加快实施农业可持续发展战略；④从制度创新入手，尽快建立有利于农业可持续发展的"绿色"法律、法规体系，农产品生态环境安全质量标准体系和检验检疫制度体系；⑤合理利用WTO"绿色"补贴规定，推进农业技术创新；⑥探索更有效的生态农业发展模式，大力开发有机农产品；⑦积极引进先进农业生产和产品开发技术，加快农业科技创新进程，提高出口农产品的科技含量和质量；⑧建立健全农产品国际市场信息网络，充分发挥农业中介组织在推进农产品贸易和环境协调发展中的作用。①

五　实行与农业贸易发展相对应的国内环境政策

在国际社会农业贸易生态化转型的大背景下，WTO各成员国政府也需要制定相应的政策、法律及制度作为改革的配套措施。其一，加强国际合作和技术援助，帮助发展中国家政府将环境成本内部化，并帮助其增强保护环境的金融手段能力建设。其二，打造生态责任政府，增强政府同时管理经济和环境的能力，在农业贸易不断促进经济增长的同时，使其对环境的破坏降低到最小化程度，并采取措施改善和修复自然资源和生态环境。其三，建立有效的环境资源利用、补偿和责任承担机制。这主要包括建立自然资源和环境产权与管理制度，通过明确赋予自然资源和环境所有权，使权利主体增强保护的动力和法律依据。虽然这些制度的建立需要一个渐进的过程，但是却表明了整个国际社会和成员国政府实现农业贸易生态化转型的决心和努力的方向。

---

① 周升起：《农产品国际贸易生态经济效益研究》，博士学位论文，山东农业大学，2005年。

第三章

我国农业贸易生态化的法律
困境与破解思路

加入 WTO 十余年来，我国在利用两个市场满足国内消费、促进农民增收上取得显著成果，农业服务业和贸易投资长足发展。但贸易环节对农业生产保护性利用生态系统并未形成良性支持，农业可持续发展的要求在国际贸易方面没有充分地体现出来。虽然这与我国农业国情密不可分，但在我国经济增长方式和贸易模式转型的大背景下，再不关注跨越国境的货物流、资金流、信息流背后的生态要素内容，农业贸易的可持续性将受到严重冲击。究其原因，我国现行农业贸易法律制度体系不能对生产环节的生态影响给予正确的评价，与国际贸易总体趋势的发展和我国经济社会的变革需求存在较大差距。许多阻碍生态化的因素未能得到有效的抑制，有利于生态化的做法缺乏良好的制度激励，存在诸多有待于突破的法律制度困境，以下就对此剖析，并展望我国破解这一困境的主要路径。

第一节 我国农业贸易生态化保障法律概况

当前，我国农业贸易相关制度中涉及生态化的规范，由国际、国内法律制度体系中多种形式的规范构成，是围绕农业贸易行为益于生态保护这一主题而形成的多渊源综合体。国际法律渊源方面，包括由 WTO 和区域自贸协定构成的国际贸易体制为我国规定的法律义务，这其中规定了大量的自由贸易环境例外及其使用的限度，是我国进行相关国内立法必须遵守的；也包括我国参与的《生物多样性公约》《气候变化框架公约》等多边环境协定，它规定的对生物资源、水土保持、农业污染物与排放等环境因素的法律义务，以及缔约国行使环境主权的限度，也是我国国内制度须遵守的多边纪律。除此以外，联合国及其专门机构和各类国际组织还形成了涉及此议题的指导性文件、合作性准则等，虽然不具有强制性约束力，但也为我国与贸易伙伴就涉及主权属性较强的事项，提供了协调利益、立场的"中间版本"共同行为规范，有的还在标准互认、跨境执法、信息分享等技术性、程序性事项上，发挥了重要的纽带功能。同时，我国根据国内环境保护及贸易利益平衡等考虑，也制定了诸多国内法规范，并依据承担的国际法义务和非约束性国际规范提供的制度渠道，进行了较为活跃的国际合作。这些多边与双边、强制性与软约束性、国际与国内规则综合起来，构成了我国当前保障农业贸易生态化的渊源体系，但相互间的关系及其对生态化要求的符合性，是需要我们进一步研判的，其发挥的生态效应与农业贸易链的匹配效果还有待提高。

一 我国农业贸易生态化保障的国际法渊源

国际法渊源是指国际法规则由于其产生或出现的方式不同而所具有的各种不同的表现形式，如国际条约、国际习惯与一般法律原则等。截至2015 年，我国已经签订了超过三千份的国际条约，其中直接与农业相关联的就有百余份，这些条约构成了我国农业贸易生态化保障的主要国际法渊源，因此有必要对已签订的与农业贸易生态化保障有关的条约按照不同的标准区别归类。

（一）根据已签订条约的缔约方数目分类

根据缔约方的数目，可以将我国已签订的与农业相关联的国际条约分为双边条约和多边条约。条约是由两个或两个以上国家间或政府间国际组织所缔结而以国际法为准的国际书面协定，确定签约国在政治、经济、军事、文化等方面所拥有的权利和义务的协议，包括公约、协定、换文、联合宣言、宪章等，其中由两个国家签订的条约称"双边条约"，三个或三个以上国家签订的条约称"多边条约"。通常大多数双边国际条约是在两个缔约国间缔结的。而多边国际条约是指缔约方超过两个的国际条约。例如，我国 2010 年 8 月 19 日签署的《南太平洋公海渔业资源养护和管理公约》、1982 年签署的《联合国海洋法公约》等。

（二）根据已签订条约的行业分类

根据条约的行业，可以将我国已签订的与农业相关联的国际条约分为种植业、种业、畜牧业、奶业、渔业、遗传资源、植物保护、农业环保、食品卫生、农产品加工、农业文化遗产等行业的国际条约。

以渔业为例，分为我国缔结和参加的多边渔业条约和双边渔业协定。

1. 多边渔业条约

1982年的《联合国海洋法公约》被认为是联合国在海洋方面的国际宪章，其中有大量涉及渔业的条款，建立了国际海洋渔业管理的基本制度和原则。我国于1996年批准了该公约。我国缔结的有关渔业的多边条约还有：《国际捕鲸管制公约》《养护大西洋金枪鱼国际公约》《南极海洋生物资源养护公约》《建立印度洋金枪鱼委员会的协定》《白令海峡鳕资源养护与管理公约》《中西太平洋高度洄游鱼类种群养护和管理公约》《濒危动植物种国际贸易公约》《执行1982年12月10日〈联合国海洋法公约〉有关养护和管理跨界鱼类种群和高度洄游鱼类种群的规定的协定》《南太平洋公海渔业资源养护和管理公约》《生物多样性公约》等。此外还有大量涉及渔船海上航行安全和渔船管理、防止渔船污染方面的国际条约，例如《国际海事组织公约》《国际海上避碰规则》《国际海上人员安全公约》等。

2. 双边渔业协定

我国缔结的渔业双边协定主要包括：《中华人民共和国和日本国渔业协定》《中华人民共和国政府和大韩民国政府渔业协定》《中华人民共和国政府和越南社会主义共和国政府北部湾渔业合作协定》。这三个协定是我国周边海域涉外渔业管理最重要的双边渔业协定。此外，我国缔结的渔业双边协定还有：《中华人民共和国政府和朝鲜民主主义人民共和国政府关于共同繁殖保护和利用水丰水库鱼类资源的协定》《中华人民共和国与俄罗斯联邦关于黑龙江、乌苏里江边境水域合作开展渔业资源保护、调整和增殖的议定书》（简称中俄《两江议定书》）《中华人民共和国与蒙古国关于保护和利用边界水的政府间协定》《中华人民共和国与缅甸渔业合作协定》《中华人民共和国与马绍尔群岛共和国渔业合作协定》《中华人民共和国与巴布亚新几内亚渔业合作协定》《中华人民共和国与几内亚共和国渔业合作协定》《中华人民共和国与几内亚比绍渔业合作协定》《中华人民共和国与也门共和国渔业合作协定》《中华人民共和国与毛里塔尼亚海洋渔业协定》《中华人民共和国与美利坚合众国关于在美国海岸外的渔业协定》等。

(三) 根据已签订条约的法律性质分类

根据条约的法律性质，可以将我国已签订的与农业相关联的国际条约分为造法国际条约和契约性国际条约。前者一般缔结于相当多数的国家之间，为它们规定共同遵守的行为规则。相反地，契约性涉农国际条约一般缔结于两个或一小群国家之间，形成彼此间一般关系或特定事项上的一种交易，旨在满足缔约各方不同的目的和不同的利益。实际上，这样分类也不是能绝对划清界限的；有的国际条约可说同时是契约性的，又是造法性的。

(四) 根据已签订条约的效果分类

根据条约的效果，可以将我国已签订的与农业相关联的国际条约分为过渡性的和非过渡性的两类。过渡性涉农国际条约旨在建立事物的恒久状态，一次履行条约其效果即告完成，而不受后来任何事变。相反地，非过渡性的涉农国际条约，不以建立事物的恒久状态为目的，而由缔约各方经常承担权利义务，则是必须继续履行的，例如通商条约等。

(五) 根据已签订条约的事项分类

根据国际条约所涉及的事项，可以将我国已签订的与农业相关联的国际条约分为贸易、投资、争端纠纷解决机制、科技合作、人力资源合作、信息合作等事项的国际条约。

以贸易条约为例，我国为维护国际农业贸易秩序，促进国际农业贸易的健康发展，积极参加有关国际农业贸易的政府多边条约和协定。目前，我国参加的国际贸易政府多边条约主要有《关于建立国际农业发展基金会的协定》《建立商品共同基金协定》《1979 年国际天然橡胶协定》《1982 年国际黄麻协定》《国际纺织品贸易协议》《保护工业产权的巴黎公约》《联合国国际货物销售合同公约》等。缔结的涉农贸易双边协定有：《中华人民共和国中央人民政府与锡兰政府关于橡胶和大米的五年贸易协定》《中华人民共和国政府和南斯拉夫社会主义联邦共和国政府关于植物检疫和防治农作物病虫害的协定》《中国政府和朝鲜政府关于植物检疫和防治农作物病虫害的协定》

二　我国农业贸易生态化保障的国内法渊源

当前，保障我国农业贸易生态化的国内法渊源具有多样性，核心规则是农业法律体系与贸易管制、促进规则中关于提高农业、贸易农产品等生态品质的部分，但环境法律体系中关于农村环境、农业生态资源的规范具有更为基础的地位。综合看来，我国现行相关制度呈现出农业生态保护（贸易的产业基础）、农产品与服务的贸易规则两个主体性部分。

（一）农业贸易产业基础的生态化制度

1. 农业生态系统安全保障规则

农业贸易的主体部分是农产品贸易，服务和投资都是围绕农产品而展开，而农产品贸易对象和过程的形成源自对自然资源和环境的利用，农业法律法规制度中有许多与生态保护相关的规范，环境与资源保护法律法规中也有许多与农业相关的规范，它们形成了保障农业贸易生态化的基础。就农业和农村经济发展中对生态系统及其构成部分的保护而言，《农业法》第八章"农业资源与农业环境保护"规定了基本制度，对农业生产经营中涉及的水、土地、生物资源等做出了原则性规定，建立了农业资源监测制度。并规定了耕地质量、水土流失防范、造林护林、草原保护、荒地利用、渔业资源保护、农业生物多样性保护等方面的农业自然资源保护制度，还就农业投入品与生产残留物的减量化、农村环境污染防治做出了原则性规定。其内容相对完善，但多为提纲挈领的规定，而其具体的实现还有赖于许多关于农业资源保护性利用、污染防治、生态化生产经营促进的具体细则与相关制度的有力支撑。

我国对农业生产经营所涉及的土地、水、森林、草原、生物资源等自然资源，都制定了专门制度加以规范。土地资源利用与耕地保护的制度方面，《土地管理法》《水土保持法》等基本法律法规及其实施细则，以及相关部门和地方据其制定的相关制度，规定了土地的用途管理、耕地保护及占补平衡、防止水土流失等基本规范，形成了对农业生产经营的生态基础——土地的数量和质量保护规则，并通过粮食安全政策划定了18亿亩的耕地红线。除此之外，还制定了关于土壤保护的技术标准，作为评价土壤保护的客观标准。《渔业法》及其相关规范对保护淡水及海洋渔业资源做出了规定，形成了对捕鱼期、捕鱼手段与工具等的限制性规定，并规定涵养渔业资源的相关办法，为可持续地利用渔业资源提供了依据。《森林法》《草原法》及其相关规定，以及自然保护区等生态资源保护地方面的立法，为我国林业、畜牧业生产和农业野生动植物保护确立了行为规则。《水法》以及水行政管理部门相应制定的关于水资源利用的规范，规定了节约用水、防治地表水与地下水污染等基本规范，并确立了适合我国国情的水权制度体系。农业是我国用水量最大的行业，水资源保护性利用的法律法规对农业意义巨大。在水法基础上还形成了流域治理、河流生态补偿等重要制度，对推动我国农业生产经营活动对生态系统的保护起了很大的作用。在水资源的保护中，还有许多关于饮用水、农业用水的技术标准，以保持水的质量，并形成水源地保护规范，作为对水供给链整体保护的制度依据。《野生动物保护法》《野生植物保护条例》以及动植物新品种与生物安全等方面的管理规定，确立了在农业生产经营中对农用动植物品种、遗传资源等分级保护、限制性经营的基本规范，形成了防止物种入侵、严格管理转基因物质的行为规则，为保护我国农业生物多样性起到了至关重要的作用。除这些法律法规之外，我国还发布了大量的行动规划等政策性措施，包括党中央和国务院制定的关于环境保护、生态农业等宏观层面的政策，也包括各部委、地方制定的针对特定资源的专项保护措施、行动规划，更为重要的是将农村生态保护纳入五年发展规划等重要经济社会政策中，使其从经济社会发展的附属部门上升为平行领域。

我国制定了大量的农村环境污染防治规范，不仅针对可能对生态系统产生负面效应的工农业活动，也针对农药等可能产生输入性风险的农业投入品。首先，最为重要的规范是环境保护法以及各种污染物防治的基本法律法规，这是我国保护农业生态系统免受各种污染物破坏的基础性规定。《环境保护法》规定了包括农村在内的所有地区的污染物管制及环境质量保障，是防治各种污染物威胁农业生态系统的最为权威的规则。并针对各类固体、气体、液体污染物，根据《环境保护法》的总体性规定，制定了相应的管理规定，特别是污染物排放、环境质量保护的技术标准，初步形成了排污权交易制度，在这些基本规定的基础上还建立了一套完整的检测、预警制度，环境行政管理与公共服务职能实现了较好的结合。其次，现代农业离不开农药、化肥等投入品的使用，我国就这些既有利于农业发展又有可能危害生态系统的物品规定了严格的管理制度。《农药管理条例》以及农业部、发改委等制定的相关规范，就农药生产的登记、运输管理、安全使用等做出了较完善的规定，涉及农药的名称、有效成分及其含量、禁限含量、标签说明和农药残留量等重要内容。针对农业生产、农村生活产生的污染物，国务院以及环境保护部等机构发布了《畜禽规模养殖污染防治条例》《农村生活污染防治技术政策》等制度规范，广泛涉及威胁农业生态系统的生产性、生活性污染物。最后，我国通过自然保护区、森林公园等制度建立了多级多层次的生态功能区，在这些区域内限制生产开发活动，作为保护特殊自然物种、地貌及生物圈的区域，对许多濒危野生动植物物种及其生存环境给予保护，同时这些物种及其制品的国际贸易也受到限制。

我国也制定了许多促进农业生产经营过程生态化的制度，鼓励、引导生产经营者按照生态规律开展活动，推动农业资源利用节约，尽可能地减少环境负面效应。在促进制度中，《清洁生产促进法》和《循环经济促进法》是两部最典型的制度成果。其规定包括农业在内的所有生产经营活动过程中，如何优化投入品和生产资料的结构，保障农药、化肥、地膜等可能危害生态物品的质量，提倡通过测土施肥、因地制宜等确定投入的数量。鼓励采取循环利用的方式处理秸秆、牲畜排泄物等物质，避免造成农业面源污染，并提高经济资源在农业经济价值链内部高效流动。

2. 农产品质量安全保障规则

自从 20 世纪 90 年代欧洲的"疯牛病事件"开始，食源性事故成为一个全球性问题，我国也受到此问题的威胁，在"三鹿奶粉"事件等重大食品安全事故爆发以后，许多著名企业和知名品牌企业都卷入食品安全问题中，一时间造成了食品领域人人自危的局面。我国逐步将原有的食品卫生法律制度升级为食品安全保障制度，农产品的安全是其中非常重要的一部分。农产品安全保障制度不仅包括在国内市场流通销售的农产品，出口到国际市场以及从其他国家进入我国的农产品也包括在其中，构成了农业贸易生态化保障制度的重要组成部分。

我国在 2009 年制定并于 2013 年修改的《食品安全法》及其实施条例，还包括国务院和相关职能部门制定的配套性规定，对提高用于国际贸易的农产品的生态质量做了大量的规定。

一是逐步完成农产品安全标准的统一，并提高安全技术标准，将评定农产品安全性的客观依据提到新的高度。我国通过《食品安全法》的制定及其完善过程，将原来分散于农产品质量、食品卫生等方面的产品标准逐步统一，并将标准的制定、修改权力归于卫生部门统一行使，成立了专门的技术咨询机构作为标准的智力支撑。提高了技术标准的安全保障水平，提高对 Codex 和国际标准化组织制定的食品安全国际标准的借鉴力度，农药残留、兽药残留、农产品微生物等方面检测标准变得更加严格，使农产品通过国际贸易更好地满足消费需求。

　　二是修正原有针对食源性实际危害的事后救济模式，正式确立了对安全威胁的预防性治理模式，在法律制度中规定了风险评估、风险管理、风险沟通的风险分析三原则，并建立相应的科学咨询机构和风险管理机制。食源性危害逐步成为人类生命健康的威胁后，由于农产品日常消费量巨大、来源渠道多种多样，其中蕴藏的致害性因素数量巨大、风险敞口大，等待其造成后果则会形成大范围的公共卫生事件，处置难度更大、成本更高。特别是在国际贸易中，如果造成国际性食源性事故，既会造成严重的国际性卫生事件，让各国付出昂贵的成本，也会让本国的农产品在相当长的一段时间内遭到国际市场的拒绝，损人害己。在《食品安全法》及有关农产品质量管理规范中，已确立起风险防控的基本模式，这就意味着贸易环节的质量关注要回溯到生产经营环节，要求其提供相应的风险信息、安全证书等，这种贸易环节考虑生产经营过程符合生态规律的考量法定化，是我国农产品安全保障制度的一个重大进步。

　　三是逐步建立农产品可回溯体系和召回制度，扩大了生产经营者对农产品符合生态规律的证明责任，以及其在违反安全保障义务时承担的责任限度，引导其在农产品供给中加强对安全的保障力度。在农产品安全的相关法律法规和政策中，已建立起农产品可回溯体系，农业行政部门划定了许多示范性单位，这极大地推动了贸易环节与生产经营环节的一体化。该体系的建立较好地杜绝了农产品价值链中上下游主体利益脱节而造成的伦理风险，特别是将国际市场对农产品认可度反馈到国内生产环节中，改变了生产经营者对相关行为的利益预期。同时农产品召回制度的建立，降低了追究贸易主体承担责任的门槛，让其在出现法定的安全风险时即启动召回程序。召回的范围不限于已经发现问题的部分，并包括同一批次所有产品，扩大了贸易主体承担的不利后果的范围和规模，他们必然将避免承担法律责任的压力部分地传递到生产经营环节，加强其行为对生态系统的符合性，通过农产品价值链将市场的生态化需求转化为上游的生态友好性生产经营行为。

　　四是明确了对农业转基因物质的管理方式、程度，加强政府对生态安全的管制力度，极大地提高了转基因物质用于科研、生产、运输及进出口等环节，必须获得批准及授予法律文书的规范性、公开性。我国遵守《生物多样性公约》之《卡塔赫纳生物安全议定书》的规定，要求国内有关转基因的研究及生产等活动必须获得农业行政部门颁发的安全证书，来自国际市场的转基因物质也必须提前获得安全证书，并获得进口许可。当前，国内严格限制转基因农作物的种植，只有抗虫棉、番木瓜等个别品种获得了安全证书，从国外进口的转基因农作物主要是大豆、玉米和棉花，其中的粮食产品主要用作饲料用粮。而包括稻米、小麦在内的主粮，特别是基本口粮的国际贸易中，严格限制进口。

3. 农业可持续发展支持规则

农业作为向人类提供基本生存条件且严重依赖自然条件的高度敏感行业，各国无不施展浑身解数，用价格支持、粮食收储、农村建设支持等多种措施来支持其健康发展，保障本国基本农产品供给安全，并防止国外产品过度涌入来冲击本国的农业生产。我国在加入 WTO 规则后也逐步调整农业国内支持措施，积极根据自身承担的国际义务调整国内制度，根据《农业协议》和《补贴与反补贴协定》来构筑符合自身特征的农业国内支持制度。从零星出台的支农惠农政策到价格支持与四大补贴结合的进程，这是我国在探索现代农业中发展出的农业支持体系，其中许多具有保障农业贸易生态化的功能。

2002 年前我国农业支持体系处于萌芽状态，主要体现在扶贫、西部大开发、灾后重建等转移支付组成部分以及关税优惠措施中，如海关总署1986 年减征或免征农副产品出口生产基地相关税费，财政部、农业部对国有良种示范繁殖农场减免农业税的政策；即便 1998 年实行保护价收购、基础设施建设与大江大河治理等措施后，专向性支持措施也乏善可陈，遑论对纾解农村社会问题和生态危机的支持。2002 年农业部《优势农产品区域布局规划（2003—2007 年）》列出 11 个重点农产品后，财政部以《关于大豆良种推广资金管理的若干规定（试行）》为东三省和内蒙古高油大豆配套中央财政补贴资金，由此开启了我国支持体系转型的大幕。种粮补贴和农机具购置（2004 年）、农资综合补贴（2006 年），以及食糖临时收储（2005 年）、粮油临时收储（非口粮用的玉米、大豆和油菜籽）和猪肉临时收储政策（2008 年）开始建立。并实行稻谷、小麦实施最低收购价政策（2004 年）和废除农业税政策（2006 年），与欧盟转型较长的时间跨度不同，我国的转型主要是近十年来四大补贴与价格支持的形成与发展。

四大补贴方面，补贴对象、预算额度逐步扩大是共同趋势。2002 年开始补贴高油大豆起，主要粮食作物、畜产品和粮食主产区特色作物先后纳入良种补贴范围，2005 年前稻米、玉米、小麦纳入补贴，2007 年奶牛、生猪列入，2009 年《中央财政农作物良种补贴资金管理办法》颁布时已覆盖 31 省、自治区、直辖市的水稻、小麦、玉米、棉花，东三省和内蒙古的大豆，江苏等 10 省及信阳、汉中和安康的油菜籽，川、滇、藏、甘、青五省的青稞，2010 年起试行花生良种补贴。种粮直补由 2004 年中央一号文件、国务院文件确立，财政部随后调整了粮食风险基金使用规则来规范直补经费管理，确立了补贴的种类、标准及兑付由各省市确定，且与耕种面积挂钩的做法。中央预算逐年提高至 2008 年后维持在 151 亿元，在四大补贴中额度最小（2011 年占比 10.7%），加上 191 亿地方粮食风险资金共 340 亿元。农机购置补贴由 2004 年中央一号文件确立，农业部《农业机械购置补贴专项资金使用管理暂行办法》规定了中央财政资金的补贴对象、标准和种类、资金申报与下达、发放程序、管理监督等，《农业机械化促进法》第 27 条将其提升为法律规则。各省依照农业部年度《补贴资金年度项目指南》制定《使用方案》并交农业部批复，"2011 年补贴规模增加到 175 亿元，机具种类涵盖 12 大类 46 个小类 180 个品目"。而居四大补贴额度之冠的农资综合补贴始自 2006 年财政部《关于对种粮农民柴油化肥等农业生产资料增支实行综合直补的通知》建立的柴油补贴，其规定以用量、成品油价格预计变化确定额度。针对其他农资建立了按种粮生产资料支出、播种面积、粮食商品量因素，结合增支因素预计和国家财力情况确定分省补贴额度的做法。以粮食风险基金专户中经中央、省、县向农民预付，并于 2008 年纳入全国农民综合直补网的"一卡（折）通"，财政部等在 2009 年调整了补贴基期、增值幅度和规模确定标准，2008 年以后年份因价格上涨造成粮食亩均化肥、柴油支出，以该年作为新基期年并逐次滚动，补贴规模与农资、粮食价格、国家财力挂钩并保持只增不减，该项补贴从 2006 年 126 亿元到 2011 年增至 860 亿元（占四大补贴的 60%—70%）。

价格支持方面，根据 2006 年中央一号文件和《粮食流通管理条例》第 28 条，国家发改委等制定了《2006 年早籼稻最低收购价执行预案》，将保护价敞开收购修改为最低收购价政策，以国有、国有控股粮企为主收购渠道辅之以其他粮食经营者，国家按品种及质地要求划定最低收购价，市场价格畸低时则由中储粮及其分支机构、主产区和主销区省级地方储备粮管理公司按最低收购价收购，市价畸高时则不启动。每年粮食收获季发布当年早籼稻、中晚稻和小麦最低收购价执行预案，价格水平逐年调高

（如白小麦价格从 2007 年的 0.69 元/市斤涨至 2013 年 1.12 元/市斤），并规定不同价格对应的粮食等级、质地要求。此外，对部分粮油产品、畜肉进行的临时收储则是通过国家农产品储备体系平衡市场供求的干预性做法，属于刺激农业生产的政策性托市措施，手段与最低收购价相似。[①]

（二）农业贸易管制促进与服务支撑的生态化制度

1. 农产品贸易的生态化管制与促进制度

由于我国在加入 WTO 时在农业贸易领域做出较大的让步，使得我国的农产品平均关税水平只有 15% 左右，只有发达国家平均水平的 1/4，且缺乏关税高峰的保护，农产品的关税结构也比较平坦。加上我国在与东盟等国家（地区）达成的自由贸易区协定中，更进一步地降低了农产品的关税，甚至在中国—东盟自贸区《货物贸易协定》中更约定采取零关税措施，只将少数的农产品划入"二轨产品"和"敏感产品"中。这样一来，我国在进出口环节发挥关税措施调节功能的空间非常有限，但是关税配额、非贸易管制措施以及贸易促进措施，还是对我国农业贸易发挥着重要的作用，其中不乏涉及生态化的规范内容。

农业贸易管制措施方面，我国采用关税配额与非关税措施相结合的做法规制农产品贸易，对生态系统保护的关注也体现在其中。由于加入 WTO 的承诺使得我国的农产品关税的保护功能不如发达国家那样明显，以及削减数量限制的承诺，关税配额就成了我国以关税为保护性贸易手段的主战场。一方面，通过发布年度关税配额的方式，依据"先来先得"的方式要求进口企业进行申报，在配额外采取相对较高的关税水平，制止外国农产品过多地以过低价格水平进入国内市场，缓释了国内农业主体在遵循生态化生产经营方式时的价格竞争压力；另一方面，我国对化肥等重要农业投入品也实施严格的关税配额管理，划定年度配额数量，为国内农业投入品行业获取竞争空间，防止过多的生态破坏性投入品进入国内农业生产经营过程，在这个过程中淘汰劣质部分。非关税措施方面，我国采取"双反"、卫生检验检疫以及特殊产品管制的方式，抑制农业贸易的非生态化效应。我国对来自部分国家对国内行业造成损害或损害威胁的重要农产品，利用反倾销与反补贴措施方式保护国内市场，如来自美国的白羽鸡。同时，严格使用进出口环节的检验检疫措施，对不符合安全标准，特

---

① 肖峰、曾文革：《中欧农业支持体系战略转型比较研究》，《中国软科学》2014 年第 2 期。

别是带有动植物疫情以及未经批准的转基因物质的农产品，采取了严格的限制措施。对我国根据相关国际条约划定的濒危动植物活体及其制品，采取了禁止或限制贸易的方式。这些措施既能直接地对保护国内生态系统起到积极作用，也能减轻国内相关主体在农业贸易中遵循生态化行为模式时的成本压力，是我国农业贸易生态化的重要保障制度。

2. 农业贸易服务支持的生态化制度

在经济社会发展与生态保护存在一定程度的内在冲突时，以严格的智力成果保护来推动农业科学技术以解决二者的矛盾，是未来非常重要的发展方向，涉农方面的知识产权保护将发挥越来越大的积极作用。在农业生产经营与贸易行为中保障生态化的制度之外，农业领域的知识产权保护也是我国保障农业贸易生态化的一个重要手段，这其中既有直接涉及农业的种质资源、农产品质量等方面的知识产权保护，也有促进农业生产经营行为中具有节约资源、保护环境效果的智力成果的保护。

我国农业知识产权保护制度中与贸易生态化保障有关的主要包括农用动植物新品种保护、农业生态相关标志及其认证机构管理等方面的制度规范。动植物新品种及其技术保护方面，我国专门制定了《植物新品种保护条例》保护农用植物育种者的权利，并在农业行政管理部门中设立了专门的办公机构。而动物新品种则主要通过人工驯养和培育种苗，既用于野外放生补充农业生物多样性，也有利于农用动物的优良种苗培育。在我国的农业补贴中也设有专门的良种补贴，补助稻米、小麦等主要农作物和生猪等主要畜养品的生产中，鼓励推广使用优良品种。同时，加强对转基因农用动植物的研究与生产经营，保障国内农业的生物安全。在体现农产品的生态质量及投入品符合生态保护方面，我国除制定了大量的技术性标准以外，还在自愿申请基础上，形成了生态农产品的标签标识制度，为市场识别农产品的生态质量提供了重要依据。并且，也逐步发展出生态友好性农业投入品技术标准及识别规则，鼓励企业和农业生产经营者大量利用生态负面效应低的农药、化肥等，逐步完善这些产品的标签标识制度。

我国已经建立了由政府职能部门、行业协会构成的农业贸易促进体系，其开展了大量的农业贸易国际合作、连接两个市场工作，其行为遵循的行为规则，及其与他国对应机构合作的范围中，许多方面涉及农业生态系统、贸易行为本身的生态化问题等。

第二节　我国农业贸易生态化保障
法律制度的困境

我国农业贸易生态化虽然已经具有了一定的制度基础，但是也面临着严重的法律困境，在农业经济与生态系统保护、国内市场与国际市场协调方面，存在着一些根本性问题需要法律制度加以明确。造成这些困境的原因既有农业国情的决定性，也有我国发展阶段的影响，还有国内农业贸易法律的制定以及运用国际法制度过程中存在的若干不足。这就说明我国农业贸易生态化转型所面临的法律困境，既有全球性、区域性国际贸易、环境规则体系对我国的义务性约束，也有国内法上农业发展促进制度对生态系统的漠视，这是需要同时突破的法律困境。

一　我国农业贸易制度的生态理念不强

在我国保障农业贸易生态质量的指导理念和各种做法中，可以看到，与农业经济利益、贸易平衡等相比起来，生态因素在农业贸易领域受关注程度明显不足，并且既有的保护方式与农业领域的其他利益点衔接不畅。这是由我国农业贸易生态战略决定的，具体说来，就是在贸易总体战略上如何设计生态因素对农业价值链的融入点，分散获得生态价值的社会成本和风险如何分散等，在这些重大问题上的战略决定了农业领域内贸易利益与生态利益能否合二为一。

（一）产业基础制度未能充分融入生态价值理念

我国在农业贸易的战略中，未针对生态保护措施所形成的社会价值，设计融入农业贸易价值链的有利点，既体现在生态保护手段上，也体现在农业市场关系上，确切地说是缺乏农业性生态价格的形成机制。我国当前在涉及农业的生态问题上呈现出各种保障制度相对独立，保障手段比较分散的问题，忽视了各种农业范围内的生态保护措施实施主体的同一性，以及它与农业生产经营行为的主体也存在同一性的特征。农业经营者是受到来自不同方向的公共意志影响的被动主体，其在确定农业市场定价时当然会考虑受生态保护影响而增加的成本，但无法充分完整地体现所有生态方面的成本，且这种成本核算是被动的，具有报复性而非建设性特征。

当在这样的模式下形成的农业产业发展参与到国际市场后，农业贸易中的生态价值是否完全体现在贸易价值链中，取决于贸易主体对各种生态规则履行成本的认知与核算能力。即便其将生态价值融入市场定价中，这个过程也是不透明的，因而其对贸易对象中生态因素的定价很难获得贸易伙伴的认可。因此，从战略总体上看，生态保护是贸易领域的一个外在参数，而非内在构成部分，当国家在严格执行生态保护措施而对农业贸易产生影响时，相关社会成本以及农业生产经营行为做出的生态贡献能够兑换为经济承认，融入贸易价值链中，存在或然性。并且，即便贸易主体给予了较为准确的生态定价和承认，但由于其缺乏透明度，贸易对象和过程的经济价值与生态价值的结构，也难以为国际市场所接纳。所以说，应在农业贸易整体战略上对生态因素的融入确立精确的利益点，以使其能集中地以普遍承认的方式，融入贸易价值链中来。

（二）产业基础制度未形成生态化转型的法治效应

农业贸易生态化实现的前提性条件没有形成，在既有的农业基础上保护生态系统难度较大。农业贸易的生态化要建立在国内农业市场、农业产业健康发展的基础上，能让市场作为配置农业资源的基础手段而存在，农产品和服务的经济价格能充分地体现付诸其中的生产资料和劳动的价值。唯有如此，生态因素通过市场关系得到承认才具备可依托的对象，但我国的包括贸易关系在内的农业市场关系并不能很好地承担这一功能。

1. 农业所承载的社会保障负担过重

农业产业发展既承担者经济实现功能，又承担很大一部分社会保障功能，大量农民的基本生存来源和社会保险都要靠农业的收益来保障。因此，农业市场关系可能就无法按照正常的价值规律展开，农民与市场主体、消费者相比可能处于经济地位的劣势，其在参与农业贸易时可能不完全按照市场的价格信号组织自己的生产和提供商品。即便参与其中，可能对留存家庭消费的部分和提供给市场的部分按不同标准进行生产，市场对贸易对象生产质量的需求可能缺乏源头上的供给动力。

除农民自身为生计和其他社会性因素不遵守市场规律外，国家也会对市场关系给予强大的干预，出于保障基本供给、增加农民收入等方面的考虑，政府会修正市场向农业生产经营环节发出的信号。要结合区域平衡、农业与非农收入平衡、城乡平衡的考虑，通过各种方法促进农民增加收入，尽力减少务农的各种经济负担和制度成本。在这种逻辑之下，也就不大可能向农民提出太过于严苛的生态保护要求，对生态品质参差不齐的农产品还要积极地使用政策性工具，协助其能够顺利地销售。否则，农村社会发展和农民生活条件的改善就缺乏市场性收入支撑，民生保障会出现重大危机。据此，在我国农业多元功能寄托于贸易过程时，在市场关系还不能完全满足农村发展和农民增收的全部要求之前，对其提出生态化的要求很难得到落实。

2. 农业支持体系的生态引导能力不足

我国的农业支持体系的价值导向和结构层次不够科学，既不能引导农民在务农中形成生态利益也是自身利益的意识，也不能对是否提供生态服务给予准确的甄别，而更为重要的是国家对生态保护的战略态度，没有通过国家和农民直接沟通的可靠渠道，将国家的战略态度分解到农业生产经营行为中，也没有直接从农村基层提取相关信息。

我国当前仍奉行价格支持为主的农业支持体系，虽然有良种补贴等四大补贴制度，也取消了农业税，并通过大江大河治理、基础设施建设以及西部大开放等宏观政策，向农业输送发展资源。从额度上看，农产品价格支持是当前最为主要的支持力量，它对农民形成的效果就是市场收入是主要收入源，并且比例非常高。在微观层面，对个体主体而言其总是以家庭消费需要为目标性考量因素，并将其置于与工业和服务收益水平进行比较。而生态保护是一般务农行为之外的增益性要求，在种粮直补等保障水平都不是很高的情况下，对正常生产经营行为提出的格外要求，在当前支持体系下农民不可能获得回报。其在务农中产生的生态保护成本，以及放弃可能获得的收入，不能得到社会的补充，也不能很好地体现在市场收入中，农业贸易生态化要求农业承担的复合功能，缺乏农民收入多元化的支撑。与工业、服务业相比而言，只有市场收入作为依托，农民自然缺乏安心务农的动力，他们自然会选择离开农业或者兼业，这对达成保护生态系统的高层次要求非常不利。

此外，国家与农民的直接性支持关系也没有建立，支持资源依靠行政管理体制自上而下分配，其间被扭曲、过滤的问题比较突出，支持资源本身就非常有限，加上这样的支持关系建构，更无法调动农民进行生态服务。而其进行生态服务所需要的各种需求又不能直接传达到国家决策层面，这种上下互动渠道不畅的局面极大地阻碍了国家宏观战略向下传达、分解的有效性。

3. 现行规则体系未能厘定贸易与生态的合力点

农业贸易生态化内蕴含着两层社会关系：贸易利益关系和生态利益关系，前者自然是存在于供需双方之间，体现为农产品与服务销售、农业投资协议的关系。而后者在客观表现上体现为人类与生态系统之间的关系，具体体现为代表一国公共利益的国家与生态系统间的关系。从根本上看两对关系具有统一性，但在涉及个体利益时，宏观的贸易关系与微观的贸易关系具有高度的同质性，国家与生态系统的关系却很难较好地分解为个人与生态系统的利益关系，整体利益和个体利益的割裂可能性更大。农业贸易生态化要求两对关系在利益指向、流动模式上取得一致，否则会由于各自的价格分野而造成南辕北辙的局面，我国当前正面临着这样的问题，体现为农业贸易关系无法承载生态化的要求。

这一困境又在贸易关系和生态关系上分别有所呈现，农业贸易关系方面，我国的农业贸易处于逆差越来越大的格局下，折射出国内市场的价格水平处于国际市场水平之上，这既是国内农业消费特别是对肉制品、奶制品等需求的增加而造成的，也由于我国农业的产业基础和产能机构存在不足。总体说来，当前主导我国农业贸易的仍然是保障数量的供给，贸易关系中经济利益占据主导地位，并且由于国内消费对贸易范围和类型提出的快速扩张需求，经济利益贸易关系中还呈现出相当程度的排他性特征。而生态保护方面，我国当然主要依赖国家的公共资源展开，未形成激励、引导个人资源进入生态保护的有效机制，也未在农业贸易中形成承认生态贡献、淘汰生态破坏的有效机制。国家保护生态的压力不断增加，而民间在农业领域内保护生态则缺乏活力，生态保护的利益逻辑起点在于整体利益，而没有分解为个体利益。这就使得生态保护关系与贸易关系在要素构成上完全不同，但对生态因素给予承认最为重要的是价格，也就是需要引入市场关系。显然，我国农业贸易关系与生态保护关系的利益逻辑是交错割裂的，前者无法承载后者的需求。

二　农业贸易生态化相关国际规则的实施机制不畅

如前所述，我国已经签订了大量的涉农多边、双边国际条约，也因此承担了相应的以生态环保为取向的农业以及农业贸易国际义务。换言之，对于前述国际条约中存在的大量农业贸易规则和生态保护规则，农业贸易规则中的环境贸易条款，以及生态保护规则中的贸易环境条款，我国有通过国内立法转化适用的义务。但是我国对不同国际法体系规则的适用存在不够充分的问题，特别是不同价值追求的规则适用的协调程度不高的问题比较突出。国际贸易规则在一定程度上为农业贸易的生态化提供了基本制度框架，但在 WTO 规则的具体适用，以及在区域自由贸易协定中如何引入生态保护规则问题上，我国还存在对既有规则的潜力挖掘不充分、新制度中生态关注不足，以及与其他贸易限制措施适用时的配合程度不高等问题，值得加以仔细研究，并逐步加以克服。

（一）WTO 环境贸易规则运用不充分

WTO 体系在维护自由贸易之外还设定若干的社会性条款，生态保护就是一类重要的非贸易性限制措施，为保护本国生态系统之故可对农业贸易自由作出一定的限制。该类法律规则广泛地分布在 WTO 多边贸易体系的许多方面，主要包括：一是 GATT 第 20 条的例外条款，特别是其（b）、（g）两项以及前言设定的适用条件中，允许各国出于保护国内动植物和人类健康与生命、保护可用竭自然资源之目的，而适度采用贸易限制措施，只要这种措施不在相同国家间造成武断、歧视性的限制，或对贸易造成变相限制。可以看到，WTO 规则从指导理念上是允许为生态保护之故限制自由贸易的，只要维持在必要的限度内即可，这是指导 WTO 其他规则，以及争端解决机构在具体案件中适用约文的基本原则。二是《技术贸易壁垒协定》（TBT）和《卫生检验检疫协定》（SPS）中，对产品的技术性限制和卫生检验检疫要求，它们构成了根据自然资源和环境保护之需，对贸易给予限制和约束的直接法律依据。SPS 协定对动植物的卫生检疫的规定主要适用于农产品贸易中，引证适用包括 Codex、ISO 等国际组织制定的技术标准，并允许在符合一定规定前提下各国可以高于国际标准行事。而 TBT 则适用于除 SPS 外的农业贸易方面，各国的技术法规和技术标准可以适用于对农产品的相关技术方面，甚至可以适用于其生产过程和生产方法。三是农业国内支持中给予生态保护的例外待遇。除了贸易管制方面的规则外，WTO 规则还在各国支持、补贴农业发展的规则中，对涉及生态属性的支持措施给予了特殊的对待，体现在《农业协议》中的三种性质补贴措施，特别是与生态保护最为密切的"绿箱"补贴，被纳入不予削减的支持措施。此外，在《补贴与反补贴协定》（SCM）中规定的补贴类型也间接地与此有关。

对生态保护的关注。一方面，体现为有利于生态保护的贸易规则适用规模有限。虽然 WTO 规则为各国在农业领域保护生态系统提供了一定依据，但规范内容比较抽象，具体适用情况要视各国具体国情而定。我国虽已对农业贸易对国内生态系统的影响引起了注意，特别是对农业贸易背后的生态因素流的注意，但在规制农业贸易的进出口措施上，并未有力地防止外部风险进入、减少国内生态资源流出。农业出口贸易方面，我国缺乏以 WTO 规则适当修改自身比较优势的制度安排，而是大力鼓励存在比较优势的农产品出口，主要是水产品、水果等劳动密集型产品，它们都是水资源和工业性农业投入品高度依赖的产品，并存在与粮争地的问题。农业进口贸易方面，我国也缺乏对许多存在生态破坏效应领域的限制，典型的是转基因农产品的进口，而在国内并不允许同类产品的商业化生产，其实已经形成了外国产品"超国民待遇"的格局。这体现出我国在保障粮食安全方面的缺乏力，对产业链上游的依赖，导致在贸易中话语权缺乏。反过来，农业进口贸易的扩大又进一步加深了我国对国际市场的依赖，形成了一个生态条件差到依赖进口，到农业生产受到破坏，造成生态基础进一步破坏的恶性循环，这需要我们在进出口环节适度限制，才能回归良性循环中。

另一方面，我国在对外适用环境贸易规则时，存在国内农业经济基础不稳的缺陷，缺乏对非生态化农业贸易说"不"的依托。我国当前的农业贸易制度中主要考虑的是贸易适度平衡和我国农业"走出去"的问题，利用环境贸易规则来限制农业贸易，以便形成对生态系统的保护，尚未成为与前述两大问题相提并论的论题。这是由我国的农业基本发展状态及国家支持模式决定的，家庭生产为主的小型经营者仍然是国内农业生产的主体性力量，其生产能力、运用生态保护措施的意识和抵御风险的能力都非常有限，决定了在主体能力上缺乏关注生态因素的可能性。农民和农村在社会资源分配上的弱势地位，使农业难以发挥与现阶段发展状况相适应的作用，社会保障和公共服务的不足，就业机会和劳动收益水平方面与工业和服务业相差悬殊，让优质人力资源大量流失，农业人口结构退化和农村空心化问题已经比较严重。而依靠先进科技、机械化组织起来的大型经营者、合作社等，在生产对象上更倾向于经济收益更大的经济性作物，且其在生产经营过程中为增加产量来提高收益水平，大量地使用非生态性技术和投入品。缺乏保障农产品生态质量的经济动机，相关行为过程对生态系统的影响可想而知。同时，我国在农业支持体系设计上也存在许多不足，目前仍采取价格支持为主、四大补贴为辅助的做法。这样的国家支持模式本质上就是"只问后果，不问过程"的导向，农民收入中缺乏生态因素的考量，也就是未体现在最终产品中的生态服务是无法得到激励的，则农业生产经营自然就不太可能把生态保护与经济利益等量齐观。这样一来，我国缺乏在农业贸易中推崇生态化的底气，因为 WTO 规则要求即便使用环境贸易规则，也必须遵循非歧视原则，国内农业生态化品味不高，使得在贸易时很难达到"内外一致"要求以实现生态保护。这不仅体现在农产品的进出口上，也表现在农业服务和农业投资的市场准入上，如果国内缺乏基础，则也不能为外国人员、资金进入设定准入的限制性条件。

从我国直接适用 WTO 中有关环境贸易规则，以及其背后隐藏的国内产业基础上看，我国在存在国内产业基础不足导致国际规则利用不足，而这种利用不足又导致外国产品、服务和投资入境规模扩大。而这种外国资源对国内农业造成的破坏和威胁，又进一步造成自有资源萎缩，因此，这种恶性循环必须打破。

（二）区域农业贸易的生态规则缺乏

除了全球性贸易规则适用不足外，我国在推动区域自由贸易协定时，农业贸易规则更多地考虑经济利益的平衡，而对生态因素的关注相对比较缺乏。在我国与东盟十国、新西兰等重要贸易伙伴订立的贸易协定中涉及的农业贸易部分来看，弥补贸易失衡是主要的考量，涉及技术贸易、卫生检疫等内容非常有限。从短期来看，这对我国平衡贸易格局具有积极作用，但这不利于发挥区域贸易规则长期运行对生态系统的保护，并且为未来在生态问题上产生贸易冲突埋下了隐患。

当前我国订立自由贸易协定的主要出发点，仍然是弥补全球自由贸易机制下我国所面临的贸易失衡，也主要是与发展中国家订立，与主要贸易伙伴欧盟、日本等尚未订立。在涉及农业方面时，也主要基于进一步降低市场准入门槛和贸易成本的考虑。内容上就必然体现为关税的进一步下降、人员出入境进一步便利化、投资准入和结算服务等进一步宽松，形成双边或区域性贸易便利化合作机制，如建立农业科技合作园区等。此举既能为我国保障粮食安全、农产品有效供给获取稳定的产品来源，也能为我国的农业走出去物色稳固的目的地，一定程度上加强对重要农业贸易领域的产业链控制，防范贸易风险。而在处理农业贸易对生态保护的问题时，则沿用 WTO 相关规则的做法，较少增加新的生态化贸易制度安排。

但是，这其中存在着一定的制度风险，主要体现有二：一是与我国缔结区域自贸协定的伙伴国处于不断的发展中，并且由于我国也在急速地推进区域自由贸易制度，未来的自贸协定数量和范围都会扩大。那些现在科技水平有限、农业生态质量较高的国家，在未来并不一定能保持这样的状态，随着气候变化、资源约束加强等危机，其农产品的生态状况可能下降。也由于服务业和农业领域的国际投资带来的收益远大于初级农产品，这些国家自身的农业经济结构也会逐步转型，不可能长期处于为我国继续提供粮食和工业原料的地位。而我国在区域农业贸易规则中怠于发掘生态保护规则，如上文所述，国内基础又不能为限制农业贸易奠定基础，则难以避免区域性农业贸易的生态化程度保持在良好的水平之上。二是，区域性自由贸易制度处于动态发展阶段，包括我国在内的许多国家都在积极利用这一机制，弥补多边贸易机制的不足，并在多哈回合尚未取得有力成果前，抢占国际贸易制度的制高点。当前，美国与欧盟、跨太平洋国家正在进行的 TTIP 和 TPP，对我国的区域贸易制度建设形成不小的外部压力，这两个协定在农业贸易的生态规则方面保持了较高的水平。并且参与谈判的国家既有与我国已经缔结了自由贸易协定的伙伴国，如东盟的一些国家，也有正在与我国进行谈判的国家，如中日韩自贸区谈判中的日本也同时在参与 TPP 的谈判。这样一来，我国对区域性生态规则的忽视与这些强调农业贸易生态规则的制度体系相比，就存在明显的制度劣势，其中重合的国家就会根据自己参加的不同区域自贸协定，而相应地引导贸易分流。我国所分到的自然就是生态质量相对较低的部分，而生态质量高、收益较高的部分就流向了美欧等发达经济体。

（三）　与其他贸易措施协调程度不高

农业贸易生态化对传统自由贸易自然会产生限制作用，在贸易规模和结构等方面都会造成一定程度影响，不过造成同样效果的措施不仅是生态规则，其他在数量、价格等方面具有限制作用的措施也能达到这样的效果，只是各自的依据存在差异而已。反倾销与反补贴、保障措施最为典型，它们都可能达成在开展农业贸易中保护生态系统的实际效果，但是我国在将它们同时适用时存在协调程度不高的问题，生态保护效果不佳与贸易限制措施配合程度不高同时存在。

在我国国内农业安全技术标准本身不甚严格的前提下，依靠国内农业市场对外国产品形成约束的可能性不大，应当在贸易措施环节对外国农产品给予适当的淘汰。随着我国农业人口的城镇化，原有的生产者变为纯粹的消费者，对农业产能已经造成巨大压力，这背后既隐藏着危机也蕴含着农业发展的空间，如能将贸易管制效果加以良性发挥，可以循序渐进地将对外依赖部分内部化。而我国当前运用贸易管制措施存在两大不足：一是保障措施特别是农产品特保措施的适用严重缺乏，部分关键农产品的进口已经占据了极大的国内市场，如大豆，严重冲击了国内产业。但到目前为止，我国怠于实施以农业进口数量规模来启动保护机制，加之其中还包括大量的转基因产品，也造成国内市场中外国转基因农产品与国内有机产品在相同市场条件下竞争。农业贸易中的保障措施未能有效适用，是我国部分农产品丧失产业链定价权的重要原因之一，也是国内相关产业受到破坏或遭受威胁的重要来源。二是我国在适用双反措施时的生态指向比较缺乏，从目前对外实施农业贸易领域内双反的情况看，主要是肉制品和高附加值领域。但并未有效消减它国以高补贴、高国内保护形成的贸易优势，我国农业种质资源受外国具有价格优势的低生态品质产品冲击较大。而我国在实施双反措施时，未充分重视到外国农业大规模、非生态化作业在价格上的表现，而这些表现在一定条件下是可以纳入双反的目标范围之内的。

（四）　生态性贸易议题的守势谈判战略积重难返

在 WTO 及区域自贸协定的谈判中，农业贸易生态议题的参与性对国内的影响是双向的。从制度的输入方面看，允许以生态化为由限制农业贸易要在形式上符合非歧视原则，国内相应的制度安排是基础；从制度的输出方面看，超过国际义务而进行生态化保障制度要为国际社会所认可，须以本国在相应的国际法体系中义务类型与性质的变化为条件。否则，我国改善农业生态系统保护制度及其对贸易环节的"溢出效应"就缺乏国际价值评价坐标，因此在既存国际法体系基础上谋求更大的国际法空间，势必要在相关国际谈判中主动行动、有所作为，但我国在此方面的战略存在严重的不足。

一方面，我国贸易谈判战略受现行被动履约机制的影响，对新议题的内容及其法制化进程的参与、推动不够积极，在区域自贸协定谈判中几乎未涉及农业贸易的生态化议题。在 WTO 的多哈回合谈判中，我国对农业保护、农产品质量、粮食储备等相关议题的态度过于保守，这在以往国内农业技术、资金都短缺的情势下可以理解，但现在我国的农业生产经营、国际合作形势已发生了根本性的变化，"引进来""走出去"的渠道已经多元化。我国已从回避、有限适应国际市场规则时代，进入了引导、主导国际市场走势与交易规则的阶段，回避新议题、拒绝生态化贸易规则的制定与实施，从长期来看将造成自主合作与贸易纪律隔离、国内制度创新与国际法发展脱节、农业生态与农业贸易制度"两张皮"的格局，生态化问题的"守势"地位会降低国内全面深化改革的国际认可度。

另一方面，贸易谈判中对农业贸易生态化议题缺乏前瞻性，可能影响我国致力构建新国际贸易投资与金融秩序的努力。在 WTO 与区域自贸协定构建的贸易规则体系外，新的国际合作平台不断涌现，包括我国主导的亚投行、金砖国家银行、丝路基金等区域、多边性实体，以及我国推行的"一带一路"战略中都大量涉及农业基础设施、农业适应气候变化等方面的合作，如果国际贸易规则没有做出较好的制度设计，这些新机制下实施的合作成果在进入贸易领域时，就可能遭遇制度阻碍。

因此，我国在农业贸易中应当注意生态保护规则的制定和参与，同时双反、保障措施等管制措施也可以从数量限制上达到相似的效果，我国应当将两方面措施作为一个"手段篮子"来看待，综合利用并配合适用，使它们在保护生态系统的效果上形成制度合力。

三　我国实施"与贸易相关的多边环境规则"的不足

农业不仅是参与国际贸易的一个行业，也是一个受全球生态危机威胁的重灾区，同时也可能是能对这些危机做出积极贡献的产业领域。因此，农业贸易不仅是国际贸易规则上关注的问题，也是国际社会在生物多样性、气候变化等生态保护议题上形成国际制度的一个重要方面，生态化程度较高的农业贸易在取得贸易优势的同时，也可以作为履行生态保护国际法义务的重要手段。

（一）履行 MEAs 农业相关规则的主动性不够

我国适用生态保护规则的主动性不足，被动履行法律义务以及在履行中与发达经济体摩擦过多。作为发展中国家之一，我国在《生物多样性保护公约》和《联合国气候变化框架公约》等国际法体系下承担的义务都相对宽松，履行保护行为许多时候能通过履约机制到国际社会融资，这为我国调整包括农业在内的经济领域留下了空间。我国在履行这些生态保护国际规则时，多根据国际义务的类型和范围来确定相应的国内行为模式，以我为主的程度较低。在保护生物多样性、削减温室气体减排等主题上，与国际社会交涉时往往过度地以发展中国家义务作为挡箭牌，这在短期内能减轻我国对外履约的负担，但也可能造成较大的负面效应。

往往以在国际规则形成初期对我国的有利条件为由，拒绝较大力度地增进生态保护，既不利于国际形象的树立，再进一步通过国际合作获得外部资源的能力就会逐步丧失，如气候变化议题上小岛国家从以往与我国站在一条战线反对发达国家的立场，转化到对我国也开始提出异议；也不利于形成国内行动的动力，造成保护生态系统不为己利，而是为了应付国际条约要求的假象，将各种生态保护的规范内容融入国内经济社会发展规划等的力度有限。在经济建设为中心的指导思想下，生态问题易于被边缘化，履行相关国际规则的主动性存在不足，这会对本国农业的发展产生诸多不利因素，也会造成农业领域的对外贸易受经济利益牵绊过多，而对生态系统的保护力度不足。

（二）国内农业生态化的透明度不够

我国履行生态保护国际规则的透明度有待提高，造成农业贸易中潜含的生态因素没有得到国际社会的广泛认可。

我国在生物多样性、气候变化等国际规则体系下也履行了许多国际义务，对国内的能源、交通、农业等涉及产业结构、能源结构等重大问题，进行了适度的改造和升级，特别是人工造林数量居世界第一。但我国将履约行为转化为国际话语的程度有限，缺乏完善的、国际化程度较高的技术手段，将我国在生态保护方面的努力与国际法的义务精确对应，并将其转译进入国际法语境中。造成国际社会只见我国在经济社会中造成的生态负面影响，而不见我国已经做出的积极贡献，归根结底是我国国内行为的国际化程度还不够，对参与形成衡量履约程度的国际技术性规则的了解深度不够，如"最优可获得技术""碳汇清除量计算方法"等。

由于在生态保护国际法履约机制中的话语权不足，加之国内履约情况的透明度不高，在包括农业在内的产业中已做的优化升级难以获得国际社会的承认。在农业贸易上则体现为对外出口农产品的生态质量很难获得对等承认，在关税与非关税待遇上处于劣势，部分国家甚至还提出"碳关税"等单边措施来对我国加以限制；在农产品进口环节，缺少限制外来产品涌入的生态化手段，不具备在适用环境贸易规则时遵守国民待遇的国内基础。在农业服务贸易上，由于国内履约许多时候由政府主导，甚至以政治任务的方式加以传递，则在生态农业、有机农业等方面需要的服务市场化程度不高，难以与国际市场中生态认证等对口服务领域对接，不能刺激成熟的国内农业服务市场形成，也就不具备较高的对外贸易能力。在农业投资方面，在保障粮食有效供给的思路下，对外来投资的干预未作过多的生态维度考量，特别是在种子行业、农产品加工、油料压榨等方面体现得非常明显，而农业走出去中的投资也主要是到其他国家置地种植，对生态技术和田间管理方法等并不重视，农业投资的生态贡献和积累效应有待进一步提高。

（三）履约机制中保护与利用存在脱节

我国在农业领域履行生态保护国际义务时，保护与利用割裂的问题非常突出。在履行现行生态保护规则时，我国多采取建立保护区及保护地、退耕还林还草还湖等做法，以生态保护之故对既有农业生产经营行为进行较为严格的限制。这对解决包括农业在内的经济行为对生态系统过度破坏具有积极作用，但在我国农业总量还需要进一步扩张的背景下，这在价值目标上缩小了自然资源使用的范围和类型，"一刀切"的方式不利于夯实国家的农业基础。

农业贸易当然也是受这种限制影响的重要领域，在贸易基础和资源来源上即受到约束，而农业贸易的生态化不仅在于资源基础方面适用量的增减，更是涉及保障资源利用总量基础上改善适用程度和方式的问题。因此，在经济利益驱动下，这些保护性措施必然遭到修正甚至边缘化，但农业经营者又不能公开地采取与国家的强力生态保护相抵触的做法，而会采取相对折中、隐蔽的做法，表面维护生态保护而实质仍沿用传统的农业生产经营方式。农业贸易的生态质量并未获得根本提高，在一定程度上由于国家对资源利用总量的收紧，受到其约束而停滞不前。

并且，在这样的保护与利用割裂的状态下，中央与地方在处理农业领域经济与生态关系上，也存在重大的态度差异和利益错位。地方政策对国家的生态保护模式参与积极性不高，对资源利用的过度限制造成地方在更加狭小的制度空间内，竭力发展地方的工业和服务，生态保护措施执行不力的问题也就非常突出。这也会传导到农业贸易的生态质量及内外平衡之上，根本上反映了国内在处理生态保护与利用关系上存在的不足，也体现了农业经营者与政府、国家与地方在此问题上的分歧，农业贸易生态化根本上要建立在所有利益相关者的共识基础上。

四　我国农业国内支持制度的生态关注度不高

我国实施国际贸易与生态规则问题的另一面，即是国内相关制度对农业贸易生态化的保障，除了国际法律关系中的相关规则之外，与农业贸易紧密相连的产业发展、生态环境保护等国内法制度，也是我国提升农业贸易生态化保障力度的着力点。而我国国内法中的相关制度，在推动农业生产资料组合方式的生态化、防范农业作业过程中非生态化因素干扰、农业市场对生态品质的价格承认等方面，尚未形成有力的支撑。

（一）农业支持体系承认生态利益的程度较低

农业生产是决定农业贸易模式的本源，农业的弱质性决定了国家必须动用大量的公共资源，来化解农业市场自发性对基本生存造成的威胁。我国也发展出了一套以价格支持为主、四大补贴为辅以及其他措施相配套的支持制度体系，但其所确立的主要支持对象不利于将生态价值带入农业经济活动中，在对生产资料组合以形成生产关系的过程中，生态因素并未成为与价格、收入并行的支持对象，从而没有成为农业支持法律关系的基本客体。

我国虽然将增产增收、新农村建设及生态文明等列入农业发展战略，却采取了围绕农业市场的支持体系。具体来说，良种补贴扩至农机、农资增加了受支持的劳动资料类型，保护价敞开收购转向最低收购价、临时收储将行政支持手段市场化，而价格、收入支持均与产能挂钩，可见拱卫粮食自给率的产能保障是我国支持转型的支撑点。这使得支持体系不可能成为国家战略与农民利益间的"转换器"，我国始终关注劳动资料与劳动成果而非劳动者、劳动对象，对农民流失、农业生产关系松弛、农村生态系统退化束手无策，高质量作业及其正外部性只能获得道义赞许而缺乏制度激励，农民当然更愿意转入对生产条件改善更明显的非农产业。此外我国气候条件决定了农作物以一年两熟为主，粮食播种、收获仅占全年 1/3 时间，产能保障意味着仅能支持农时的劳动，农闲就业及收入则落于支持体系之外。因此，围绕产能保障的支持体系不管如何转变，也无法扭转宏观利益挤压微观利益的局面。并且支持体系会受到市场自发性的困扰，既不利于实现宏观意图又造成微观层面"劣币驱逐良币"，对农业市场逆向调节功能可能逐步削弱。

我国的农业支持制度从良种补贴开始，推开到农资农机补贴、与产能挂钩直补和废除农业税，从而降低务农成本，而最低收购价、临时收储来促进增收。这其中凸显出农业市场供给量是我国的首要支持目标，对改善农民、生产资料和生态环境的结合方式作用有限，产能的保障是结果意义上的评价，而获得过程与自然界的和谐关系，才是农业贸易生态化真正需要的。而在农业市场关系中，在提高价格与扩大产量的思路下，对生态价值是具有天然排斥性的，只有当生态保护成为一项收入时才可能让农民在生产中对其加以重视，但我国现行支持制度并未达到这一高度。

产能保障为首的思路意味着我国支持制度以国家与农业市场的关系作为基本的关系载体，劳动资料和产品交易是国家与农民间支持关系的介质。我国在完善支持制度中也不断增加受支持生产要素、农产品范围和支持额度，但对既有的制度空间利用不足。2011 年农村生产支出、各项农业事业费 4089.6 亿元，四大补贴共 1400 余亿元，两项总额仅占农牧业产值（40807 亿元）的 13.5%，"黄箱"补贴不到一成。在制度完善的过程中，与农资农机生产者、粮商相比农民处于弱势地位，农民高度依赖农资、现代机械，农资综合补贴居首即是明证；"大物流，小农户"的市场环境挤压了农民获利空间，公共资源只是经农民之手在三者间分配，且农民拿到的是小部分。这种模式忽视了农资农机生产者、粮商利用的市场优势，支持资源无法固定于农业生产而从上下游交易关系中泄漏，违背了我国支持农业的初衷。我国的农业支持制度并未让公共资源到达农业生产贡献最大者——农民手中，未切中务农动机与农业战略脱节的要害。

任何的制度都要由人来实施，农民是促进农业贸易生态化最为基础的力量，现行制度未对农业中的生态价值给予有力支持，对现实需求的回应明显不足。一方面，不断增加对农业市场的支持造成粮食丰产但农民流失，食品安全形势严峻、贸易失衡、生态退化等积重难返，农民工即便遭受工资待遇、社会保险、子女求学的严重歧视仍不愿回归农业，可见支持体系难以激发务农动机，不能帮助形成稳定的从业人群。另一方面，支持体系转型中落实农业生态保护战略的力度较弱，从 2004 年首份一号文件要求发展农村第二、三产业时需保护农村环境，2005 年一号文件规定农技机构推广中要重视农业生态环境保护技术普及，到 2013 年一号文件的生态文明建设，农业战略中生态保护要求不断强化，但支持体系反应迟钝，农民收入、农产品质量的支持也存在类似现象。

由此可以看到，我国现行农业支持制度对农民保护生态因素的行动，并未给予有力的激励，加上价格支持和收入支持所形成的农业收入水平大大低于非农产业的收益，务农人口的高龄化、低质量化趋势非常严重。这不利于生态价值从生产链的上游融入农业领域的社会关系中，自然难以在贸易环节中表现出来，更为严重的是优质农业人口的流失，让形成农业生态价值的主体力量快速流失，即便有朝一日农业支持制度将生态因素提到非常高的位置，恐怕也缺乏优秀的制度执行者。

(二)　农村环保机制落后于生态破坏现实

农业支持制度侧重于生产资料环节，让农业人才与最优质的劳动对象、劳动工具结合起来，但农业生产具有自身的生产周期，资源投入后更重要的是后期的田间管理。这个过程必须排除外部破坏因素，如自然灾害、城镇污染源的破坏，但其自身可能产生大量的生态破坏因素，如农药、化肥等造成的农村面源污染。现行农村环保机制对这些破坏因素的防治要么缺乏明确的规定，要么设定的法律后果与当前农业所面临的生态危机不相匹配，在源头防治上不利于保障农业贸易的生态化。

首先，农村污染防治工作机制不利于抑制非生态因素。虽然农业生产和农村生活产生的污染物数量不多，但却受到了来自城镇经济社会发展所产生污染物的严重破坏，如工业"三废"对土地、水体等生态系统构成因素的破坏，城镇垃圾掩埋对地下水的破坏等。更为重要的是，农村的污染防治工作并不像城镇那样，纳入到了市政管理工作机制中，农村处理自生性污染和外源性污染主要依靠自我组织来加以治理。实践中针对农村自生性固体污染物，往往是由农村基层自治组织雇佣专门人员加以清理，但对水体和气体污染物缺乏防治力量，对来自城镇特别是工业生产所产生的污染，更是束手无策。也就是说，农业生产所面临的大量生态破坏因素中，只有小部分能够得到组织化力量的防治，而大部分要么听之任之，要么依靠农民、农业企业、合作社等经营主体自行处理，这种防治工作机制严重落后于农业面临的严重生态威胁。这些主体不仅缺乏应对环境危机的充足能力，对良性的生态信息也缺乏识别能力，即便农业生产及其所得到的产品具有良好的生态品质，或者其获得过程具有优良的生态效应，这些主体也难以对其形成充分认识。

其次，我国的环境侵权救济机制还无法充分保障生产环节中的生态利益侵害。我国在环境保护法律法规和民事诉讼制度中，对环境侵权类诉讼给予了特殊的安排，在责任归结原则和举证责任等方面都做出了有利于受害人一方的安排，专门审理此类案件的专门审判机构也在逐步地发展中。并且，在《民事诉讼法》新近的修改中，将公益诉讼规定为一种新的诉讼模式，从而加强了对环境利益侵害的救济力度。但是环境侵权救济机制的启动仍然存在诸多需要明确之处，环境侵权公益诉讼原告的范围及其资格问题，尚未得到环境保护法律法规的准确定义，环保行政机构、检察院、环保团体等都可以作为原告，普通公众如何启动该程序的问题，没有得到很好的回答。此外，农业生产中受到环境侵害时，以家庭生产为主要载体的模式下，如何保障其以组织化模式保护自身的环境权益，还有待于我国相关法律法规在公民环境公益诉讼制度下做出创新。

最后，我国农业生态补偿机制缺失造成农民的生态贡献难以获得回报，降低了他们在农业生产环节保护生态系统的积极性。我国现行制度中的生态补偿制度，主要对诸如生态保护区域建设、森林草地保护等环保专项建设中，农民所做出的利益牺牲给予适当补偿，包括搬迁补偿、替代生计等。但对农业的日常性市场中所产生的生态效益，不管是《农业法》还是环保法律法规体系中，都缺乏对其的充分补偿机制，不利于激励农民在生产环节中对生态系统做增益性贡献。这些不足体现在我国对各种农业生产资料的管理制度和农业支持制度中，农业支持未将生态保护列为基本支持对象，而农业生产资料的管理制度的缺陷是问题的另一个方面。对农业投入品的管理制度中，我国制定了严格的农药、化肥等管理规定，着力保障投入到农业生产的相关生产资料的安全性，鼓励采用低残留、低污染的投入品。这是以这些投入品的工业属性为起点，尽力向其本然属性的反面引导。但做到农业投入品的有利利用，甚至采用非工业投入品和传统经验进行的生态化作业，对此我国现行制度缺乏有力的激励制度。种质资源和土地、水域、森林和草原等基础资源的管理规定中，也存在类似的问题，这源于我国现行制度是以底线规定为基本模式，没有调集一定的社会资源对生产环节的生态友好属性给予加强。特别是我国的经济社会发展存在严重的城乡、区际失衡，很大程度上就是先进地区、产业低价或无偿消耗了农村、农业产生的生态服务，将发展的不利因素留在了"三农"领域，而将发展的惠益抽向了非农产业和城镇地区。生态系统保护的社会资源配置方向必须做出调整，这是我国环保法律制度必须即刻着手的问题。

（三）农业生态价值的市场承认机制缺位

农业经营的收入主要来自农产品、服务，市场对农业生产中形成的价值所给予的承认，决定了特定农业生产行为可能获得的回报，也对继续生产模式的选择产生着重要的影响。而在我国的农业市场运行制度中，缺乏农产品生态价值信号的形成机制，对农业生态系统具有保护效应的产品和服务也缺乏充分的市场空间，整体上看农业生态价值的市场承认机制处于缺位的状态。

一方面，农业经营者的生态创造与传递能力建设制度存在不足，造成他们在农业市场关系中缺乏生态价值的议价能力。作为农业领域生态价值的生产者，农民的议价能力是市场通过价值规律认可生态价值的前提，这需要农业经营者充分地认识到市场需要，并能主导与市场主体就产品、服务质量形成价格，但我国现行制度对这些方面的支撑存在明显不足。一是农业信息网络与基础设施建设的不足。在城乡规划制度和信息网络发展规划等制度中，农村都作为制度的"凹地"而存在，虽然在农村进行此类建设的成本较城镇地区高，但如果缺乏这一环，农业难以与非农业占有同样充分的信息来源。二是农业经营者在生态质量的定级定量中主导地位缺乏制度保障。市场需要对农产品、服务进行标准化建设，以利于引导公众的消费。但我国对农业产品生态价值的标识制度，属于农业经营过程中的自愿性标准，未对农业经营过程做出底线性的保护要求。更为重要的是这些标志都是外部加之于农业经营者之上的，其自身意志在标准体系形成和发展中作用甚微。也缺乏支持农业经营者特别是中小型经营者形成获得市场广泛认可的生态质量显示机制，对农业经营者而言适用国家、地方标准成本较高，而自身能够达到的生态标准及其形成的社会价值，又难以在现行制度中得到认可。三是农民组织化经营的建设中缺乏生态化的制度引导。发展规模化作业、设施农业等都是我国实现农业现代化的重要模式，现行制度所支撑的农业示范基地、标准化农场、专业合作社等，能在一定程度上发挥农业的规模效应和技术扩散效应。但是，现行制度并未重视到这些组织化形式，在农业经营中存在重视增产高于质量的问题，高度依赖工业性农业投入品而忽视田间管理，生态化水平缺乏有力的制度保障。

另一方面，农业经营者与处于农业产业链终端的消费者缺乏通畅的沟通平台，形成了生产、消费两端被中间环节经营者"绑架"的制度窘境。

农业经营者面临着"小农户，大物流"局面，在农业市场中的话语权比较微弱，农产品消费者也是一样，当前的食品安全局势就是消费者脆弱地位的集中体现。二者的利益都共同地受到农业市场中间环节的劫持，我国现行制度对生产者与消费者缺乏直接沟通的法律机制建构，生态价值即便在生产端形成也会受到扭曲，而难以为消费端充分地认识和承认。农业领域内的生态价值应当由生产端发起，而由消费者加以不同程度地认可，但现行制度对生产者、消费者的沟通能力，以及二者间信息沟通平台建设的制度供给严重不足，二者都纠缠于与中间的加工、销售、运输等环节经营者的利益博弈中，生态价值在其中受到严重的边缘化。因此对农产品的追溯制度、电子商务平台、产品和服务提供商信息、消费者信息回馈等方面，都需要加强法制建设，保障二者能够进行充分交流。

（四）农产品质量监管制度存在不足

在农业市场关系之上，政府也对农业领域的交易关系进行了较多的干预，与生态质量最为密切的莫过于农产品质量监管制度。政府监管中所依据的强制性农产品质量标准，以及政府监管权实施模式，很大程度上决定了农产品的生态价值能否从经济价值中"析出"，并顺利传达到市场关系中，从而为广大消费者所接受。我国当前实施的农产品质量监管制度，不能满足将生态价值从农产品总体价值中"析出"的制度需要，其所设定的义务和责任模式对多做生态贡献也缺乏激励，生态价值创造者和直接感知者参与监管过程中的制度保障还存在诸多不足。

一是我国农产品质量安全标准水平不高，影响了对农产品加以生态评价的社会共同标准的达成。当前，食品安全事件层出不穷，我国不断改善政府权力配置和安全标准建设水平，但由于我国农业生产模式的限制以及食品问题的广泛性，这个进步过程是渐进的。对农产品的质量安全而言，现行制度是由食品安全问题而驱动的，消费者的健康是其主要考量因素，而农业生产对自然界所形成的整体性影响是更高层面的要求。现行质量安全标准在保障水平上存在不足，对农产品各项安全指标的限制性水平较低，不仅不能充分地保护消费者身体健康，更怠于对土地、水源等基础资源安全的影响加以考量。在安全标准形成社会共识方面的制度推进也存在不足，安全标准在形式上主要表现为技术性规则，但在实质内容上应当体现全社会对农产品中各类非食用成分及其含量的接受程度。显然，当前公众对安全问题的注意力在于公共健康上，而对生产什么样的农业产品和生产过程对农业生态系统会否造成安全威胁，安全标准并不准备给予回应。这源于我国对农业生态安全的宣传，还存在视野狭窄、规则缺位的问题。

二是我国农产品质量安全制度所采取义务和责任构建方式，乃是以淘汰不合格产品为基本导向，而对高水平的生态系统保护行为缺乏制度激励。我国虽然不断完善现行制度，但其主要功能在于提高辨识产品安全或不安全的灵敏程度，在义务本位的指导下对不合格产品加以严格限制和处罚。但对合格的产品却未进行细分和定级，造成了安全线以上不同生态质量的产品获得相同的评价，这显然不利于农业经营者着力提高产品生态质量，进而在参与国际农业贸易中一旦伙伴国的安全标准严格水平和细分程度与国内不同，我国产品所受到的贸易待遇就处于非常被动的境地。因此，我国必须克服农产品质量安全中的负面评价倾向，而逐步地过渡到对所有安全水平产品给予整体性评价，提高对合格农产品进一步分级评价的制度供给。

三是政府的农产品质量安全监管中公众参与的法制保障存在不足。由于大量公共资源集中于政府手中，它对农业领域生态价值的评价是最有力、最具有社会公信力的，但它的评价却不是来自自身的感同身受，而是根据相关数据和信息的搜集整理而获得，其所承担的是最终定性的关键角色。但其决策却在较大程度上依赖公众的参与，包括农业生产环节生态价值创造的信息，加工运输等中间环节生态价值在产业链中存续情况的信息，消费环节中生态价值对农业消费带来的实际效应的信息。因此，公众的充分参与是政府监管过程中的决策信息来源，农产品生态价值评价也是这样，而我国《食品安全法》《农产品质量安全条例》等法律法规中，对公众的参与归为"批评、建议权利"，且在法律责任部分的条文中并未对该权利设立救济途径。由是观之，农民和消费者对生态价值的直接经验，对农产品质量安全的社会评价机制影响力非常有限，关键就在于现行制度对二者与监管者间权利义务的配置不平衡，政府机构更多的作为"职权者"身份，而缺乏对其义务性地位的规定。

第三节　我国农业贸易生态化转型的破解思路

破解我国农业贸易生态化所面临的法律困境，是要将生态因素纳入农业贸易法律关系中，使之成为一项与经济性贸易利益并存的法律客体，涉及整个贸易链的法律调整机制变革问题。是故，我国破解的路径是要设置生态因素的制度接入点，在既有实践和制度架构基础上，合理把握生态化转型的方向和环节，着力破解其中的阻碍性因素和变革引发的新问题。将生态利益纳入必然发轫于农业产业基础领域制度的改造，并在农产品、农业服务贸易制度中相应地做出调整，并加强我国参与国际贸易的制度合作，突出农业生态保护的内容。

一　我国农业贸易生态化转型的中心保障因素

农业贸易制度纳入生态因素，所要形成的效果就是在法律主体之间，在农产品、农业服务等贸易对象之上，形成生态性权利和义务的内容。既有的农业贸易制度未达成这样的效果，源于在利益相关主体间未能建立贸易领域的生态法律关系，生态因素未转化为农业贸易制度调整的法律利益。改变这一局面既要在农业交易关系上发力，也要改变国家对农业贸易关系的干预方式，生态因素必须获得市场和政府的双重承认，才能有力地推动农业贸易朝着生态化转型。

(一) 农业市场中生态价值的形成

农业中的利益交换以农业市场交易关系为基本载体，生态因素纳入农业贸易制度首先就是要置入市场主体的利益关系中，为农业市场交易制度所认可并上升为其所调整的一项重要法益。农业市场活动主要依照价格规律而开展，我国农业贸易生态化转型也必须遵循市场规律，将农业领域中相关主体做出的生态性贡献，转化为能为市场定价的因素。这就要有将农业生态因素转化为市场承认形式的制度规范，也要有对经合理转化后的生态因素给予合理定价的制度，因此，农业生态因素市场性制度承认，体现在生态利益确认和交易过程保障制度两方面。

一方面，在市场制度中纳入生态因素首先就是要完成利益的确权。这个过程是确认生态利益在制度上的享有者，以及该项制度性利益的基本边界，从而对农业贸易的生态利益给予定性和定量。利用农业资源产生社会产品供国际贸易所需，农业生产资料的产权关系是清晰的，但生产方式所产生的外部性对社会利益关系的影响却是多向的。对那些在提供农产品和农业服务的同时，做出了较大生态服务的主体，应当确认他们高于社会平均生产水平而对公共利益产生的有利方面，确定其具备获得社会回报的资格。其行为所产生的惠益体现在生产环境影响和产品质量两个方面，高质量的农产品获得更高的回报是符合市场基本规律的，但生产行为未能体现在最终产品中的部分，则需要制度加以转换才能为贸易主体感知。由此，农业市场制度对生态因素加以确权，要确认提供生态服务作为一项法律权利，将体现在最终产品中以生态标准转换为产品质量。

另一方面，要形成保障生态因素在农业交易关系中顺畅运行的保障规则。确权过程将生态利益法权化，但是否能贯穿于整个贸易链则有赖于生态因素的运行保障措施。这既要保障生态因素在贸易上游受到法律制度认可后，不会受到下游各环节适用制度的削弱和扭曲，农产品在生产环节、中间交易环节（运行包装、仓储销售等）和消费环节具有不同的利益结构，特别是中间环节中受商业利益主导，在生产环节中确认的生态性法律利益，可能受到经营者商业利益的异化。因此，中间环节中众多贸易主体的市场竞争制度中，也必须将生态因素纳入其中，作为评价贸易主体类型和贸易对象质量的标准，以此才能保持生态因素经法律制度形成的价值信号，在整个贸易链中保持真实性。此外，农业贸易形成价值链跨越国境，这就涉及不同国家市场法律制度纳入生态因素的协调，要在国际法的框架下保障生态价值在不同国家的评价基本一致。

（二）农业贸易管制和促进中的生态价值承认

市场性制度对农业生态因素的承认需要国家干预模式配合，国家干预农业贸易关系就体现在政府对生态因素在农业贸易中地位和保障方式的态度与实施机制中。我国农业贸易的生态化转型中，需要政府在发挥宏观调控、市场交易秩序保障职能时，制定相关制度将生态因素作为国家干预市场的一个维度。政府干预农业市场建之于多种法律关系之上，在其中与政府相对的法律主体各有不同，农业生产者和市场主体是两类主要主体，也与政府对生态因素给予制度承认时形成了相应的法律关系。

政府在与农业生产者间的制度关系中纳入生态因素，主要表现在农业支持和农村生态系统保护两对制度关系中。农业支持制度将生态因素纳入其中，也就是在价格、收入和区域平衡发展的支持之外，将生态保护行为作为支持的对象之一，发挥政府作为公共服务保护义务人的作用，对农民作出的增益性生态服务给予经济回报。但这种支持要建立在生态保护的基准线基础上，体现为环境因素保护标准和农产品质量标准，所以政府还要做出最低限的生态保护要求。在欧盟的农业支持体系中，农业生产者要达到生态保护底线要求时，才能获得收入直补。我国的转型也必须逐步建构基准线保护，以及对基准线之上增益性贡献给予额外奖励，将提供生态服务作为农业新的收入源。政府在与农业市场交易主体间的制度关系中纳入生态因素，主要体现为生态市场价值呈现机制和非生态行为的限制，前者作为生产环节确权的延续，政府主要通过后者来确保生态价值信号不受扭曲。限制贸易主体扭曲生态价值的行为，也就是将生态因素作为国家贸易成本、收益新的评价指标，形成新的贸易平衡衡量标准，指导贸易管制措施、预警机制发挥促进和限制的作用，来达到经济资源流、生态要素流综合考虑基础上的新平衡。

二　我国农业贸易生态化转型的基本制度取向

将生态因素纳入农业贸易制度中，是国际环境资源保护状况对农业市场变革提出的要求，我国利用法律制度保障农业贸易朝着生态化方向转型时，可能在不同法域采取多种措施来进行。但是，保障制度的基本取向应当明确，正确处理农业发展方式与贸易两个领域内相关制度的关系，否则将会使生态化转型缺乏制度的明确性。

第一，我国农业贸易生态化转型保障制度的构建，必须以转变贸易增长方式作为基本取向。也就是说我国未来生态化转型所要处理的问题，乃是建之于国内市场与国际市场就农产品、农业服务形成的交易关系之上，关注除了经济资源的国际配置之外而存在的生态要素配置问题。构建包括经济效益、生态效益的多维度指标体系，来衡量我国贸易在总体上是顺差抑或逆差，但更为根本的是：我国在未来参与国际农业贸易中如何解读国际市场的价格信号，如何向国际市场释放我国农业所产生的全球价值。换句话说，是继续坚持以经济价值为国内、国际市场交易关系确立标准，还是将生态因素也列为价值信号的内在构成部分。因此，我国在保障农业贸易的生态化转型时，相关制度必须坚持将生态因素纳入市场价值的衡量体系中，也就是将不同类型的农产品、农业服务贸易背后存续的生态要素流动，与传统贸易所基于展开的经济资源比较优势中和。这样的保障制度既要直接地在贸易的进口、出口环节，直接加入生态因素考量措施，抑制资源密集程度高的贸易对象过度出口，抑制对国内生态系统不利的贸易对象过度进口，以及相应的反向操作模式。改变农业领域既有贸易格局在各国间形成的比较优势，并将这种市场运行和政府干预手段加以法制化，以制度为工具转变我国农业贸易增长方式，是生态化转型保障制度的基本取向。

第二，我国农业贸易生态化转型要与转变农业产业发展方式在制度上契合，贸易促进法和农业基础法必须在生态化问题上协同配合。农业贸易是国内产业发展的域外延伸，决定着国内农业生产的成果获得国际社会承认的程度；国内农业发展是对外贸易的基础，是我国参与国际农业市场的"家底"。在生态因素入法的问题上，贸易环节主要要防止生态要素流逆差过大，危害我国对农业生态系统的可持续利用，增加对生态系统的保护性规则来修正比较优势下的贸易流。这样的制度意图必须传达到国内农业的生产和经营环节中，影响国内农业生产者和中间环节经营者在组织农业生产资料、决定经营行为规则时，考虑其劳动对象和资料的生态质量，注意自身生产经营行为对农业生态系统的积极和消极效应。保障国内相关主体在面对国际市场信号而改变生产经营行为方式时，贸易制度不能解决产业上游的生态保护问题，必须依靠农业产业发展的支持和监管制度，将生态利益通过这些制度转化为农业生产经营者的期待利益，从而保持生产经营行为在保护农业生态系统方面，与国际市场的需要达成一致。可见，贸易促进制度必须与农业基本法配合，在二者的关系中，农业贸易环节对生态要素的价值承认是自变量，农业基本法因应改变而形成生态化作业和价值传递方式。

第三，我国农业贸易生态化转型保障制度的创新步伐，必须与我国承担的国际法义务相一致，并体现我国在国际法建设中越来越明显的大国地位。我国承受着严重的环境资源压力，这要求农业生态系统必须朝着保护性利用的方向发展；同时我国也面临着严峻的粮食安全挑战，农业生产的生态环境在工农业历史发展中已受到严重破坏，但农业所提供的产品还存在结构性短缺和食品安全水平不高的问题，这决定了我国农业发展对生态系统利用的规模短期内难以缩减。我国必须一手保护生态一手促进农业贸易，但国内生态的保护可能会限制对国际市场的利用，那些生态效益低、负外部性强的产品和服务，将会被拒斥在自由贸易之外。我国在提高生态保护水平时必须坚持贸易的非歧视原则，在促进农业发展的同时必须履行生物多样性、应对气候变化、保护水资源、防止化学物污染、防治荒漠化等方面的国际法义务，因此我国推动农业贸易的转型必须在现有基础和国际法义务间做出平衡，国内制度的创新要视享有的国际法空间而定。同时，由于生态危机的全球化对国际法正在并将持续地产生影响，WTO 规则必然将对生态问题给予更多的关注，而在当下如火如荼发展的区域自由贸易规则和双边贸易协定等规则体系中，保护生态、扩大贸易规模都是重要议题。我国在制度创新时还应当争取更大的国际法空间，在全球制度中发挥主动性，根据贸易结构选择合适的对象建立区域、双边贸易规则，在农业贸易规则的内容和贸易伙伴结构改善方面，发挥我国大国地位对国际法的影响。

三　破解我国农业贸易生态化转型制度困境的总体思路

我国当前的农业贸易模式朝着生态化方向的转型，将是农业所涉的主要贸易领域整体而渐进转变的过程，它意味着农业贸易链将整体性地提高生态品质，农产品、农业服务等不同贸易领域内要注入生态因素的考虑，在时序上也呈现出阶段性特征。同时，围绕贸易环节而展开的国内生产经营、与贸易相关的国际合作，也构成了推动转型的重要因素。因此，我国要实现农业贸易生态化的转型，相关法律法规就必须涉及这几方面的主要问题，这就形成了转型中的制度环节。

(一)　构建农业产业基础的生态化保障制度

完善农业产业基础的生态化保障制度，是整个转型过程的前提和基础。由于国民待遇已成为普遍性国际法义务，国内农业的整体发展水平及其中生态保护的高度，决定了我国在贸易环节推动生态化转型的制度空间。因此，必须将生态因素经合理的制度工具，融入我国国内农业发展促进的利益关系中，包括国家与农民、农民与市场主体、国家与市场主体、市场主体之间多重关系。在这其中，农民经过生产行为获得生态因素上的法益，是生态价值经社会关系传递的前提，这主要体现在国家与农民间的法律关系上。但我国要保护依附于这些关系上的生态利益，是至为困难的事情，必须克服许多阶段性难题和制度阻碍。我国城镇二元结构下农业还承载着巨大的社会保障功能，国家以农业市场支持为主、以产能保障为首要目标，来向农民提供产业发展的基础性支持，显然这种支持对象的设定以及我国农业发展的阶段性困局，是不利于生态利益从农业经济利益中析出的。而在农业市场交易以及国家对其的干预关系中，生态因素的市场价值并未形成，既源于农民的生态利益未形成而无法向产业下游的交易环节传递，也源于我国农业市场中缺乏对生态利益确权和定价的良好机制。

　　为进一步促进生态农业的发展，2016 年以来，农业部确立了十大类型的生态农业模式并加以推广。这十大模式包括：北方"四位一体"生态模式；① 南方"猪—沼—果"生态模式及配套技术，以沼气为纽带，带动畜牧业、林果业等相关农业产业共同发展的生态农业模式；② 草地生态恢复与持续利用模式；③ 农林牧复合生态模式；④ 生态种植模式及配套技术；⑤ 生态

---

　　① 北方"四位一体"生态模式是在自然调控与人工调控相结合条件下，利用可再生能源（沼气、太阳能）、保护地栽培（大棚蔬菜）、日光温室养猪及厕所四个因子，通过合理配置形成以太阳能、沼气为能源，以沼渣、沼液为肥源，实现种植业（蔬菜）、养殖业（猪、鸡）相结合的能流、物流良性循环系统，这是一种资源高效利用，综合效益明显的生态农业模式。运用本模式冬季北方地区室内外温差可达 30℃以上，温室内的喜温果蔬正常生长、畜禽饲养、沼气发酵安全可靠。

　　② 该模式是利用山地、农田、水面、庭院等资源，采用"沼气池、猪舍、厕所"三结合工程，围绕主导产业，因地制宜开展"三沼（沼气、沼渣、沼液）"综合利用，从而实现对农业资源的高效利用和生态环境建设、提高农产品质量、增加农民收入等效果。工程的果园（或蔬菜、鱼池等）面积、生猪养殖规模、沼气池容积必须合理组合。

　　③ 草地生态恢复与持续利用模式是遵循植被分布的自然规律，按照草地生态系统物质循环和能量流动的基本原理，运用现代草地管理、保护和利用技术，在牧区实施减牧还草，在农牧交错带实施退耕还草，在南方草山草坡区实施种草养畜，在潜在沙漠化地区实施以草为主的综合治理，以恢复草地植被，提高草地生产力，遏制沙漠东进，改善生存、生活、生态和生产环境，增加农牧民收入，使草地畜牧业得到可持续发展。

　　④ 农林牧复合生态模式是指借助接口技术或资源利用在时空上的互补性所形成的两个或两个以上产业或组分的复合生产模式（所谓接口技术是指联结不同产业或不同组分之间物质循环与能量转换的连接技术，如种植业为养殖业提供饲料饲草，养殖业为种植业提供有机肥，其中利用秸秆转化饲料技术、利用粪便发酵和有机肥生产技术均属接口技术，是平原农牧业持续发展的关键技术）。平原农区是我国粮、棉、油等大宗农产品和畜产品乃至蔬菜、林果产品的主要产区，进一步挖掘农林、农牧、林牧不同产业之间的相互促进、协调发展的能力，对于我国的食物安全和农业自身的生态环境保护具有重要意义。

　　⑤ 生态种植模式及配套技术是在单位面积土地上，根据不同作物的生长发育规律，采用传统农业的间、套等种植方式与现代农业科学技术相结合，从而合理充分地利用光、热、水、肥、气等自然资源、生物资源和人类生产技能，以获得较高的产量和经济效益。

畜牧业生产模式;① 生态渔业模式及配套技术;② 丘陵山区小流域综合治理利用型生态农业模式;③ 设施生态农业及配套技术;④ 观光生态农业模式及配套技术。⑤ 这十种生态农业模式,既照顾到了亚生态系统的特点,也考虑到了产业集群之间的相互协调度。为我国农业生态化发展确立了一个基本的政策框架和政策路线,为我国农业生态化保障制度的建设奠定了坚实的制度基础。

(二) 构建农产品贸易的生态化保障制度

农产品贸易的生态化转型是整个保障制度构建的中心环节。农产品贸易既是当前主要的农业贸易形式,也是农业服务贸易赖以存在的基础,农业领域的生态因素是与农产品紧密相连的。因此,农业贸易的生态化转型在基本面上,集中体现为农产品贸易方式的转变,也就是农产品贸易价值中如何体现生态化因素。这就要求我国未来对贸易的制度促进与限制中,

---

① 生态畜牧业生产模式是利用生态学、生态经济学、系统工程和清洁生产思想、理论和方法进行畜牧业生产的过程,其目的在于达到保护环境、资源永续利用的同时生产优质的畜产品。生态畜牧业生产模式的特点是在畜牧业全程生产过程中既要体现生态学和生态经济学的理论,同时也要充分利用清洁生产工艺,从而达到生产优质、无污染和健康的农畜产品;其模式的成功关键在于实现饲料基地、饲料及饲料生产、养殖及生物环境控制、废弃物综合利用及畜牧业粪便循环利用等环节能够实现清洁生产,实现无废弃物或少废弃物生产过程。现代生态畜牧业根据规模和与环境的依赖关系分为复合型生态养殖场和规模化生态养殖场两种生产模式。

② 生态渔业模式及配套技术模式是遵循生态学原理,采用现代生物技术和工程技术,按生态规律进行生产,保持和改善生产区域的生态平衡,保证水体不受污染,保持各种水生生物种群的动态平衡和食物链网结构合理的一种模式。例如,池塘混养模式及配套技术池塘混养是将同类不同种或异类异种生物在人工池塘中进行多品种综合养殖的方式。其原理是利用生物之间具有互相依存、竞争的规则,根据养殖生物食性垂直分布不同,合理搭配养殖品种与数量,合理利用水域、饲料资源,使养殖生物在同一水域中协调生存,确保生物的多样性。

③ 我国丘陵山区约占国土70%,这类区域的共同特点是地貌变化大、生态系统类型复杂、自然物种种类丰富,其生态资源优势使得这类区域特别适于发展农林、农牧或林牧综合性特色生态农业。

④ 设施生态农业及配套技术是在设施工程的基础上通过以有机肥料全部或部分替代化学肥料(无机营养液),以生物防治和物理防治措施为主要手段进行病虫害防治,以动、植物的共生互补良性循环等技术构成的新型高效生态农业模式。

⑤ 该模式是指以生态农业为基础,强化农业的观光、休闲、教育和自然等多功能特征,形成具有第三产业特征的一种农业生产经营形式。主要包括高科技生态农业园、精品型生态农业公园、生态观光村和生态农庄四种模式。

不仅要考虑农产品的终极形态，也要追溯其生产过程中的生态足迹，经济价值不再是其唯一的贸易名片，生态身份将逐步成为独立的考量因素。由此，农产品的进出口制度就会产生相应的变化，特别是非关税措施的适用将更多地围绕生态因素展开。不过，我国构建农产品贸易的生态化制度，也面临着巨大的挑战。一方面，我国国内农产品供给存在结构性不足的问题，部分农产品对外依存度过大，缺乏依生态利益保护而修正比较优势的国内环境，如转基因大豆的进口即是典型代表。由于国内基本供给还存在短缺问题，我国在利用国际市场时惯于采取扩大贸易，而非结构性限制的做法，这需要贸易战略和具体措施的整体推进，才能加以纠正。另一方面，我国国内农产品生产经营的生态保护规则尚不完善，相关的农业行政管理和促进制度尚有较大差距，这为我国在国民待遇原则下推动农产品贸易的生态化转型造成了制度性障碍。

(三) 构建农业服务贸易的生态化保障制度

从制度上推动农业服务的生态化转型，这其中既包括服务于农产品贸易生态化转型的国内农业服务的发展，也包括生态型农业服务的国际贸易的发展。农产品贸易生态化转型对产业基础和交易环节相关制度的完善需求，更多地涉及既有的支撑农业生产、经营、交易的服务性行业运行方式的变革，如农药、化肥等投入品供给中的生态筛选；也会催生新的专注于生态利益保护的服务部门和经营主体，如生态认证机构、生态技术推广机构等。这些国内服务行业运行制度的增加和转变，是推动我国农产品贸易朝着生态化转型的基本支撑。此外，在国际服务贸易中增加对提高国外农业生产生态质量利好型服务的输出，对在境外已获得良好生态效益服务的引进，增加服务贸易直接客体对全球农业生产的贡献，缩减并最终淘汰破坏农业生态系统的服务的贸易。这需要在国内服务业发展的产业规划、区域发展与财税金融支持、信息平台建设等制度上，给予倾向性的扶持和引导；也需要对服务贸易的市场准入和国民待遇方式，按照服务门类及其生态效果来核定开放的程度，以及完善相关服务人员出入境的申报审批等制度。

(四) 构建农业贸易国际合作的生态化保障制度

在改善交互性贸易及其国内基础的制度之外，还要在农业国际合作方面重视生态问题，这是我国农业贸易生态化转型制度的重要环节。农业贸易生态化转型及其产业基础的变革，要靠国内制度环境的改善，但我国国内法对农业生产和贸易环节利益流向的引导，不仅要在我国承担的国际法义务框架下进行，更要获得贸易伙伴国在实体内容和执行程序方面的认可和配合。这就意味着，我国相关的国内法变革必须关注其他国家国内法的内容，并在一定的国际合作平台上与主要贸易伙伴国在农业领域内生态保护、农业贸易对生态系统的影响等方面达成共识，并将这些共识融入我国国内相关制度的建设中。这样才能保障我国自行做出的生态化转型保障制度，在内容上获得国际社会的认可和支持，提高与贸易伙伴国相关制度的共向性和同质性，在贸易实践中在制度内容、贸易管促方式、执法程序上形成对接。

此外，在农业贸易国际合作中，从提高我国在涉农国际合作中的话语权考虑，我国更应该重视在本国涉农立法中对生态农业的关注。实际上，所谓的话语权的提升不仅仅取决于本国在国际农业贸易中的地位。在很多情况下，一国在国际合作中有关提议或建议能否得到其他国家响应，也取决于提案本身是否符合国际社会多数国家的利益和需求。例如，马耳他将国际海底确立为人类共同遗产的提案之所以能得到国际社会的普遍认同，很大程度上是因为提议本身能够在国际社会多数中取得共鸣。农业贸易生态化亦然，在可持续发展已经成为国际社会的普遍共识的情况下，在发展农业过程中保护生态环境，在维持生态平衡过程中保障农产品的供应本身应该是能够获得国际社会的普遍赞同的做法。另一方面，国内立法本身是否具备一定超前性和先进性同样是一国提升国际合作中话语权的重要因素。以美国为例，美国之所以能够在多数情况下推动国际法朝着符合美国国家利益和目标的方向发展，部分原因在于，针对某些特定问题，美国国内已经存在相应的国内立法，并且这种立法具有一定的先进性和可借鉴性。例如，美国在国际海底采矿制度正式建立之前，就已经事先在国内颁布了《深海底采矿法》；在国际社会就国际贸易规则与国际环境规则如何协调予以讨论时，美国已经率先通过国内环境立法确立了与贸易有关的环境规则的国内法地位。这些同样值得我国借鉴。在推动国际农业贸易生态化过程中，我国应首先完善本国生态农业立法，进而才有可能在国际生态农业合作与谈判中取得先机。

第四章

我国农业贸易生态化产业基础
法律制度构建

生态农业以生态学为理论基础，以可持续发展为核心，强调生态系统的良性循环，以达到生态、社会和经济效益并重发展的目的。生态农业建设，充分利用土地、生物、技术信息等资源，建立多层次持续高效的生态农业系统。

第一节　生态农业与农业贸易生态化的关系

我国的农业产业基础是生态农业。在生态农业建设方面，我国建设了生态农业示范区。在示范区内，生态农业可以有效避免农业污染，改善示范区的生态环境，提高农业资源利用效率，促进机制的创新，推动生态农业的规模化发展，也取得了良好的社会效益。因此发展生态农业是我国构建和谐农业的客观要求，是我国农业贸易发展的现实选择。

一　生态农业为农业贸易生态化奠定良好基础

生态安全是指在各个生态系统中，环境、资源等要素之间的相互作用达到一种和谐、稳定的状态。对农业生态安全的保护主要涉及农业环境、资源、农产品的安全。其中，环境和资源是保证农产品安全的基础，农产品的安全反过来又促进环境和资源的安全性。[①] 生态农业相较于"量"的

---

① 郭方方:《我国生态农业的法律保障问题研究》，硕士学位论文，山西财经大学，2010 年。

安全而言，更注重"质"的安全。"2001 年生态农业与可持续发展"国际研讨会倡议书中就指出：在生态农业建设过程中应优先考虑实现农业生态安全和食品安全，维持农业自然资源的基础，才能实现经济与社会的可持续发展，提高人类的生活质量。可见人们开始关注商品有无绿色标志，是否有国家的免检标志等。这从侧面促进了生态农业的发展，也为农业贸易生态化奠定了良好基础。

二　农业贸易生态化对农业产业发展具有积极作用

企业在激烈的市场竞争中必须主动寻求可持续发展模式以适应消费者对绿色产品、生态消费的需求。因此，20 世纪 50 年代以来，发达国家的企业相继开始大规模投资探寻生态化经营的发展模式治理污染。如丹麦的卡伦堡工业园区，①为降低成本和达到环保法规要求，从 20 世纪 70 年代开始就在工业生产体系中引入生态学，在工业生态系统内以低耗、低（无）污染、工业发展与生态环境协调发展形成可持续发展的工业体系。这种工业体系被称为工业共生体系或生态工业园。农业贸易生态化是当今国际贸易发展的一个趋势，也是生态发展观被日益重视的一项成果，农业贸易生态化的发展强调经济的发展与社会的生态和自然、资源协调发展，最终实现人、自然社会的和谐发展。从世界范围看，农业经济的发展与生态化之间是矛盾统一的，要想实现农业贸易的生态化与全球经济协调发展，需要处理好两者之间的关系。

在我国，农业贸易的生态化与经济发展是相辅相成的。一方面，农业贸易的生态化促进了对资源的有效配置，使之可以在农产品结构调整下更为合理地发展贸易；另一方面，作为农业大国，农业贸易的生态化也符合我国内在增长机制上的需求，对稳定供给、保护生态环境具有积极作用。现阶段，以牺牲生态环境来谋求经济上的发展已不是国际主流，如何协调经济增长与保护生态环境的关系才是关键。②各国及 WTO 应发挥好各自的主导作用，通过制定完善的政策、制度、法律法规来规范和调整国际贸

---

① 丹麦卡伦堡工业园区是目前世界上工业生态系统运行最为典型的代表。这个工业园区的主体企业是电厂、炼油厂、制药厂和石膏板生产厂，以这四种企业为核心，通过贸易方式利用对方生产过程中产生的废弃物或副产品，作为自己生产中的原料，不仅减少了废物产生量和处理费用，还产生了很好的经济效益，使经济发展和环境保护处于良性循环之中。

② 刘冲：《国际贸易生态化与全球经济协调发展研究》，《山东社会科学》2012 年第 12 期。

易，推进农业贸易生态化。

第二节　构建我国生态农业的基本制度

生态农业的基本制度作为一项综合性制度，在社会经济和资源环境等方面起到统领作用，实质上体现了可持续发展政策。其内容主要包括生态农业的战略思路、步骤以及基本规划。如德国的《生态农业法》、瑞士的《有机农业法》等均为本国发展生态农业提供强有力的法律保障。[①] 因此，我国应加强生态农业的立法，以此作为我国进行生态农业建设的基本规范。

一　生态农业立法的基本原则及主要内容

（一）立法原则

首先，应确立生态优先原则。生态优先原则调整经济高速增长下如何进行环境保护的相关问题。调整生态社会间各主体的关系，须以生态优先原则为基准，在农业生产过程中，以环境保护为首要前提，避免以耗尽资源为代价。引入可持续发展理论，保证环境资源的持续发展。[②] 很多发达国家都已将生态优先原则作为环境与资源保护立法的首要原则。如美国的《国家环境政策法》、日本的《公害对策基本法》对生态优先原则都做了具体规定。可见，该原则已在很多国家的环境与资源保护立法中得到了贯彻。

其次，应纳入公众参与原则，旨在赋予公众在相关问题上的决策权。公众对环境与资源的保护、开发、利用方面的广泛参与，可对生态环境的管理，以及相关部门、单位及个人的生态保护行为进行有效监督。正如1972年召开的斯德哥尔摩人类环境会议通过的《人类环境宣言》中所指出的，公众对环境资源拥有共同的所有权。因此，公众有对环境及资源的利用、管理拥有监督的权利。而生态农业从属于环境资源保护，自然需要通过公众的参与和监督，来实现对自然资源的有效保护、管理，达到可持

---

① 张晓：《生物相生在农业生产中的应用及其法制研究》，《前沿》2010年第4期。

② 陈跃星：《我国生态农业法律制度研究》，硕士学位论文，重庆大学，2009年。

续发展的目标。

最后，应贯彻协调发展原则。协调发展是指经济增长与环境保护的协调，旨在发展经济的同时，达到保护环境的目的。自 19 世纪工业革命以来，人类以牺牲自然环境为代价，促进了经济的飞速发展。直到 1972 年斯德哥尔摩人类环境会议召开后才意识到环境保护和经济发展具有同等重要的意义和价值。如何协调两者，以达到相互制约、相互发展、和谐共处，是发展生态农业的关键。生态农业须在农业发展的同时，协调人口、资源和环境的关系，解决相互之间的矛盾，实现社会、经济、生态三方高效运行协同发展。[①] 因此，生态农业与经济发展需要以协调为主线，在遵循社会经济发展与环境保护的主体思路的同时，通过协调发展原则来统一两者的目标，促进经济和生态农业的协调发展。

（二）主要立法内容

对生态农业的立法须立足于"生态"法律的价值取向。一方面应充分考虑环境的特征与资源的配置，另一方面应把握生态农业体系的整体平衡。不能将生态农业分割来看，应作为一个整体来考虑。因此，生态农业的立法在主体的设立上不能局限于农业本身，其调整对象除了农业的内部因素外，还应包含其外部因素。[②] 主要立法内容应涉及生态农业的概念界定，生态农业保护的基本原则及制度，建立生态农业保护的管理体系，进行任务的分配和规划等。此外，生态农业涉及的因素是多方面的。工业的发展速度，农民的生活状况及教育等问题都可能影响到生态农业的发展。所以，协调工业发展与生态农业发展之间的关系，建立农村之间、农业与农民之间的联系，并妥善协调其间的冲突也应是生态农业立法所应包括的内容。

二　生态农业特殊经济功能区制度建设

（一）建设生态农业特殊经济功能区制度的原则

在生态农业特殊经济功能区制度建设的原则上，首先是统筹兼顾，循序渐进。建设生态农业特殊经济功能区不仅要统筹城乡、区域、经济与社

---

① 翁伯琦、陈奇榕、王义祥：《试论循环经济与现代生态农业发展》，《江西农业大学学报》（社会科学版）2008 年第 3 期。

② 范秀丽、任大鹏：《我国生态农业的立法思考》，《农业经济》2005 年第 5 期。

会、人与自然的关系，还要建立促进区域可持续发展的体制和机制，大力发展循环经济。① 生态农业特殊经济功能区的发展不能一蹴而就，须循序渐进，统一规划。如政府在制定生态农业特殊经济功能区的发展目标时，可分为几个阶段的实施计划。每个阶段设定近期、中期、长期目标来分段实施，并规定相应的完成期限，以促使计划的实施符合进度。如，近期目标可从生态示范项目开始，主要启动一批起点较高，收效较快，成效明显的项目。中期目标应在此基础上着力于生态农业特殊经济功能区的制度建设、生态保护、循环经济产业的建设和发展、相关基础设施的建设方面，以逐步完善保障、监督、配套机制。长期目标可更为宏观地涉及生态经济的体系框架，生态产业的布局，循环型社会的建设等方面。

其次，建设生态农业特殊经济功能区制度应遵循因地制宜的原则，突出地方特点。我国地域辽阔，省份之间的自然经济条件差异明显，每个省份都有特殊的区域性生态系统。因此建设生态农业特殊经济功能区，要根据各省份的自然环境条件、建设生态农业特殊经济功能区所处阶段及制约因素等，科学制定适合本地区的生态农业特殊经济功能区发展战略和具体措施，要结合本地区的实际将国家环境法律、法规具体化，做到切实可行。

（二）加强生态农业特殊经济功能区制度能力建设的具体措施

1. 进行生态农业特殊经济功能区建设的综合立法

专门制定适应生态农业特殊经济功能区建设的综合性法规，将促进生态农业特殊经济功能区建设的各项方针、政策以立法的形式确定下来，这将为生态农业特殊经济功能区建设提供一个良好的法律环境。生态农业特殊经济功能区建设是一项极其复杂的工程，因而，当前在生态农业特殊经济功能区的法制建设方面首先要做的是提高生态农业特殊经济功能区的立法层次，将党中央、国务院的有关宏观政策上升为法律法规的形式，由全国人大制定与生态农业特殊经济功能区相关的法律，各省级人大制定相关条例，以法律、法规的形式确保生态农业特殊经济功能区建设战略规划的长期性、完整性和可持续发展性。

2. 转变政府职能，完善管理体制

在2013年国务院的机构改革中，"服务型政府"的提出标志着政府职

---

① 蔡守秋：《建设生态区的法制保障》（上），《河南省政法管理干部学院学报》2003年第1期。

能的角色转变已全面提出，强调以更为透明的方式处理好政府与市场的关系。而生态农业特殊经济功能区是一种有别于其他特殊功能区的新型模式。其特点体现为须在保护环境资源的同时促进经济的发展。因此，对政府综合协调的决策能力和与市场冲突的处理能力有了更高的要求。在机构改革背景下，以"管制"为主要手段的监管型政府已经不能适应发展需求，须转变政府职能，完善管理体制。最终形成以政府为主导，在其统一协调下，各主管部门具体负责的管理格局。相关责任部门之间应信息畅通，权责明晰，分工明确，并配以相应的内部监督和外部监督机制与信息沟通机制，使其管理更加透明、高效。如，对自然资源、生态环境的建设可由国土资源部门、农业部门和旅游部门等分工负责，各部门间实施内部监督，外设窗口对公众公布相关信息，接受公众监督。对生态环境的检测、评估可由环保部门负责统一管理，并定期发布检测评估，以便内部相关部门做出相应的对策调整。

3. 完善循环经济的政策法规

尽管近年来我国各省的经济发展速度较快，但仍然存在产业结构不合理，环境污染严重，资源分配不当等问题，以牺牲环境为代价换取的经济发展必然不能长久。目前，我国的循环经济立法主要体现为两个基本法律，即 2003 年 1 月 1 日起实施的《清洁生产促进法》和 2009 年 1 月 1 日起实施的《循环经济促进法》。但是由于清洁生产属于循环经济的一个子系统，《循环经济促进法》通过并实施后，和《清洁生产促进法》存在矛盾。例如，《清洁生产促进法》规定，国务院经济贸易行政主管部门负责组织、协调全国的清洁生产促进工作。但《循环经济促进法》规定，国务院发改部门负责组织、协调全国的循环经济工作。2003 年机构改革后，国家经贸委已经撤销，地方各级政府部门却没有撤销该部门。这就产生了发改委和地方经贸委的管理真空问题。因此，我国应尽快完善循环经济的政策法规，消除法律法规之间的矛盾，以便统一协调经济发展和生态环境保护，促进产业结构的调整和资源的合理配置，根据立法来解决两者之间的冲突和矛盾。

4. 完善生态农业特殊经济功能区法律法规，构建和谐的产业链

建立生态农业特殊经济功能区是实现企业之间循环经济的重要途径。生态农业特殊经济功能区通过模拟自然生态系统来设计生态农业特殊经济功能区的物流和能量流，以循环经济理论和工业生态学原理为理论支撑，

是一种新型的工业组织形式。生态农业特殊经济功能区内企业通过产业链的合理构建，一个企业生产产生的废料或副产品可以成为另一个企业的原材料，从而实现物质的闭路循环和能量的多级利用，达到物质能量的最大化和废物排放的最小化。在建设生态农业特殊经济功能区时，一方面要比照自然生态系统，合理设置生态农业特殊经济功能区中的资源生产者、加工生产者（消费者）和还原生产者（分解者）；另一方面，可以多吸纳具有相同或相近角色的企业进入生态农业特殊经济功能区，从而增强产业链的抗干扰能力。同时，生态农业特殊经济功能区要通过完善组织领导机构、加快相关政策和法律法规的建设，如对生态农业特殊经济功能区实施一系列优惠政策，以及加强投融资机制建设，保证生态农业特殊经济功能区的稳定和可持续发展。

5. 提升生态农业特殊经济功能区法律服务

法律服务是促进法律实施的一个重要方面。发展生态农业法律服务工作，应该从如下几个方面努力：建立健全有关生态农业法律咨询机构，建设一支服务于生态农业特殊经济功能区建设和环境保护的律师队伍，发展生态农业特殊经济功能区的法律咨询服务业；促进环境保护与经济发展的信息资源建设，形成生态农业特殊经济功能区法律的信息网络；加快建立健全生态农业法律服务制度，提高法律服务的效益和水平；促进生态农业特殊经济功能区法律服务和律师的国际交流与合作，拓宽生态农业法律服务的领域和渠道。

三　发展生态农业的制度创新机制

（一）建立和完善生态农业科技管理体制及运行机制

按照契约理论，公民为了自己的福利，愿意让渡某些权利给政府，政府则以提供公共服务作为回报，由此形成所谓的公权。[①] 政府为维护公共秩序提供有效的制度保障，并保障制度的有效运行。公民以缴纳税赋来换取安全和公共秩序的稳定。政府提供公共服务形成的公权使政府得到了征税的权力。政府通过征税实现了自己的收入。从另一个方面看，税收就是政府提供公共服务的价格。既然公民缴纳了税赋，为政府提供的公共服务支付了对价，公民就有权利选择公共产品的价格和质量，以此作为评价政

---

① ［法］卢梭：《社会契约论》，何兆武译，商务印书馆 2003 年版，第 19 页。

府提供公共服务的一种标准。从某种意义上说，政府在这一过程中成了一种提供公共产品而收取税收的组织。

这一理论在生态农业领域的应用是，政府制定各类政策和规章制度，为生态农业创造良好的发展环境，并运用其被赋予的管理职权保障政策和规章制度的顺利实施。另一方面，政府为生态农业提供有效制度和保障制度运行是需要成本的，所以政府需要通过征收各种税费的形式来获得回报。[①] 而政府在生态农业制度创新和保障方面具有以下几个方面的优势：

一是政府部门进行生态农业的制度创新具有低成本的优势。政府可以根据各个层级部门各自的收益和成本的比较状况来决定相关的生态农业制度安排确定在哪一个层次。在其他条件相同的情况下，建立和运行生态农业科技管理体制由团体一致同意来实施还是由政府统一安排来实施，这取决于团体一致同意的成本与强制服从成本的大小比较。相比传统农业，生态农业的优点就是具有很好的生态效益和社会效益。但是，在生态农业发展初期，生态农业的经济效益肯定是不突出的，甚至还不如传统农业。[②] 因此，实行生态农业的制度创新之后所获得的利益是归于全体成员的，而并不归于个别成员，费用也只能由政府机构来承担，否则生态农业的制度创新将无法推动。

二是政府部门进行生态农业的制度创新具有信息获取优势。国家政策和制度应当在充分调查研究和获取信息的基础上，综合权衡后制定。事实上，我国作为一个大国，一项好的政策很难在一次博弈后就形成，相反，必须经过重复博弈，才能论证出一项切实可行的政策。为了制定发展生态农业的相关制度，必须获得充分的信息。我国为此建立了生态农业试点的制度，以获取包括生态农业效益在内的大量信息，以及如何发展生态农业、群众是否拥护生态农业等信息[③]。

（二）建立多样化生态农业保障机制

生态农业的涉及面较广，其效益除了传统的经济效益外，还包括生态

---

① 崔楠、侯素霞：《发展绿色生态农业推进农业产业化结构调整》，《安徽农业科学》2010年第3期。

② 赵丽佳、冯中朝：《政府：我国生态农业制度创新"第一行动集团"》，《农村经济》2006年第9期。

③ 王春玲：《积极发展绿色生态农业推进农业产业化进程》，《江西食品工业》2008年第11期。

效益和社会效益。而传统的经济效益只局限于一般市场机制的运作，难以同时兼顾生态效益和社会效益，[①] 而后两者在生态农业的制度创新上是尤为重要的。因此，应建立生态农业发展的能动机制。由于和传统农业不同，生态农业不一定在发展初期就能有较为可观的经济效益，因此，政府在初期投入上应加大政策上的倾斜力度，辅以补贴制度和激励机制，建立多样化生态农业科技开发机制。因为如果是因科技导致的农业风险，农户的损失将会非常大，政府须在这方面加强保障，逐步形成对农业科技的风险保障。并通过对风险管理网络的建设，及时对农户或相关农产品生产者、销售者进行预警，这样可很大程度上减少损失，保护生态农业相关联的个人或集体利益，给生态农业的发展创造良好环境。

（三）　推进土地制度的创新

在生态农业中，土地的合理利用有利于降低交易成本，促进农业经济规模化发展。土地改革甚至被认为是进入现代化的门槛，[②] 但就我国现行的土地制度来看，存在产权不明晰、流转困难等问题，对生态农业的规模化发展形成了一定阻力。应鼓励推行土地制度的创新，对土地产权的权属更加细化，建立合理有效的土地流转机制，坚持兼顾规模与效益并存的原则，对有利于生态农业规模化发展的土地进行适当整合，逐步实现生态农业的规模化经营。

（四）　农业贸易的结构调整

首先，对农业贸易市场准入政策的调整。主要包括就国内外农业发展的情况对农产品关税进行定期的降低；改善现行的进出口许可制度，减少造成歧视的规定。对国有企业的参与方式进行改进，改变现有国企对农产品贸易的垄断现状。鼓励符合要求的民企和外企参与到农产品贸易的竞争中来。虽然我国外贸经营权审批制度已经变更为等级制度，但是仍然需要对国有企业、民营企业和外资企业进行分类调整，以此减少我国在农产品贸易中与 WTO 相关规则的冲突。

其次，应在分析我国农产品贸易比较优势的基础上，以需求为导向，进行区域化布局。根据各地区农业特征、农产品产出量因地制宜，通过对

---

① 张燕：《我国发展生态农业的制度路径》，《晋阳学刊》2010 年第 6 期。

② 徐勇：《历史制度底色下世界土地改革进程与成效比较》，《社会科学研究》2016 年第 4 期。

高新农业技术的推广和应用，引导区域农业向具有比较优势的产品转移。同时，还应大力推广、发展绿色农产品的附加值，从提高"产量"向提高"品质"过渡，以此增强我国农产品的国际市场竞争力，[1] 实现合理的资源配置。

再次，促进农产品出口市场的结构多元化。对市场结构的调整须针对出口市场的特性，出口国的饮食习惯以及地域优势，提高农产品的市场占有率。特别是在中国—东盟自由贸易区建成以来，出口东南亚国家的农产品通过结构调整提高了新鲜蔬果及水产品在东南亚市场的占有率。在此基础之上，还应进一步开拓北美和欧盟市场，以有机食品为突破口，通过高附加值的和具有地域特色的农产品来扩大在欧盟和北美市场的占有率。

最后，应尽快提高我国生态农产品的生产规模。自从我国加入 WTO 以来，农产品贸易面临日趋激烈的竞争。[2] 但我国的农产品加工与生产仍然是以小规模、分散经营为主，在对新型农业技术的应用和生产效率的提高上呈缓慢趋势。这不仅严重影响了我国农产品生产的效率，也大大降低了生产质量，降低了我国农产品在国际市场上的竞争力。我国应在联产承包责任制的基础上，根据地域特征，在一些具有规模化可能的地区进行试点，集中优势培育一批农产品生产、加工的龙头企业，以此带动生产基地和农业散户的发展。使主导产区和产品能够形成一体化的经营体系。通过农产品的规模化生产，降低生产成本，增加生态农产品在国际市场的竞争优势。

第三节　健全我国生态农业生产制度

一　完善农业标准制度

结合其他国家农业的标准和我国现行农业标准制度，完善我国的农业标准体系。

---

[1] 张清正：《基于比较和竞争优势的中国农产品竞争力路径选择》，《经济问题探索》2014年第5期。

[2] 马翠萍等：《加入 WTO 十年中美农产品贸易演变》，《世界经济研究》2012年第1期。

（一）实施农产品生产全过程的标准化

在农产品生产过程中，我国应注重农产品生产环境的标准化，减少对农业生产环境的污染，使生产环境向良性循环方向发展。比如德国按照欧盟农业环保法规的相关规定，要求农民在将传统农业转为生态农业的过程中，必须经历两到三年的过渡期，在过渡期间不允许农民使用任何化工类肥料，农户从事生态农业的活动，要按照环保法规规定的标准进行。我国应借鉴德国的做法，积极建设无公害生产基地，这样一来不仅可以提高本地农产品的市场效应，增加农民的收入，更重要的是它的良好带动效应，能使农民积极发展生态农业，保护农业生产环境；注重农业生产过程与工艺的标准化，如在农产品生长过程中严格控制农药、化肥等化工类物品的使用；在鱼类产品养殖过程中，保持水不被污染，严格限制添加剂、生长剂类物质的使用。

（二）严格农产品质量的标准化，注重农产品标准达标

针对农产品的质量，我国应建立一套完备的农业质量标准保障体系，完善农产品的检疫制度，把好农产品进入市场的最后一关；建立一个强大的执法体系，严格执法。发达国家制定了一系列农业标准化法规，对不达标的农产品采取严厉的惩罚，如日本所有农产品进入市场前都要进行严格的筛选和分级，等级外的农产品禁止进入市场；美国对农产品的质量监督执法重点放在对污染、疾病、加工、残留及经济欺骗等危险领域进行关键控制。相比较之下，我国的农业标准化法规不健全，且现有法律法规的执法体系不够严格，现实中存在执法"走过场"的现象，必须加强执法力度。

（三）进一步完善农产品标准的认证制度

在认证体系上，对农产品标准的认证应涉及两方面内容：一个是对质量体系的认证，另一个是对安全体系的认证。针对质量体系，主要有农产品的市场准入制度。其中，各国农产品质量安全的市场准入制度的最严措施是将无公害农产品的认证纳入 QS 认证制度。将质量监控贯穿到"从农田到餐桌"①的过程化监管中。这不仅有利于提高质量认证的效率，还节约了成本。目前我国无公害农产品的认证制度还较为零散，应加快整合速

---

① 范春光：《国外食品安全监管制度及其借鉴——建立"从农田到餐桌"的全过程质量信息披露制度》，《国家行政学院学报》2008 年第 3 期。

度，将其纳入统一的标准认证制度中，完善食品安全体系的建设。

在认证标准上，首先，应结合我国国情进行制定。如我国绿色食品的发展水平相对较低，所制定的标准应顺应实际，有所降低。而有机食品市场相对成熟，相应的认证标准就应有所提高，达到国际平均水准。这样就有助于我国规避进口国的绿色贸易壁垒。其次，针对绿色食品和有机食品的认证标准所包含的主要内容，囊括生态农产品生产、加工等过程中的检测方法。如生产作业记录、过程化管理记录、使用农药种类及频率、使用机械器具情况等。在技术标准管理方面，则应包含管理方针、组织概要、内部规程、记录的作成和档案管理、内部审计、合同内容的确认、教育与训练、合规判定规程等。

在认证的辅助机构方面，我国应对相关的培训机构实行国家认可制度，使我国农产品的认证能规范、有序、统一地开展。农产品认证辅助机构应积极推进其改革。[①] 加快实现第三方认证机构的构建。第三方认证机构应独立于现行认证机关，其不仅能独立承担民事责任，还要创设对其提供信任担保后所带来的风险的防范机制和赔偿机制。通过第三方认证机构的市场介入，不仅能降低行政成本，分散风险，还可以从外部促进对农产品生产、加工企业安全体系的建设。为了更好地保障第三方认证机构的有效运行，保证其认证的公正性、真实性，国家相关监督部门可对其进行统一的综合协调，通过培训、资格认证等方式进行监督管理。

（四）提高农产品质量标准，构筑农业"技术壁垒"

具体包括：不断提高农产品质量标准；制定严格的质量认证和检测程序；制定严格的标签和包装标准。不能忽视包装的副作用，有些食品包装的污染远远大于食品自身的污染。我国食品包装常用的是塑料袋，这种包装不仅污染了食品本身，还对环境造成大量的白色污染。日本 1991 年的《回收条例》、德国 1992 年的《包装废弃物处理的法令》以及 1993 年奥地利的新包装法规，都有对包装物重新利用的规定，还有对包装容器的抵押制度，这些规定都能很好地减少污染。现在被国际上大多数国家承认和接受的标准是 ISO14000 系列标准，包括环境管理体系、环境审核标准、环境标志标准、环境绩效评价、产品生命周期评估等，是比较完备和严格

---

① 张利国：《食用农产品安全政府规制体系存在的问题及对策探讨》，《科技与经济》2011年第 3 期。

的标准。我国现在也积极推行这个标准体系，但我国农业标准不统一，可以参考这一标准体系，逐步提高我国的农业标准。但 ISO14000 系列标准是在美国和西欧等发达国家实践基础上逐步建立起来的，有些地方对于我国来说过于严格。ISO14000 系列标准也常成为发达国家对发展中国家的技术壁垒，因此这个体系在我国的适用要适度，不能给我国农业发展造成压力。生态农业的标准化制度，不仅是指农产品符合一定的标准，还包括其生产环境、生产工艺、生产过程、产品的包装以及产品的检疫等标准，是一个呈体系化的制度。目前我国急需完善化肥、农药的具体使用标准，因为我国这方面的技术水平比较低，在整个农业生产过程中不合理、低效率的运用，会大大损害生态环境。

二　构建农业产业化制度

农业的产业化发展，把生态农业与产业化有机结合起来，使二者互为补充，相互促进。把农业产业化建立在维持生态持续性以及提高农业综合生产能力的基础之上，形成"规模与数量、数量与质量、质量与效益"相结合的发展格局，培育区域化布局、专业化生产、一体化经营、社会化服务、企业化管理的生产经营体系。[①] 生态农业产业化具备显著的市场优势，能够把农民—公司—市场联系在一起：公司作为纽带把农民和市场联系在一起，既能为农民提供准确的市场信息，又能有效地组织市场供给，克服农民生产的盲目性。生态农业产业化的过程之中，新技术、新品种、新设备的推广以及农业科学的普及，必将提高农村劳动者的素质。生态农业的产业化还有一个巨大的优势，就是可以使风险由公司和农民共担，减轻国家负担，这也有助于生态农业政策的推广。

（一）进一步完善生态农业行政管理制度

生态农业行政管理是指主管生态农业的部门运用经济、法律、行政等各种手段，对生态农业的建设进行组织、决策、监管等活动，以达到实现经济增长与环境保护相结合的协调发展目标。在完善我国生态农业行政管理制度方面，除了需要借鉴日本、美国等发达国家的先进经验外，还须结合我国行政管理体制的特点。如各级政府成立专门的主管生态农业建设的机构，以配合各级相关部门统一管理。各职能部门之间定位清晰，目标明

---

① 蔡海龙：《农业产业化经营组织形式及其创新路径》，《中国农村经济》2013 年第 11 期。

确，相互协调，分工合作。外部可成立行业协会，一方面可以实现生态农业的自律管理，另一方面也能配合政府进行管理，实现权责分明。

具体而言，农业部门主要负责对生态农业的宏观决策以及相关法律法规、标准的制定，规划农业市场建设及基础设施建设。地方各主管部门则应细化各项职责，具体负责该地区的人力资源协调、农业规划、农民自主组织的建设等。[①]鉴于生态农业自身的特殊性，还可直接通过农业部向有需求的地区设置派驻机构，派遣专家赴地方指导生态农业的建设工作。

（二）生态农业综合评价制度的建立

生态农业评价是运用一系列生态经济指标和一定评价方法对生态农业进行分析诊断，以辨别和衡量是否达到生态农业的标准，并通过对生态农业的内在运行机制进行探索，为生态农业建设服务的制度。为了促进生态农业的顺利推进和健康发展，应该把生态农业综合评价制度上升为法律，同时制定生态农业综合评价的实施细则、条例、办法等配套规定，以不同层次的立法形式构建生态农业综合评价制度，将完整的生态农业综合评价过程制度化。根据我国现阶段的状况，构建我国的生态农业评价制度包括三个方面：一是选择评价指标，二是确定评价标准，三是运用评价方法。前两个方面构成了生态农业综合评价制度的具体评价内容，后一个方面则是生态农业综合评价制度的程序要求，即对生态农业综合评价制度的具体应用。

选择评价指标和确定评价标准具体包括以下工作：第一步，对生态农业的基础分析。对评价对象进行调查、咨询和收集资料，确定生态农业评价的依据和原则，分析生态农业的特征，明确生态农业评价的内涵和外延以及目的。第二步，设计生态农业的评价系统。生态农业建设评价的主要内容包括：指标的选取和指标体系的建立；资料数据库的内容和结构设计；评价方法的优选和指标权重的计算；收集有关参数资料，建立基础数据库，确定评价的标准；编制生态农业建设评价危机处理程序；函数关系的确定与评价数学模型的建立。第三步，运行生态农业评价系统。第四步，检验生态农业评价系统。这一步是生态农业制定评价制度的最终目的。

生态农业综合评价制度应从评价内容及其应用程序两个方面着手制

---

① 周珂：《生态环境法论》，法律出版社 2001 年版，第 52—54 页。

定。生态农业综合评价制度的评价内容包括：评审生态农业的前期规划情况和建设的具体方案；调查生态农业所在区域的资源环境实际状态；评价生态农业项目实施后对其所在区域的资源环境和社会环境将产生哪些利弊影响；最后为防止环境污染和资源破坏提出可行意见。生态农业综合评价制度的应用程序包括：由生态农业所在地的农业主管机构首先自行进行或委托专门研究机构或大学、科研单位进行环境调查和综合预测，提出环境影响报告书，并在公布报告书后，广泛听取相关民众和专家的意见。农业主管机构可以根据实际情况举行听证会收集民众和专家的不同意见；充分收集意见后，再对环境影响报告书和生态农业的建设方案进行修改。

（三）　生态农业清洁生产制度的构建

所谓清洁生产，是指为了减轻和消除对人类健康和自然环境的危害，使用清洁的能源和原料、采用先进的工艺技术与设备、改进设计、改善管理、综合利用清洁能源和先进技术设备等，从源头减少污染，提高能源的利用效率，减少或者避免污染物的产生和排放。清洁生产机制起初主要是针对温室气体排放问题提出的，随着人类社会的发展，清洁生产机制从工业领域扩展到了包括农业生产在内的其他领域，并在生态农业的建设和发展过程中起到了重要作用。[1]

构建生态农业清洁生产制度主要是为实现两个目标：一是减少对石化资源和化学制剂的依赖，合理开发和有效利用可更新的农业生产资源，实现农业的可持续发展；二是控制和减少农业污染的产生、转化和排放，提高农产品在生产和消费过程中与环境的协调发展，降低农业生产活动造成的环境污染风险。生态农业清洁生产制度贯穿农业生产的全过程：为了预防污染，在生产过程中，生态农业清洁生产制度要求在土地整理、播种、育苗、抚育、收获的整个过程中采取必要的措施。为了防治污染，在农产品生命周期的全过程中，要求对种子、幼苗、壮苗、果实、农产品的食用与加工各个环节，采取有效控制手段。[2]采用对环境保护有利的工艺、技术及高效节能的设备，努力减少或消除生产过程中污染环境的各种因素，实现产品的无污染化，保证最终产品的绿色无污染，以最终实现农业的生

---

① 赵娜等：《人为源因素对农业清洁生产的影响及政策分析》，《农业经济问题》2015 年第 3 期。

② 王明远：《清洁生产法论》，清华大学出版社 2004 年版，第 8—15 页。

态化。

生态农业立法中应专门设立农业清洁生产制度，并制定与之配套的《农业清洁生产条例》。《清洁生产促进法》应当成为农业清洁生产制度的法律依据，该法对农业生产全过程进行详细规定：包括对土壤成分的要求，对选种的要求，后期对农作物管理方式的要求，对化学肥料、农药使用标准的要求，对农业设备使用标准的要求，以及对农产品制作加工全过程的管理等。该法还对相应的法律责任进行详细规定，以保证农业清洁制度得到贯彻实施。由于农业清洁生产制度的构建是对农业生产过程的更高要求的法治建设，为了促使更多的农业生产者积极实施农业清洁生产制度，逐步接受这项制度，在该制度构建中，除了传统法律制度应有的内容规定，还要有鼓励措施方面的具体规定，以提高农户落实该项制度的积极性。比如，通过法律法规具体规定对在农业清洁生产工作中做出显著成绩的单位和个人，由人民政府给予表彰、奖励和税收减免；对从事农业清洁生产研究和农业清洁生产示范区建设的给予财政支持或者由税务机关按照国家有关规定给予税收优惠。与此同时，我们应当积极探索农业清洁生产制度，使得生态农业立法在实施过程中更加具有科学性和前沿性。

第四节　完善我国生态农业的保障制度

一　农业产业结构生态水平保障机制的健全

在市场经济体制中，实质上并存着市场机制和非市场机制，二者成为全社会资源配置的两大基本方式，并且互相制约、互相影响。

（一）生态农业市场配置

生态农业的财产资源特性，决定了在生态农业的发展中必须充分发挥市场对资源的基础性配置功能。市场配置资源的路径是需求和供给受市场机制的作用而达到供需平衡的过程，是一个周而复始的循环流。在市场经济中，价格完全由市场决定，价格信号反映着供求关系，是供求关系共同作用的结果，价格同时又反过来调节供求关系。价格上升显示供不应求，价格下降显示供过于求，通过价格调节的方式引导资源向社会最需要或最有效率的地方流动，从而达到供给和需求的相对平衡状态。市场引导资源配置的结果是使资源流向社会最需要或效率较高的企业和产业部门，通过这种方式来增强经济增长的活力。生态农业产业市场配置作为一种制度形式，其优势在于它能以较低的交易成本发现资源的价格，资源的价格反映资源供给的剩余和短缺，通过资源的剩余和短缺继而调节生态农业经营主体的经济行为。所以，生态农产品市场发育的成熟程度直接决定了我国生态农业的发展水平。当然，市场配置方式虽具有一定优势，但也会出现市场失灵的现象。市场失灵，是指市场机制本身对于资源配置缺乏效率的现象，也指市场机制自身无法解决的问题。因此，在市场配置生态农业产业资源的前提下，还需要政府发挥其对资源配置的积极作用。

（二）生态农业政府配置

生态农业也是国家的一项农业生态资源，这就决定了政府不能置身生态农业发展之外，政府应在市场发挥对资源的基础性配置功能的前提下，积极发挥有效制度供给和有效制度运行保障的功能。因为市场的良好运行需要制度作为保障，同时生态农业需要政府发挥宏观调控功能，实现社会农业资源效益最大化。政府参与农业资源配置的目的，主要是解决农产品的高效需求与供给问题，即在生态农业产业市场配置失灵和存在缺陷的领域承担农业资源配置任务，以提高全社会农业资源配置的效率。政府在农业资源配置上同样也会出现政府失灵现象，通常表现为以下几点：一是政府容易将维持农业产品的交易秩序和直接参与农产品交易活动两种职能混同起来，出现角色互换的情形；二是政府对农业社会资源的直接配置可能存在浪费的问题；三是政府官员在对农业经济活动进行干预的过程中会出现寻租倾向，这种倾向会使农产品的交易发生扭曲，不仅花费大量的社会成本，而且造成社会农业资源的浪费；四是政府配置与市场配置相比，政府组织的效率往往低于市场。

（三）政府和市场的双重保障机制

20世纪90年代以来，各国在讨论农业经济发展问题时，最关心的就是政府与市场的相互作用问题，这也是最有争议的理论命题和最有意义的现实问题。实现农业经济的发展应充分发挥政府与市场两者的协调作用，政府对经济的干预是必需的，但同时也必须是有限度的，必须在市场调节的前提下予以适当的干预。要注意政府调节和市场发育程度的问题，"度"的把握相当重要，在市场尚未成熟的条件下，盲目扩大市场的作用，压制政府的干预，就会出现我国改革初期出现的"一放就乱"的问题。然而，不顾市场发育成熟程度，政府对经济发展干预过度，就会导致"一抓就死"。在我国经济发展过程中，政府与市场所起的作用及其实际出现的问题，都已经说明了单独依靠政府或者市场的力量来发展经济显然是行不通的。事实上，生态农业以市场机制为基础，充分发挥市场机制在资源配置和农业经济发展中的积极作用，通过生态农业经营者的自主经营，促进我国生态农业的发展。但是，市场机制不是万能的，有其自身的弱点和消极方面。市场经济的局限性又不能单纯依靠市场机制自身来解决，需要依赖政府的宏观调控。政府通过发布各种经济政策、经济法规、计划指导等进行必要的行政管理，从而引导市场健康发展。因此，政府与市场之间的关系不是相互矛盾的替代关系，而是辩证统一的，具有互补性。政府与市场间的合理关系应是在保证市场对资源配置起基础性作用的前提下，在市场配置失灵时政府进行适当干预，通过政府干预的优势弥补市场调节的缺陷，反过来，市场调节的优势来克服政府干预的缺陷，从而实现市场调节和政府干预的最优组合保证经济的健康发展。① 随着市场化改革的加快，政府的作用也在发生变化，逐步从市场机制充分发挥作用的领域退出来，从政府不该管的领域撤出来，让市场在资源配置中起基础性作用。市场的完善与发展要求政府设计与之相配套的制度，促其形成统一、开放、竞争、有序的市场体系，为市场机制充分发挥作用提供舞台。因此，政府与市场应该在生态农业发展过程中，共同作用，互相补充，各自在不同领域发挥作用。

在我国生态农业发展的不同时期，市场配置与政府调节二者的关系应有所侧重。对制度变迁需求的转变是由要素与产品的相对价格的变化以及与经济增长相关联的技术变迁所引致。当生态农产品相对传统农产品更有利于农民增收，以及生态农业技术更加成熟，推广度更高时，对生态农业制度创新的需求就会产生。在我国生态农业发展的起步时期，应侧重政府的制度创新，提供保障机制，并为市场的培育提供必要的政策支持。而在我国生态农业产业化步入正轨，生态农产品市场发育成熟时期，则应侧重市场的调节机制，发挥其在资源配置中的积极作用。只有这样才能实现我国生态农业的可持续发展。发展生态农业是一个复杂的系统工程，各项政策和法律是保障生态农业发展的关键，政府作为制度的设计者与实施者，

① 秦小红：《政府干预农业市场制度创新的法律机制》，《现代法学》2016 年第 1 期。

应当积极组织各类专家学者对政策和法律进行设计。为此，应充分发挥政府在发展生态农业中的引导和服务职能，从而进一步优化生态农业的发展环境。

二　生态农业行政监管体制的完善

政府部门要做好生态农产品监管工作，为消费者信任生态农产品提供长期机制保证。认证标志有助于消费者将优质安全食品与一般食品加以区别，是政府部门对生态农产品进行监管的有力措施。在购买食品过程中，消费者可以凭借认证所显示的信息做出选择性购买，但认证机制有效运行的关键是取得消费者对认证标志的认可和信任。但是，我国有些农产品企业一旦通过生态农产品认证后，从企业自身的短期利益出发，就不再严格执行生态农产品认证标准及规范，加上政府监管的缺位，因此造成了很多食品安全问题。借鉴国外的成功经验，食品安全全程统一监管是最有效地方式。因此，我国政府部门应减少食品安全监督主体，集中执法权力，切实解决各自为政、多头执法的局面。做好食品安全的监督工作，逐步规范生态农产品认证市场，严厉打击不法行为，使生态农产品认证真正成为为消费者提供安全信息的有效工具。[1]

三　生态补偿法律制度的建设

生态补偿法律制度是调整与生态补偿有关的法律规范的总和。生态补偿需要综合运用行政、经济的各种手段，发挥政府、市场以及社会各种机制的调整作用。[2] 生态补偿的实质是要求因自然资源开发利用对自然环境造成不良影响的主体为其开发利用自然资源的行为后果承担责任，而这种责任主要是经济方面的责任。因此，生态补偿的关键性问题是如何筹集到生态补偿资金。该项资金的筹集应当遵循什么样的原则，以什么样的渠道实施都是生态补偿法律制度的关键。而根据其主体和资金来源渠道的不同，生态补偿又可分为政府补偿和市场补偿两类。目前，我国正逐步向补

---

[1]　刘艳秋、周星：《QS认证与消费者食品安全信任关系的实证研究》，全国第十二届消费经济理论与实践研讨会会议论文，2008年11月。

[2]　李文华、刘某承：《关于中国生态补偿机制建设的几点思考》，《资源科学》2010年第5期。

偿制度的多样化发展。生态补偿中的补偿费制度、补偿基金制度、生态税制度等还须进一步完善①。

在生态补偿财政转移支付制度方面，由于财政转移支付多是生态补偿中的专项性的补助，转移支付的款项必须用于指定的项目，实行专款专用。因此，首先，应通过加大财政转移支付的力度增加环境保护投资，从资金层面切实地解决环境问题。无论是保护生态，还是建设和改善生态环境，都需要强大的资金投入。没有资金的支持，生态补偿就无从谈起。实践也证明了这一观点，财政支持强度大、资金充足的地区，生态补偿的推进就比较顺利，生态农业的发展就比较突出。但是，综观我国各地的实际情况，普遍存在生态保护资金缺口大的问题，而且用于财政转移支付的资金多来自预算内。因此，为了弥补生态保护的资金缺口，应该在预算之外开辟新的资金渠道，设立专门的生态补偿基金，加大生态补偿的财政支持力度。其次，应改善财政转移支付的资金投向。就我国目前的实际情况而言，各种财政转移支付分散在财政资金和各种专项之中，如生态林养护、交通道路建设、自然保护区建设、污染治理等。虽然将财政转移支付资金投向这些专项中，对保护和建设欠发达地区的生态环境起到了一定的作用，但是在众多的专项中，除了脱贫致富等少数专项能够享受财政转移支付资金以外，其余的多数专项都不能享受财政转移支付资金的投入。为了使生态补偿制度更好地发挥作用，促使生态农业顺利地发展，应该做到不管财政转移支付资金的申请者是发达地区还是欠发达地区，只要申请的项目符合申报条件，均可获得财政转移支付资金。也就是说，财政资金获得与否以及获得多少与该地区承担的生态环境保护和建设的任务应当挂钩。在资金的投向和使用上，应该进行优化和改善。

四　设立生态农业保险制度

我国虽是一个农业大国，但是与农业相配套的农业保险极度不发达。农业的危险难于评定，农民遭受的损失难于评估、赔偿处理程序复杂，保险费收入往往入不敷出。农业保险制度不能够促进我国生态农业的顺利发展。由于农业生产的特殊特征，和一般财产保险相近似的农业保险更需要

---

① 王燕：《水源地生态补偿理论与管理政策研究》，博士学位论文，山东农业大学，2001年。

专门的法律加以规范。在《保险法》颁布之前，1985年国务院颁布的《保险企业管理暂行条例》是我国农业保险开展的依据。但是，到1995年《保险法》颁布实施时，《保险企业管理暂行条例》被废止，农业保险失去了唯一的依据，专门的管理办法又一直未制定出来。从我国目前的情况看，关于农业保险的规定仅散见于个别法律之中。《农业法》规定："我国逐步建立和完善政策性保险制度。鼓励和扶持农民和农业生产经营组织建立为农业生产经营活动服务的互助合作保险组织、鼓励商业性保险公司开展农业保险业务。"《保险法》规定："我国支持发展为农业生产服务的保险事业，农业保险由法律、行政法规另行规定。"除此之外，很难找到其他法律对农业保险进行专门的规定，而且这仅有的两条有关农业保险的规定比较原则，配套的法律法规尚未制定，农业保险的可操作性也不强。因此，设立专门的农业保险制度以及生态农业保险制度势在必行。

由于生态农业的自身特点，生态农业的风险比传统农业要高出许多。生态农业往往注重采用生态技术，利用农业自身的物质循环原理来实现农业的绿色生产、清洁生产，其所需要技术水平和资源条件比传统农业更为严格。因此，为了降低生态农业的风险，为农民及农产品生产企业发展生态农业提供一个有效的保障，让农民和农产品生产企业有信心去采用生态技术改良当前的农业生产模式，不让农民和农产品生产企业丧失发展生态农业的积极性，生态农业保险制度亟待建立。借鉴国外的先进经验，建立我国生态农业保险制度应当注重下列原则：

一是强制保险原则。自愿保险原则并不适合我国的国情，一方面因为在市场经济中，价格发挥调节市场供给的主要作用，农民根据价格变化并按照市场需求调整农业种植物结构，这将面临较大的生产风险，一旦发生灾害或价格机制失灵，就会发生只投入不产出的后果；另一方面，由于目前我国农业保险不能大面积承保，导致损失的分摊与保险的大数法则理论存在矛盾，被保险人认为风险大的就投保，风险小的就不投保，致使保险公司的业务危险集中，容易形成很高的赔付率，不愿意开展农业保险。根据我国的具体情况，在农业保险建立初期，应对种植业和养殖业根据一定标准实行强制保险；针对保险公司不愿承保的现象，应规定保险公司必须开展农业保险业务，并由国家给予补贴。以此使我国的农业保险走上一条法制化的道路。

二是政府扶持原则。纵观农业保险的发展历史并借鉴国外的经验可知，农业保险发达的国家都离不开国家对农业保险的扶持，如美国、法国和日本。① 美国政府就鼓励私营的保险公司对农业保险进行承保，并给予免税的优惠。政府扶持原则包括经济上的扶持、法律上的支撑和行政上的支持。我国的农业保险同样必须由政府来加以扶持，特别是需要财政、税收、民政、农林、农业银行、农业发展银行等涉农部门的支持。具体做法可借鉴美国做法，即对承保农业保险的保险公司进行税收减免，将农业减免税部分用于补贴保险公司，对农业保险不征营业税和所得税。另外，民政部门每年也应将灾害救济款以保险基金形式交给保险公司管理，以此方式对保险公司进行资金扶持，增加其承保农业保险的积极性。

三是非营利原则。由于农业在整个国民经济中占有重要地位，农业保险具有社会保险的性质，与普通商业保险有着本质的区别，农业保险的特殊性质决定了农业保险不能以营利为原则。以美国为例，尽管美国农业保险商业性很高，但在大灾之年，联邦政府会给予保险公司国家财政补贴，以弥补保险公司的亏损。② 因此，我国的农业保险立法也应明确规定农业保险不能以营利为原则。

五　健全生态税收制度

目前我国的生态税收主要是一些资源税，没有从整体上把握生态系统，可以说我国还没有真正意义的生态税。生态税不是一个单一的税种，而是一个税系。③ 而我国资源税的征税范围比较窄，仅限于矿产资源和盐，这种做法很容易导致人们忽视草、森林、水等资源的价值，对生态保护不利，这些都是法律需要修改和完善的地方。要达到农业的高效率，就必须将其所有成本内部化。成本内部化包括保护土地资源，节约用水，尽可能地少使用或者根本不使用农药，对能源使用、排放污染、人造化肥、农药等化工类农用品的生产和销售加重税收。具体到发展生态农业来说，生态税主要包括：其一，以节约能源使用、减少能源消耗、促进技术革新和开发使用绿色环保能源为目的，进行征税如农业用水，不再采取传统的

---

① 陈明文、王林萍：《美国、日本、法国农业保险比较及其借鉴》，《台湾农业探索》2007年第1期。

② 赵长保、李伟毅：《美国农业保险政策新动向及其启示》，《农业经济问题》2014年第6期。

③ 许景婷、张兵：《促进循环经济发展的生态税收研究》，《生态经济》2010年第1期。

漫灌方式，而采用喷灌、滴灌等节水的方式，对废水再利用，这样也可以减少农药、化肥随水的流失，从而减少它们的用量，有一举多得的功效；其二，以保护环境为目的，对污染、破坏生态环境的特定行为专门进行征税，对向农村排放污染物的企业征税；其三，对环境不利产品的征税，如对农药化肥等化工类产品的生产和销售征税，且要征收重税，这样必然会使这类产品的市场缩小，从而刺激技术创新，生产清洁的代替品。完善生态税制度还要注意税率的问题。[①] 税率既要合理也要有惩罚力度。要让污染者承担与自己污染行为所造成的危害程度相适应的高额成本，不然企业对利润与税款进行权衡后，会选择缴纳较低额的税款而不惜牺牲环境利益。

---

① 秦鹏：《生态消费税收法律制度研究》，《法律科学》2006 年第 6 期。

第五章

我国农产品贸易的生态法律制度构建

第一节 我国农产品贸易生态化的法律 制度现状分析

农产品贸易具有战略性的地位，它对于世界的经济与生态可持续发展有着重要影响。因此，世界农业要求农产品贸易生态化。农产品贸易生态化有利于实现农业领域的可持续发展，自然资源永续利用以及维持生态环境的协调平衡。我国应当构建与发展农产品贸易生态化的法律制度体系，通过法律的规制实现农产品的生态化。本章全面梳理我国现有涉及农产品贸易生态化的相关法律制度，分析其在立法理念、指引机制、应对新型问题等方面的缺失，并提出解决办法，以健全我国农产品贸易生态化的法律制度。

一 农产品贸易生态化概述

（一）农产品贸易生态化

现今"生态"一词的含义远远超越了其原意，不仅指生命有机体与其生存环境相互作用所形成的结构与功能的关系，而且指自然界中生物与其生存环境相互关系的和谐。"生态化"是人与自然环境相互选择、相互易化、协同演进的共同发展模式，也是现代农业发展的必然选择。[①]

[①] 方淑荣、游珍、蒋慧、赵力、姚红：《生态化：中国现代农业发展的必然选择》，《农业现代化研究》2010 年第 1 期。

农产品贸易生态化是农业生态化的要求，是农业贸易生态化的集中体现。其以农产品贸易活动为调控载体，将生态价值运用于衡量贸易体系优劣，并评价过程中涉及的贸易措施、立法、政策对自然资源的利用、生态环境的影响等是否遵循生态农业本质要求和发展规律。

（二）农产品贸易生态化的具体内涵

1. 以农产品贸易活动为调控载体

农产品贸易生态化是以农产品贸易活动为载体，调控农产品贸易活动的过程，其针对的是农业贸易关系和生态价值间的不调和现象——"生态化不足之处"。

2. 以生态价值为衡量标准

"生态化"的引入为现今贸易体系的衡量手段注入了全新活力，通过构建生态价值衡量体制，承上启下，促使与引导农业产业以及配套的农业服务贸易向生态化转变，而非局限于农产品贸易与生态保护。

3. 以贸易措施为调控手段

农产品贸易生态化以农产品贸易措施为调控手段，根植于农产品贸易活动过程，涉及农产品贸易出口、进口和进出口双向环节。其调控范围涉及农产品生态标识认证、农产品检验检疫、生态风险防控和生物多样性保护等。

4. 以自然资源永续利用和生态环境平衡为目标

为实现自然资源的永续利用与生态系统平衡，我国应转变现今农产品贸易对生态环境的透支型开发模式，解决农产品贸易发展过程中的不均衡、不协调问题，形成一种可持续的农产品贸易发展模式。通过农产品贸易的生态化转型，带动农业生态化结构调整，升级农业产业。

（三）农产品贸易生态化的重要地位

1. 农产品贸易是农业贸易最核心的环节

农产品与服务是农业贸易的两大类。农产品贸易以及围绕其展开的农产品服务贸易共同构成了农业贸易的核心环节。农产品贸易与服务的生态化对农业贸易的生态化发展起着至关重要的影响。

2. 农产品贸易对农业贸易生态化转型的承上启下作用

农业贸易生态化转型分为农产品贸易生态化转型和农业服务贸易生态化转型。而农产品贸易对农业贸易生态化转型具有承上启下的作用：一是农产品贸易生态化是农产品贸易对农业产业生态化的延续，可以带动农业产业结构调整；二是构建农产品贸易生态化制度，提出全新生态化理念要求，可以引导服务贸易如运输、融资等向生态化转型。

二 我国农产品贸易现状分析

（一）我国农产品贸易进出口现状

2015 年 1 至 12 月，我国农产品进出口额为 1875.6 亿美元，同比减 3.6%。其中，出口 706.8 亿美元，同比减 1.8%；进口 1168.8 亿美元，同比减 4.6%；贸易逆差 462.0 亿美元，同比减 8.7%。[①]

我国的农产品出口市场集中，主要向亚洲与北美洲出口。以 2015 年 1 月为例，亚洲出口额为 4010.24 百万美金，占 63.84%，与其他区域相较，呈现压倒性的优势；其次是北美洲的 799.09 百万美金，但仅占 12.4%。而我国的农产品最大进口区域是北美洲，2015 年 1 月的进口额高达 4410.97 百万美金，占 42.53%，亚洲第二，为 1906.97 百万美金进口额，占 18.39%。随着我国与东盟、新西兰、智利、秘鲁自贸协定的实施，双边农产品贸易快速增长，我国农产品进出口市场将逐渐多元化。

我国进口的农产品主要有高粱、大麦、棉花、食糖、畜产品、食用油籽和食用植物油等，其中高粱、大麦 2015 年的进口量同比增幅接近一倍，分别为 98.3% 与 85.3%。出口的农产品主要有小麦、大米、水果、蔬菜、畜产品、水产品食用油籽以及食用植物油等，其中水果、蔬菜的出口数量大于进口数量，为贸易顺差。2015 年 1—12 月，谷物共进口 3271.5 万吨，同比增 67.6%，进口额 94.0 亿美元，同比增 51.1%。出口 53.3 万吨，同比减 30.8%；出口额 4.4 亿美元，同比减 25.9%；净进口 3218.2 万吨，同比增 71.7%。蔬菜出口 132.7 亿美元，同比增 6.2%；进口 5.4 亿美元，同比增 5.0%；贸易顺差 127.3 亿美元，同比增 6.2%。水果出口 68.9 亿美元，同比增 11.5%；进口 58.7 亿美元，同比增 14.7%；贸易顺差 10.2 亿美元，同比减 4.2%。[②]

（二）我国农产品贸易存在的问题

从大趋势看，我国正在进入大宗农产品全面净进口时期，进口农产品

---

① http：//www.moa.gov.cn/zwllm/jcyj/201602/t20160202_ 5006675.htm.

② 同上。

数量增长快、价格波动大，而传统优势农产品出口增长乏力。[1] 我国的农产品贸易进出口量不平衡，出口额的增长速度低于进口额之增长。我国的农产品贸易存在巨大的贸易逆差，总体仍呈波动上升趋势。

我国农产品进出口市场较为集中，贸易结构不合理。出口品种以蔬菜、水产品等劳动密集型产品为主，而大米、玉米、大豆等土地密集型产品出口量相对较少。从产品结构上讲，在我国出口的农产品中，初加工产品占到80%，深加工产品仅占20%，而深加工产品的价值及其附加值比初加工产品大得多。这种不合理的现象从总体上影响了我国农产品贸易的品质和收益。[2]

长期以来，我国农产品出口的优势主要在于低成本、低价格，低出口附加值。但随着我国资源环境约束加大，劳动力、土地和投入品成本的快速上升以及人民币持续升值，农产品出口的传统优势将不断受到削弱，如水产品出口出现波动，蔬菜出口尽管量额齐增但增长缓慢、附加值较低，水果出口量甚至下滑，这表明我国传统优势产品出口增长乏力。[3] 目前我国农产品贸易逆差大、市场集中、竞争力不足，这些问题使农产品贸易发展动力不足；过分依赖国外资本输入，容易产生贸易摩擦并且受制于人，不利于国内的生态保护和利用效率的提高。

三　研究我国农产品贸易生态化的法律制度的必要性

(一)　农产品贸易生态化的地位要求

农产品贸易作为农业贸易最核心的环节，对于生态化体系构建以及农业贸易生态化制度的实现都至关重要。结合我国当前的相关立法、政策建议，可知我国农业贸易是以农产品贸易为核心，农业服务贸易和农业投资为辅的结构。

长期以来，我国环境法律重视工业污染防治，轻视农业生态保护，对农业发展带来的环境问题认识不足。因此，全面认识我国农产品贸易法律制度现状有利于完善当前的制度。而为适应生态化发展潮流，保障我国农

---

[1]　吴莉婧、谢淑华：《"一带一路"战略背景下的农产品国际贸易》，《安徽农业科学》2016年第2期。

[2]　娄向鹏：《一带一路：现代农业新机遇》，《江西农业》2015年第4期。

[3]　徐宏源、韩一军、马建蕾等：《近年来我国农产品贸易变化趋势特征分析》（http://www.caaa.cn/show/newsarticle.php? ID=361452）。

业贸易绿色、高效发展，我国也必须构建农产品贸易生态化法律制度。

(二) 相关法律制度价值取向转变的必然结果

根据国家对于农产品贸易管理领域政策法规的不断调整，我国农产品贸易法律制度价值取向的变化分为三个阶段：

(1) 1949—1991 年，新中国成立后到复关和准备入世阶段前，是严格计划管理阶段。此时，我国农产品外贸政策的价值取向基本是出口创汇和调剂余缺，农产品贸易由国营外贸企业垄断经营，按照进口计划筹措资金并决定出口水平。国家通过经济贸易计划和市场调节手段双重管理。

(2) 1992—2001 年，复关和入世准备阶段，即农产品贸易在进出口方面拓展阶段。本阶段国家为了能积极入世，在农产品贸易方面，通过降低关税、取消一些非关税壁垒、制定农业生物技术安全管理法规，建立转基因产品生产许可证登记和销售识别制度等，实现了农产品贸易的初步发展。

(3) 2002 年至今，入世后农产品贸易转型阶段。生态价值开始逐渐进入人们的视野，单纯的以均衡贸易顺差、逆差的观点开始被摒弃。

分析对比上述相关法律制度价值取向的转变，从计划到市场到全面开放，从初步拓展降低关税到贸易转型观念更新，农产品贸易生态化的重要性已得到了广泛关注与尝试。一国农产品贸易格局对国内自然资源和环境容量的增益与减损，成为新时期生态利益与贸易利益博弈的平台。

(三) 农产品贸易生态化的实践驱动

我国不断探索以农业可持续发展为追求，积极建设生态农业，同时解决生态环境问题的综合发展模式。目前已形成了南方猪—沼—果、农林牧复合生态农业、草地生态恢复与持续利用生态农业以及观光生态农业等10 种生态类型，其下具体类别又可划分成 40 多种生态农业模式。未来生态农业对于我国农产品贸易的促进和实现，将呈现巨大的价值，同时也能反向激励农产品贸易的生态化实践。农产品贸易生态化促进了经济效益与环境保护的共同发展，符合建设环境友好型社会的理念要求。

2014 年二十国集团领导人第九次峰会上，通过了二十国集团领导人布里斯班峰会公报，该公报承诺将落实"巴厘一揽子协定"的所有内容，并支持为减缓和适应气候变化动员资金，例如绿色气候基金。同时，宣布中国会成为 2016 年二十国集团领导人峰会的主办方。这次公报的措施不仅有利于推动农业便利化，还极大促进了农业贸易生态化的发展。

世界银行设置有专门的农业可持续发展项目，我国积极利用这些项目加强农业贸易生态化的发展，例如，2014 年世界银行为江西农产品流通体系建设项目提供贷款，贷款资金规模为 1.5 万亿美元。①

生态农业的发展必然要求相关配套的法律不断调整，完善乃至创新发展；齐备规范的法律能反作用于生态农业的发展，二者互相促进，密不可分，因此大力研究我国农产品贸易生态化的法律制度刻不容缓。

四　农产品贸易法律制度基本内容

（一）现有的法律框架

从调整对象来划分我国目前规范农产品的贸易立法，主要包括农业法中的原则性规定、贸易法中有关农产品的规定，以及新兴的生态法中对农产品贸易部分的相关规定。法律框架可分为：

与农产品贸易相关的农业法，涉及农产品流通与加工、粮食保护等。主要包括《农产品质量安全法》《种子法》《食品安全法》《饲料和饲料添加剂管理条例》以及《农业转基因生物安全管理条例》《农药安全使用规定》《农田灌溉水质标准》《渔业水质标准》《农药安全使用标准》等法律法规。

与农产品贸易相关的贸易法，主要包括《对外贸易法》《进出口商品检验法》《出口商品管理暂行办法》《进出境动植物检疫法》《进出境动植物检疫法实施条例》和《农业转基因生物进口安全管理办法》等。

与农产品贸易相关的生态法，② 主要包括《环境保护法》《草原法》《海洋环境保护法》《野生动物保护法》《清洁生产促进法》《标准化法》《全国农业生态环境保护条例》等，是与农业发展和农产品贸易生态化相关的，为清洁生产、环境补贴、环境标准、环境标志等农产品贸易的保护制度提供了原则性法律依据。

同时，我国签订了涉及农产品贸易生态化的相关自由贸易协定。例如，中韩自由贸易协定不仅在序言条款中提及环境保护目标，并规定通过

---

① http：//gjs. mof. gov. cn/pindaoliebiao/xmdt/xmdt/index_ 2. htm.

② 生态法是为了达到协调人与自然之间的关系的目的，并为了当代人和后代人的利益，调整人们在保护自然环境、合理开发利用自然资源、防治环境污染、保护自然人和法人的生态权利与合法利益方面所产生的生态社会关系的法律规范的总和。引自曹明德《生态法的理论基础》，《法学研究》2002 年第 5 期。

《环境合作协议》来加强环境问题的合作，而且规定中韩两国以等效性方式相互承认彼此国内正在实施的生态环境保护技术标准；再如中国与泰国在进出口水果的检验检疫方面，签订了《进出口水果检疫协定》。

（二）现行农产品贸易法律制度的基本内容

农产品贸易立法对农产品贸易的进出口发展具有宏观上的引导、促进、保障和制约作用。目前，中国农产品贸易立法已形成了相对基础的农产品贸易法律制度，具体归纳如下：

农产品出口相关法律制度：包括农产品标准、标签法律制度、农产品认证法律制度、农产品生产 PPMs 标准制度、原产地标志制度等促进我国农产品贸易顺利出口的法律制度。

农产品进口相关法律制度：可以分为与贸易相关的进口限制制度，以及与生态安全相关的进口限制制度。包括农业生态风险防范法律制度、TBT 措施（技术性贸易措施）与 SPS 措施（卫生与检疫措施）、农药残留检验标准制度等。

农产品进出口双向适用法律制度即兼具出口提升和进口保护双重功能的法律制度，包括农产品检验检疫法律制度、生态标志法律制度等。

五　农产品贸易生态化法律制度的问题与完善思路

如前所述，我国正处于农产品贸易转型阶段。但目前，我国农产品贸易生态化法律制度在理念和学术层面的共识与实践环节中的转变还有很长的路要走。

（一）问题

我国目前的农产品贸易法律制度总体存在着基本法缺失、立法制度不完善、监管不健全等多层次的问题，同时在农产品贸易法律制度全面生态化转型的过程中，也有全新的生态化法律问题，亟待诠释和创新。

1. 立法理念陈旧

自 20 世纪 80 年代始，我国开展大规模经济建设，制订了许多原则性的环境立法。但由于对自然资源和经济发展关系的认识偏差，立法理念仍然停留在经济价值优先上，忽视了生态优先和生态系统的发展规律。

就我国农产品贸易立法而言，以生态价值衡量贸易体系优劣的价值取向转变仍未得到全面的展开。许多重要的保障生态农业健康发展的制度比如生态农业的行政管理制度、生态农业清洁生产制度、生态农业综合评价制度以及生态农业补偿制度都急需建立或进一步加强。

2. 生态价格指引机制弱化

生态价格指引机制，是指在农产品贸易过程中，遵循生态农业的本质要求和发展规律，通过贸易价值影响的形式对农产品贸易的发展形成指引的价格机制。

农产品贸易生态价格和市场关系的联系尤为突出。当前农产品贸易生态价格指引机制主要依赖国家的公共资源的调控。经营者在进行农产品定价时，必然会考虑生态保护的成本。若国家相关的调控措施过分分散，调控主体和内容重复，则会呈现后发性的调控，将无法实现法律制度的引导机制。

3. 对新型问题的应对不足

在生物多样性危机与世界粮食威胁不断扩张的背景下，我国虽处在发展中国家前列，但由于技术的局限和经济实力的限制，很难达到发达国家的贸易技术水平和先进立法要求。

目前，我国仍然在谋求农产品贸易平衡，即以国家的公共资源的投入和调控来形成贸易的生态保护屏障。但当面临新型的农产品贸易危机和阻碍现象时，应对农产品生态化新问题的能力不足。例如，我国当前的立法不能合理应对外来物种入侵或转基因农产品贸易所带来的生物多样性威胁；环境产品关税相关立法缺失；在国际会议上的谈判也缺乏相应的筹码，很难发出环境保护方面的声音。应对新问题能力的不足不利于我国农产品贸易的平衡发展。

（二）完善农产品贸易生态化法律制度的思路

针对上述问题笔者认为，农产品贸易生态化的必要性呼之欲出。法律制度对农产品贸易生态化实现的引导作用不容怀疑。构建与完善中国的农产品贸易生态化法律制度，应当结合我国当前的农产品贸易法律制度现状。但仅依靠政策、基础性立法来实现这一转变具有极大的局限性，因此应依托现存的农产品贸易法律制度和生态化法律制度，构建我国农产品贸易法律制度。

1. 以生态价值观完善现存法律制度

目前，我国农产品贸易已初具规模，成为世界农产品贸易的最大消费市场，并且在进出口以及双向环节逐步构建了较为完善的法律制度。但由于价值理念的陈旧，很多制度在设计过程中对生态环境价值的认识不足。

故本书认为，需利用现有内容和形式，转变此类制度的价值理念，以适应当前的农产品贸易转型，包括进口环节的生态标识法律制度、出口环节的农产品检验检疫法律制度等。

农产品贸易生态化法律制度是我国新兴的一个法律概念，更是农产品贸易法律的世界趋势。农产品贸易生态化法律制度的发展趋势，应当是以生态化的法律理念为立法指导思想，融合生态价值观和可持续发展理念；以完善的法律制度为基本保障，从预防为主到防控结合，合理追责。

2. 具体贸易措施的生态化理念补充

对现有的农产品贸易具体措施进行梳理，明晰其与生态化理念的共同之处，并补充和完善其中的法律制度生态化理念，从而形成一种全新的生态价值理念，以推广普及。贸易措施应作为更多介入贸易前端的调控手段，通过理念指导，措施指引，从而减少生态环境所受的破坏和发展阻碍，形成生态指引下的法律体制。

3. 以全新思路应对新型问题

我国发展农产品贸易生态化法律制度的根本目标在于谋求农产品贸易和生态环境的可持续发展。但当前立法理念陈旧，价值追求单一的状况不利于农产品贸易生态化法律制度的构建。随着农产品贸易的发展，将不断产生各种新问题，而事后解决存在着大量的隐患与风险。

因此，我国应当用新思路解决农产品贸易中的新问题，采取事前预防、源头治理的方式。立法理念的转变具有重要的作用，是贸易和环境关系转变的首要条件，应在生态理念的指引下，积极参加有关农业贸易生态化多边规则和政策性文件的制定；争取主办有影响力的国际会议，提高话语权；更加积极主动地申请国际组织的相关资金支持，促进我国农业贸易生态化的发展。

第二节　我国农产品贸易出口生态化法律制度

随着全新的生态化发展理念"绿色、环保、可持续发展"的深入，农产品贸易出口法律制度生态化的价值日益凸显。我国农产品贸易出口方面的法律制度虽然形式繁多，但立法深度不一，技术参差不齐，同当前"低碳、高生态化、可持续发展"的农产品贸易理念也不符。因此，我国应当通过立法，构建全面完善的农产品贸易出口生态化制度，例如农产品生态标识制度、原产地规则制度、PPMs 标准措施等，全面构建生态型农产品贸易发展模式，提高我国国际贸易竞争力，充分发挥有限资源的生态化价值。

一　农产品生态标识法律制度

（一）生态标识概述

生态标识也称生态标志，是指由政府部门或公共、私人团体依据一定的标准向有关厂家颁布证书，证明其产品的生产使用及处置过程符合环保要求。

（二）我国农产品生态标识体系现状

1. 我国现行农产品生态标识法律体系

农产品生态标识法律制度因人们开始追求益于身心健康、符合环保要求的产品而逐渐繁荣。我国现行的相关立法分为两类：一是生态标识综合管理法。主旨为倡导清洁生产理念，采取宏观举措，搭建生态标识实施平台，如《环境保护法》《清洁生产促进法》《水污染防治法》《固体废物污染环境防治法》等。二是生态标识认证法，对生态标识认证设定了严格的认定标准、评定程序，并对认证过程的各种违法行为做出相应的处罚规定。如《标准化法》《认证认可条例》等。

2. 我国农产品生态标识法律制度的缺陷

（1）法律位阶过低。目前，我国的生态标识法律制度如《标准化法》《认证认可条例》《环境管理体系认证管理规定》等，立法滞后，位阶过低，效力不足，体系不完备，无法充分发挥生态标识在促进农产品贸易生态化方面的作用。必须明确生态标识法律制度对农产品贸易生态化的重要性，提高生态标识相关法律制度的法律地位，整合并制定更完善齐备的高位阶法律；同时，全方位推广生态标识，使产品从开发到回收利用的全过程都符合环保要求，减少环境损害，有力地推动我国的农产品贸易法律制度的转型，追求生态化的法律制度和经济制度，建设环境友好型的社会。

（2）法律规制缺乏预防性。我国现有的保护措施多涉及生态标识使用的规制和处罚，其余有关事项均没有统一、明确的规定，是滞后且单一的。此现状与我国环境保护法所提倡的"预防为主"原则相左，难以预防环境污染。并且，缺乏规范完备的生态标识法律制度不利于企业自觉生产环境友好型产品，不利于农产品贸易生态化转型的实现。

（3）生态标识认证主体参与能力弱。首先，生态标识认证主体无法作为诉讼主体。根据相关民事法律规定，环境民事诉讼的原告必须是与案件有直接利害关系的公民、法人或其他组织，这极大地限制了环境诉讼的进行。因此，生态标识认证主体无法参与诉讼的疏漏，是我国生态标识法律制度一个亟待解决的问题，必须合理、及时地处理，否则将会严重影响我国生态标识制度的健康发展，影响产业的技术创新，影响农产品贸易生态化的进程。

（三）农产品生态标识制度的建设意义

生态标识制度可以促进绿色消费、企业转型、资源分配以及环境治理，这些也正是农产品贸易生态化所需要的。因此，生态标识制度可以推动农产品贸易的转型，促进农产品贸易生态化法律制度的构建与完善，其建设具有重要意义。

世界各国经济发展水平和环境保护的标准存在着较大差异，这对统一生态标识提出了要求。生态标识的国际统一化，是一系列纵向和横向国际合作的结果，具有多层次的、多领域、多类型的特点，除了全球性的多边国家间生态标识的协调统一之外，也可以是双边或者区域间生态标识的协调统一。农产品贸易领域实现生态标识的国际统一化，是农业贸易生态化的必然要求、重要手段和核心节点，有利于解除农产品国际贸易壁垒，实现农产品国际贸易的非歧视化和公平竞争，有利于实现农业生产的可持续发展。

1. 生态标识制度引领绿色消费

生态标识是商品或服务的证明性商标，使消费者获得可靠的信息从而选择有利于环境的产品或者服务。是否授予某项产品生态标识是在全面评估生命周期各阶段会对环境造成何种影响后做出的。

2. 生态标识制度指引企业生态化转型

生态标识制度的发展可以鼓励企业技术创新，减少企业环境污染事故，改善环境行为，转型产业格局。创新型的生态标识制度的构建，可以使我国农产品贸易进出口标准同世界接轨，从本质上消除各国间技术标准及认证规则的差异，帮助国内企业合理应对绿色贸易壁垒带来的损害。

3. 生态标识制度合理分配农业资源

生态标识制度的设立与完善虽可能加大国内企业生产过程中的生态价

值负担，但同时可实现有限资源的合理利用及分配，使更多优质资源运用到生态可持续的农业领域，促进产业转型。

4. 生态标识制度推进环境治理

在环境治理环节上，生态标识制度依据可持续发展理念，改革末端控制手段，从环境污染的源头来解决问题，引导消费者与企业实施正确的环境行为。生态标识要求产品从生产到消费的各时期都无害，因此，带有环境标识的产品是最理想的产品。

(四) 生态标识法律制度的完善

1. 作为环境管理手段推广

我国应通过立法或完善现行行政法规，将生态标识法律制度明确规定为环境管理手段。严格当前的环境标准制度，赋予其强制性效力，限制和禁止国外污染农产品进入国内，从而实现生产安全和国内农产品品质的提高；同时，通过法律规定的普及增强农产品贸易主体对生态价值的认识，以区分和识别贸易的生态价值和经济价值，从而实现生态标识法律制度的生态化，并以此推动农产品贸易的生态化转型。

2. 实施生态标识的市场承认机制

通过立法或行政手段实施生态标识市场承认机制，引导主体关注生态化程度高的农产品；同时给予价格承认，进行政策倾斜，增强具有生态标识的农产品的竞争优势，从而推动机制的良好运作。同时，健全相关的生态农业与绿色产品评价体系，加强行业标准化管理，进一步推行生态标识制度，使生态化的农产品达到国际标准，获得国际认证。

3. 生态标识法律制度同资源分配相结合

以经济建设为中心的制度惯性导致了市场自发承认生态价值的困难性，在对自然、公共资源进行分配时，必须通过国家强制力的适度干预，促成生态价值承认的普遍化。因此，生态标识法律制度对国家强制力在何处干预、何种程度干预等提供了判定标准和公正性指示，将促进产业的创新与发展，推动各项制度的生态化。

二　农产品原产地规则制度

(一) 原产地规则概述

目前，原产地规则最权威的定义出自 WTO《原产地规则协定》第 1 条第 1 款："任何成员为确定货物原产地而实施的普遍适用的法律、法规和行政裁决。"① 其核心是判定货物原产地的具体标准，即原产地标准。

（二）我国货物原产地规则

1. 我国货物原产地规则法律制度沿革

我国在 2004 年之前适用进口货物和出口货物两套原产地规则。2004 年 9 月 3 日，国务院发布的《进出口货物原产地条例》（以下简称《原产地条例》②）同时废止了之前适用的两套分开的原产地规则。③

2. 我国原产地规则的适用现状

（1）我国原产地规则的分类

我国的原产地规则通常适用区域性贸易协定的分类，即以是否享有关税优惠待遇为标准，包括优惠性原产地规则和非优惠性原产地规则。WTO《原产地规则协定》的附件 2《关于优惠性原产地规则的共同宣言》第 2 条将优惠性原产地规则定义为："任何成员为确定货物是否有资格根据导致超出适用 GATT1994 第 1 条第 1 款的关税优惠的契约性或自主贸易制度而实施的普遍适用的法律、法规和行政裁决。"非优惠性原产地规则由我国《原产地条例》规定，主要目的是为产品确定产品的来源地，其适用范围广泛，主要包括反倾销、反补贴、保障措施、原产地标记、政府采购、检验检疫等。

（2）我国原产地规则的发展

我国入世后优惠原产地规则才获得关注，目前这一研究还处在初级阶段，直到 2004 年《原产地规则条例》的颁布，才实现了我国同发达国家的原产地规则接轨。截至目前我国已经同中国香港、中国澳门、东盟、非洲等 11 个国家或单独关税经济体建立了优惠原产地规则体系。

我国参与的自由贸易协定中的原产地规则，是复式的、优惠性的。对于我国海关而言，在货物进口时，因不同的自由贸易协定，需要同时适用多套不同的原产地规则；对于出口商而言，为获取原产地的关税优惠，原产地证明文件需要按照不同的原产地规则进行区分。

---

① http：//www. WTO. org/english/tratop_ e/roi_ e/roi_ e. htm.

② 《原产地条例》第 6 条规定，对于两个或两个以上国家（或地区）参与生产的货物，以最后完成实质性改变的国家（或地区）为货物的原产地，而这种实质性改变的确定标准，以税则归类改变为基本标准，如果税则归类改变不能真实地反映实质性改变的，那么就以从价百分比、制造或者加工工序为补充标准来确定货物的原产地。

③ 邓永军：《货物原产地规则研究》，博士学位论文，华东政法大学，2012 年。

3. 我国原产地规则的不足

我国的原产地规则仍有许多地方需要进一步完善，包括原产地规则的程序性规则的缺失，实体规则的粗略以及非生态化保护措施的困境。

首先，我国的原产地规则未设置恰当的政府采购领域的"国产货"标准。我国 2003 年 1 月 1 日实施的《政府采购法》第 10 条规定"政府采购应当采购本国货物、工程和服务"。其中提出用外国增值的最高百分比与本国增值的最低百分比来区分"外国货"和"国产货"，但增值百分比的计算方法却只字未提。

其次，未对配额国产货制定特殊原产地标准。大量进口含量很高的加工贸易产品获得中国货物原产地证书，这些"伪中国国籍"的加工贸易产品一方面使我国在贸易统计中背上沉重的"顺差"包袱；另一方面使外国企业获得了我国应独享的利益。①

原产地规则目的是进一步扩大世界贸易，如果各国将其作为国际贸易壁垒的手段，那么缺乏公正性、透明度和可预测性的原产地规则体系势必造成歧视性的市场准入。我国当前的原产地制度无法应对此类非生态化的"区域性"保护措施。

4. 我国农产品原产地规则的缺失

我国的《原产地条例》未区分具体贸易类别，仅在货物概念部分列举说明了所针对的货物范围。这种模糊的规定是我国立法质量不高，政策性、原则性强，以及可操作性差的体现。不完善的原产地规则法律体系的构建，将对一国农产品贸易带来极其严重的非生态化影响。

目前原产地规则在世界范围内的标准不一致，导致相关的判定标准和程序出现不同程度的冲突。而我国因原产地规则相关法律制定的标准低于欧美，而频繁遭受来自欧美等发达国家的反倾销和反补贴调查，国内众多行业深受其害。WTO 官网显示，就原产地规则这一条款提交的争议共有 7 项，其中 1997 年，阿根廷诉美国关于花生原产地规则的争议，就是农产品贸易关于《原产地规则协定》的争端案例，② 该案历经 13 年申诉，终于 2010 年 2 月 24 日落下帷幕，对美国和阿根廷境内涉及花生及相关产业的农产品贸易产生了极大的影响。我国应当弥补在农产品原产地规则方面

---

① 徐世杰：《原产地规则法律问题研究》，硕士学位论文，大连海事大学，2011 年。

② http://www.wto.org/english/tratop_e/dispu_e/cases_e/ds111_e.htm.

的缺失，通过制度的完善以维护我国在农产品以及农产品生态化方面的利益。

（三）生态化原产地制度的意义

重视和推广生态化原产地规则，有利于淘汰对生态破坏较大的技术和产品，引导我国企业向国际化、生态化发展；同时实现合理配置有限的资源，有序引导资源、贸易的发展；推进以农产品贸易的生态价值、生态质量为参照的产业规则，落实农产品贸易的生态化转型。

1. 搭建我国国内企业发展平台

如前文所述，由于当前我国原产地标准门槛较低，外资企业在我国简单再加工后获取中国原产地资格，再出口其他国家。如此一来，它们不但享有相关优惠关税政策，还挤占了我国国内企业在相关贸易领域中的原产地配额，导致我国相关的国内企业发展受限，困难重重。这将非常不利于国内企业的定位与发展，很可能逼迫相关企业转向低贸易增长值的非生态化行业。因此，原产地制度的生态化将规范原产地资格标准，细化产品分类，对农产品进行具体的规定，从而为我国国内企业搭建发展平台，引导企业走生态化道路，保障国内企业的发展权益，提高国际竞争力。

2. 促进农业产业生态化转型

农产品对一国的农业发展、对外贸易地位、经济发展以及国家稳定等影响重大。生态化原产地制度与农产品生产、销售等各环节都密不可分。我国市场大，易形成规模经济，可建立生态化的农产品原产地规则，完善农产品进出口比例，引导农产品相关产业的升级，以带动农业产业的生态化转型。生态化的农产品必将占据市场主导地位，实现向新型的产业态势转移的贸易格局。

3. 提升原产地标识的价值

随着时代的发展，原产地不再局限于地理价值，还附载了新的经济价值和文化因素。并且，在农产品贸易领域内，土壤、环境等与产地相关的生态因素的价值不断得到认可。因此充分利用原产地标志，赋予原产地标志生态化、绿色化的价值理念，将农产品与之结合，便可以打造属于中国的生态型农产品，增强国际对我国农产品的价值认同，推进构建以生态化为优势的农业产业，提升竞争力。

（四）构建完善的生态化原产地规则

根据以上分析可知，为发展我国农产品生态化贸易制度，必须完善

《原产地条例》的相关内容，增加与农产品贸易生态化发展相关的制度。对于原产地规则的构建和完善应从如下几个方面展开：

1. 制定农产品贸易的生态化原产地规则。

生态化农业贸易的核心目的是从理念角度融入生态因素，维护生态安全并促进贸易平衡发展。当前有关原产地规则的第一个国际公约是乌拉圭回合谈判通过的《原产地规则协定》，但该协定第 3 条未对原产地的"实质性改变标准"做出明确定义。欧美等国便利用这一漏洞，制定了用于反规避的特殊规则，对较劣势产业进行保护，维持发达国家的强势地位。而以我国为首的发展中国家，无法像欧美大国利用原产地规则实施贸易保护主义政策，导致国内福利明显减少。因此，现行国际贸易制度对发达国家是有利的。①

综上，有选择地学习欧美等国的先进原产地规则对完善当前我国农产品贸易生态化原产地规则是十分重要的。细化制度，首先要对农产品等特殊贸易货物与其他普通贸易货物进行区分，控制"三资"企业获得中国原产地标志的增值百分比等。制定详细且具操作性的原产地规则体系，可以减少农产品货物贸易过程中所遭受的不必要的反倾销和反补贴调查，进一步降低资源的损耗；也可指引国内农产品贸易生产商的生产行为，最大化地扩大中国本土原产地的增值价值，实现农产品贸易生态化转型。

2. 强化农产品等特定产品原产地规则

农产品与一国的产业发展战略、产品在国内和国外的地位及重要程度、产品市场潜力、产品竞争力等息息相关。我国目前并未就农产品等敏感产品制定专业的原产地规则，因此制定与完善特定产品原产地规则，不仅可以弥补现有原产地规则体系缺陷，也能通过相关区域贸易安排带动农业贸易产业发展。

三　逐步建立农产品 PPMs 标准措施

PPMs 标准法律制度是许多国家在意识到了仅仅通过"末端治理污染物"手段难以满足可持续发展的环保与贸易共同发展要求后，逐步发展起来的一种贸易法律制度。PPMs 指产品制造、加工以及自然资源开采利用

---

① ［美］罗伯特·J. 凯伯：《国际经济学》，刘兴坤等译，中国人民大学出版社 2011 年版，第 238 页。

的方式，① 可细分为与产品相关的 PPMs，即 PR – PPMs，以及与产品无关的 PPMs，即 NPR – PPMs。但目前，国内针对 PPMs 标准的研究甚少，以生态化理念为视角展开研究的更是屈指可数。

（一）PPMs 标准概述

PPMs 标准是指产品有关生产过程和生产方法必须符合环境生态保护要求的标准，② 目前世界范围内还不存在统一的标准。在形式上，PPMs 是贸易与环境协调发展的管理手段，但因技术与贸易标准的差别，其可能影响产品成本和消费者对产品的认可。PPMs 标准尚未得到 WTO 主体规则（GATT）层面的认可（仅在 TBT、SPS 等协定中有较少运用），但它独具环保时代性，是 GATT/WTO 司法实践中日益重视的标准，也是理论界探讨的焦点。③

根据 PPMs 标准所涵盖的环境保护与贸易管理的阶段不同分为：（1）广义的 PPMs 标准，包括了从原材料采集到产品完成的整个方法和过程，如对牛的屠宰方式人道与否；（2）狭义的 PPMs，仅指加工和制造产品的方法和程序，例如一个工厂在加工产品的过程中对环境的污染程度。

农产品 PPMs 则是指农产品的生产过程和生产方法要符合特定的环境要求。例如，生产过程中如若产生废气等，其排放要符合一定的环境标准。经合组织还以农产品的制造方法是否在消费和使用过程中损害了进口方的环境为标准，将农产品 PPMs 分为与产品性能有关和与产品性能无关两类。前者对农产品本身的质量产生了损害，例如使用杀虫剂导致农产品残留了农药，从而影响农产品质量；后者是指虽然未影响农产品的质量，但是生产方法对环境造成了损害，④ 例如，采用拖网的方式捕获金枪鱼而导致大量海豚丧生。当前对 PPMs 的态度是有分歧的，其中 WTO 和 NAFTA 是持谨慎态度的，但是向来对农产品进口采取"零风险"原则的欧盟

---

① 牟文义：《WTO 对"相同产品"认定是否要引入 PPMs 标准》，《对外经贸实务》2009 年第 2 期。

② 生产方法主要指只要经过一道主要工艺就可以生产出成品的加工过程。加工过程指产品从原材料开始到最终产品形成的一系列过程。

③ 曹荣湘：《全球大变暖：气候经济、政治与伦理》，社会科学文献出版社 2010 年版，第 1 页。

④ 张旭菲：《贸易与环境：PPM 问题》，《亚太经济》1998 年第 8 期。

和重视环境保护的国际多边环境条约对 PPMs 是全面认可的。[①]

（二）我国 PPMs 标准措施现状

目前我国仍未制定统一的 PPMs 标准，缺乏与之配套的法律制度。PPMs 标准法律制度在我国当前现状如下：

缺少与 PPMs 标准相关的国内立法。我国 2009 年实施的《食品安全法》对 PPMs 进行了规定，主要包括生产方法和生产过程中的标准设置；于 2012 年实施的《清洁生产促进法》，要求农产品从原材料的投入到最终产品的产生都要符合一定的环境标准；使用国际标准化组织（ISO）制定的 ISO14000。但目前我国尚没有一部与 PPMs 标准相关的成文法规或条例。

缺少与 PPMs 标准相关的制度设计，以 PPMs 标准为核心的相关产品出口监测制度匮乏。目前，我国正处于经济发展的重要战略时期，对自然资源的消耗比较大，合理地利用好 PPMs 标准对我国出口农产品品质提升将起着非常重要的作用。

PPMs 标准落后、标准与科学研究脱节。欧盟国家、美国、加拿大、日本等发达国家依靠技术发展，特别是依靠认证手段、认证体系的发展，已经登上了基于 PPMs 标准要求的贸易制度发展的另一个台阶。例如，在食品安全管理方面，欧盟特别注意限制添加剂的使用。禁止利用荷尔蒙喂养的牲畜进口到欧盟国家就是一项与 PPMs 相关的措施。[②]

因此，避免 PPMs 标准带来的各种"软成本"，我国应大力推行 ISO14000 等一系列国际环境标准，为产品赢取国际市场的绿色通行证。[③] 我国在相关技术和贸易标准制定方面的落后性决定了我国 PPMs 标准发展还有很长的道路要走。

（三）PPMs 标准对我国农产品贸易的意义

1. 是我国农产品贸易的切实需要

PPMs 标准是人类对生产、贸易与环境认识不断加深的一种体现形式，把环境保护纳入贸易发展决策越来越重要，所以，将 PPMs 环境标准与农

[①] 郝放：《我国农产品国际贸易法律制度的国际协调机制研究》，硕士学位论文，郑州大学，2015 年。

[②] 唐华兵：《PPMS 标准的法律问题分析》，硕士学位论文，华东政法大学，2012 年。

[③] 吕莎莎：《论国际贸易与环境保护涉及的 PPMS 问题及应对》，《金卡工程》2011 年第 4 期。

产品贸易相联系，具有充分的合理性。只有制定合理的农产品 PPMs 标准，并严格遵照实施，我国的农产品才能走向生态化，才能拥有具有竞争力的生态化价值，从而推动农业产业的大发展。

2. 有利于构建生态型农产品贸易发展模式

我国正处于农业贸易生态化转型的阶段，积极倡导"生态、绿色"的贸易发展理念，在市场准入方面可以结合 PPMs 进一步控制相关的非生态化、高污染和高消耗的贸易内容，推动我国农业产业的升级转型。对我国而言，PPMs 有利有弊。短期内，PPMs 会降低我国产业的国际竞争力，但从长期来看，PPMs 可以刺激技术创新，使我国产品获得国际竞争优势。并且，正确实施 PPMs 标准亦将大大减少我国生产中的环境成本外部化现象。因此 PPMs 标准的实施及完善必将有利于全面构建生态型农产品贸易发展模式。

（四）如何促进我国 PPMs 标准法律制度发展

1. 融入生态理念，借鉴国外立法

PPMs 标准是基于"源头控制"的思想，在产品的生产、加工过程中贯彻特定的环境保护的技术规范。[①] 当前，我国参加的众多国际条约和贸易协定中都有对 PPMs 标准法律制度的规定，其详略程度不等，包括 GATT 第 20 条 "一般例外条款"，TBT/SPS 协议序言部分的规定等。并且我国 2009 年通过并实施的《食品安全法》也是 PPMs 标准对生产过程和生产方法必须符合环境生态保护的重要突破。但是，生态理念的匮乏和农产品贸易需求的日益扩大也预示着我国 PPMs 标准法律制度需要不断深化生态理念的融入，并应当积极参照和借鉴国外相关立法。

PPMs 法律制度的存在不仅是为了提升贸易领域，更是为了国内农产品在生产、进出口等多方面的生态化。我国应顺应世界贸易组织的立法趋向，逐步实行生态化贸易转型理念，将生态因素融入立法过程，更多地考量生态价值，提升资源的利用率。

2. 推广企业采用 PPMs 生态标识

PPMs 生态标识制度大多是自愿采用的，如果一国在进口产品时要求所进口的产品必须具有其本国政府或组织认证的某种生态标识时，那么这

---

① 牛忠志：《国际条约中 PPMs 标准带来的挑战与应对策略》，《温州大学学报》（自然科学版）2010 年第 4 期。

种强制性的生态标识就会被认为是 PPMs 贸易限制措施。正是因为 PPMs 生态标识的自愿性，其不会成为限制进口的条件，而是一种由企业自行决定是否采用的市场促销手段，没有这种标志的产品可能会处于竞争劣势。

3. 维护 PPMs 标准制度立法原意

我们构建 PPMs 标准制度的原意是通过提高贸易的生态质量，转变贸易发展方式，从而进一步改善国内生态环境。以中国为代表的发展中国家或其他不发达国家，在绿色生态技术层面与发达国家存在较大的差距。国内立法或国际立法如果忽视这一技术层面的差异，将可能导致 PPMs 措施的立法原意被扭曲，变为发达国家在贸易领域制裁不发达国家或者发展中国家的手段。这对于当前世界贸易、农产品贸易领域的危害都是不容小觑的。

我国在立法时应该注意，设置的 PPMs 标准不应有歧视性。在上面的分析中我们已经提到，可能由于不同国家、不同国情、不同科技水平等多种因素的作用，使一种绿色、健康、环保的制度变成一国在贸易领域的隐形壁垒。所以，我国作为世界贸易组织的成员国，在立法时就应当考虑到这一点，区分"PPMs 标准的贸易措施"与"以 PPMs 标准为手段的贸易措施"的界限，不以歧视性标准作为相关法律制定的内容。

第三节　我国农产品贸易进口生态化法律制度

农产品进口贸易法律制度对一国而言意义重大，可以避免贸易损害，维护行业稳定，保障国内生态安全与环境平衡。本节通过对农产品检验检疫、农产品技术性贸易措施以及农产品贸易生态风险预警方面的法律制度进行研究，分析相关制度的现状和面临的问题，思考对策，从而推动我国农产品贸易的良好发展，保障生态环境的稳定安全。

一　农产品检验检疫法律制度

(一) 农产品检验检疫法律制度概述

农产品检验检疫是指在国际农产品贸易活动中，检验检疫机构依照国家的法律法规，应用感官的、物理的、化学的或者微生物的分辨分析方法，对出入境的农产品的数量、重量、包装等进行检验并对涉及人、动物、植物的传染病、病虫害、疫情等进行检疫、监督管理或科学检验鉴定与处理。农产品检验检疫是我国目前技术最为成熟的一项技术性管理的制度。

(二) 我国农产品检验检疫法律制度现状

1. 农产品检验检疫法律制度沿革与不足

我国检验检疫工作历经三个发展时期：从"口岸检验检疫"再到旧中国"国家检验检疫"和新中国的全面"检验检疫"。而农产品检验检疫制度是其中一个分支。随着改革开放和入世，我国已初步建立了以《进出口商品检验法》《进出境动植物检疫法》《食品卫生法》等为核心的检验检疫法律制度体系；加入 WTO 后，制定了《出口食品生产加工企业卫生注册管理规定》《农业转基因生物安全管理条例》，建立了国家强制性产品认证制度等；可以说，我国的农产品检验检疫法律制度体系初步构建。[1]

但目前，我国农产品检验检疫法律制度仍有许多不足之处：我国统领和指导农产品检验检疫法律制度实施的基本法，例如，《商品检验法》和《商品检验条例》中对同一批货物同时存在两个违法行为是否应当合并处罚的规定就存在漏洞。[2] 同时，现有相关法律法规不协调，原则性规定过多，存在重叠、冲突甚至空白，并且落后于实践的需要。

2. 农产品检验检疫管理现状

我国农产品检验检疫管理权限分属农业、卫生、环保等众多部门，职权范围存在重叠，部门衔接有漏洞，易导致利益冲突，推诿扯皮，造成了实践中的低效甚至错误。

国家和地方政府的管理机构共同负责我国农产品的检验检疫监控工作。但地方与中央由于财政拨款等原因容易产生冲突，管理机构更多地关注本地区利益而非国家标准。因此，我国为确保管理机构的高效运作，有必要建立可行的协调机制。

我国目前的传统批检疫模式与符合 WTO 合格评定程序的检验检疫监管模式还存在一定的差距。目前用于保障监管有效的法律制度包括有害生

---

① 谢宪华、朱其太：《陆桥沿线检验检疫机构共谋提速"一带一路"农产品贸易大通道》，《大陆桥视野》2015 年第 19 期。

② 冯泰学、林海燕：《合并处罚在检验检疫中的应用》，《中国检验检疫》2013 年第 5 期。

物监测制度、科学检疫制度、风险分析制度等还不完善；此外，我国未将检验检疫关口延伸至生产前后，无法从源头管理农产品质量，缺乏全程的监控。

（三）　农产品检验检疫法律制度的作用

1. 可以维持国内市场的秩序

作为农产品进出口贸易的最后一道防线，完善的农产品检验检疫法律制度，可以掌控农产品进出口市场秩序，禁止不合格农产品进出口，维护国内农产品市场的安全与稳定。

2. 可以保证国内环境与产业安全

健全的农产品检验检疫法律制度可以防患于未然，有效抵御农产品病虫害、各种传染病的传播，减少经济损失，保障国家农业产业安全，促进社会的安定发展。

3. 可以促进其他制度的生态化

农产品检验检疫法律制度在根本层面解决一国农产品贸易的非生态化现象，并为其他制度措施提供生态化的评价标准和依据。例如，在农产品进口环节，根据农产品检验检疫结果，一国海关可以对进入该国的农产品的生态品质、价值做出相应评价，就国内产业是否可以对该项农产品贸易继续展开或是否改变贸易对象等做出引导。农产品检验检疫法律制度是其他法律制度生态化的前提。完善的农产品检验检疫法律制度可以促使相关的法律制度针对生态化不断进行调整与创新，从而引导农产品贸易的升级转型。

（四）　以生态化视角完善我国农产品检验检疫法律制度

我国应当构建农产品贸易法律新环境，以"生态化"为立法理念，完善我国农产品检验检疫法律制度。我国目前已经和加拿大、新西兰、澳大利亚、智利、阿根廷、哥伦比亚、老挝和越南等多个国家和地区在农产品检验检疫方面进行合作。例如，2010 年我国与波兰签署协议，对进口波兰的猪肉的检验检疫和兽医条件进行规定；再如，2013 年，我国和瑞士签 TBT/SPS 过渡协议。目前中国—瑞士、中国—新加坡都在对 TBT 和 SPS 进行协商研讨。

1. 制定统领性的农产品检验检疫基本法律

目前我国农产品检验检疫制度的立法分散，因此，制定一部具有统领性的基本法意义重大。我国检验检疫行业的信息收集不充分，与国外标准和技术法规的对接也存在明显漏洞，造成我国农产品检验检疫单项法律内容滞后，法律法规不健全，过于原则化，缺少标准和配套规定等。因此，制定统领性的检验检疫基本法律可以起到提纲挈领的作用，弥补缺漏，规范农产品贸易，保护国内农业市场，促进产业的发展与国际同步，向生态化转型，促进整个农产品法律法规体系的完善，以及外向型农产品贸易产业的兴盛。

2. 构建统一与系统的检验检疫法律法规体系

目前的检验检疫体制缺乏统一管理且分散立法，为当前的实践操作带来了很多问题：首先，各部门管理职责不明，秩序不一。其次，立法过程各部门往往只看到相关法律是否已经建立，却忽视了内容是否健全、是否已经脱离实际等问题。构建统一与系统的检验检疫法律法规体系，才能保证检验检疫法律法规的有效实施，才能切实地起到把关进出口的作用，解决当前各部门管理混乱低效的局面。良好的法律制度体系可以间接促进我国农产品贸易的生态化发展，减少纠纷与冲突，是实现农业产业繁荣的前提。

3. 同认证管理制度等相结合

注重检验检疫制度在立法环节和执法环节的基础性作用，运用行政手段和政策指引，将检验检疫制度同认证管理制度等相结合，形成生态化的检验检疫制度，实现对企业的质量保证能力的动态分类管理，发现与控制检验检疫风险，切实实现监管重点转移，突破现有检验检疫模式，关注农产品的生态与安全，提升产品质量，从而推动农产品贸易的升级转型。

二　农产品技术性贸易措施相关法律制度

（一）农产品技术性贸易措施概述

农产品技术性贸易措施是指：一个国家、地区、区域性组织或非政府机构为维护基本安全、保障人类健康和安全、动植物的健康和安全、保护环境、防止欺诈行为和保证农产品质量等，而采取的一些强制性或自愿性的技术性贸易保障措施。主要包括：农药残留限量标准、重金属含量、食品包装和标签要求、动植物卫生检验检疫制度等。[①]

---

① 苏志明：《农药残留限量标准——农产品贸易中的技术性贸易措施》，《WTO 经济导刊》2005 年第 12 期。

一项技术性贸易措施主要涉及三个方面：（1）人类、动植物的健康与安全；（2）自由贸易；（3）每一个WTO成员方，特别是发展中国家。

（二）国内外农产品技术性贸易措施现状

1. 国外农产品技术性贸易措施发展现状

农产品技术性贸易措施是WTO赋予各成员方的权利，成员方采取这些措施必须以维护本国产业、公民和动植物的安全与利益为目的，必须遵循WTO相关协议规定的原则，如风险分析原则等。在众多的农产品技术性措施中，使用频率最高的是WTO规定的SPS规则[①]、TBT规则[②]及农药残留标准。

以美国为例，其在农产品技术性贸易措施实施方面有如下重点：一是农（兽）药管理，农（兽）药残限量标准是主要技术性贸易措施；二是加强检测和认证，注重整个生产过程的风险控制。[③]

2. 国外农产品技术性贸易措施对我国农产品贸易发展的影响

技术性贸易措施通过制定一系列复杂苛刻的环保制度和标准来保护自然资源、生态环境和人类健康，其实质是设置障碍来限制其他国家和地区的产品及服务的进口以保护本国市场。[④] 近年来，发达国家对我国农产品的出口采取了很多技术性贸易措施，蔬菜、水果、茶叶、蜂蜜、畜产品和水产品都受到了发达国家的技术贸易壁垒的限制。其中，95%以上的技术性贸易壁垒都来自欧盟、美国和日本，其中欧盟占40%，日本约占30%，美国约占24%。[⑤]

---

① SPS措施是指一国或区域为保护消费者食品安全、动物和植物生命健康与环境安全而对上市商品设立的强制性法规、标准、检验和检疫要求，这些标准要求可能对其他国家产品进入该国市场构成限制和障碍。

② TBT措施是指一国或区域以维护国家基本安全、保障人类健康和安全、确保社会基本责任、保护动植物健康和安全、保护环境、防止欺诈行为、保证产品质量、保护知识产权等为由而采取的一些如技术法规、技术标准与合格评定程序等强制性或自愿性的技术性措施，这些措施对其他国家商品进入该国区域市场形成障碍。

③ 简秋、朴秀英、宋稳成等：《2011年农药领域技术性贸易措施官方评议》，《农药科学与管理》2012年第2期。

④ 徐维、贾金荣：《农产品技术性贸易壁垒对中国出口的影响——基于自贸区视角的实证研究》，《中国商贸》2013年第1期。

⑤ 孙龙中、徐松：《技术性贸易壁垒对我国农产品出口的影响与对策》，《国际贸易问题》2008年第2期。

技术性贸易措施实施的主要目的在于对本国环境及安全的保护,因而限制和阻碍了他国市场的农产品进口。我国常常成为被限制的"他国"。我国农产品出口结构、国内农业生产水平和出口市场构成决定了国际技术性贸易措施的增长对我国农产品出口影响显著。

3. 我国农产品技术性贸易措施立法现状

我国农产品技术性贸易措施立法不成体系,以个别条款的形式或指导原则散见于法律、法规中,主要包括《农业转基因生物安全评价管理办法》《农业转基因生物进口安全管理办法》等。在农产品进出口包装有关的法规以及农产品国际认证制度的合格评定程序等方面均存在缺失,并且管理主体权责分工不明确,部门之间不协调。综上,我国目前的技术性贸易措施法律制度不足以增加贸易伙伴的出口成本,也无法保障我国的生态安全。

(三) 我国农产品技术性贸易措施生态化的必要性

1. 可以扩展制度以应对他国技术性贸易措施

目前我国农产品贸易普遍遭受来自发达国家的技术性贸易措施,为应对此类问题,学界开展了相关研究,但普遍理念更新不足。且学者普遍致力于如何应对已遭受的技术性贸易措施,而缺乏针对现有的防治措施的拓展。我国常常受到其他国家市场的限制,对这一制度向生态化转型的扩展研究,可以有效提升国内农产品质量以及生态价值,可以积极应对他国的技术性贸易壁垒,同时将促进国内农业产业升级和生态环境发展。

2. 可以保护国内农产品贸易产业

完善国内农产品技术性贸易措施立法,并拓展和应用相关的技术性贸易措施研究成果,可以严格把关,限制国外非生态化农产品的进口,从而对国外企业施加压力,形成对国内农产品贸易产业的保护,同时带动我国产业的自身发展,走生态化道路,增强竞争力,保障国内生态环境平衡。

(四) 农产品技术性贸易措施的制度构建及完善

技术性贸易措施的立法原意是"保护人身健康或安全、动物或植物的生命、健康或环境",之所以在当前科技范围内被认定为贸易壁垒手段,主要是因为当前各国的不当利用。注重该制度的立法本意,正确运用这些措施。

1. 注重技术性贸易措施的立法原意

应当制定明确的强制性法律,从而避免利用技术性措施导致的贸易壁垒：对于主张和实施某项新的技术法规与标准的国家，应当有义务和责任就该项技术和标准的生态环保性保护理念的存在做出解释，并提供或转让该项技术给其他参与国，而对发展中国家应当无偿或低成本，不应利用该项技术及转让成本设定国内贸易领域的保护性障碍。这种加强和完善不仅可以有效地恢复技术性贸易措施的立法原意，而且能够为促进国内乃至国际的农产品生产及进出口多环节的科技化发展，对于全球范围内有限资源的利用率提升有着前瞻性的指引作用。

2. 充分利用 SPS 与 TBT 申报手段

由于我国当前并没有技术性贸易措施的系统化立法，且国际上也未见相关先例，因此本书认为，就目前而言，建立体系化的国内技术性贸易措施法律制度的可行性较低。我们应当充分利用 SPS、TBT 申报手段来实现对我国农产品进口检验、卫生条件以及食品安全等方面的技术支持等优惠待遇，从而为构建及完善农产品技术性贸易措施制度积累经验，打下坚实的基础。SPS 协议制定了"特殊与区别待遇"及"技术援助"条款，要求发达国家通过国际组织，向发展中国家提供技术援助，并且规定发展中国家对于新的卫生检疫措施可以申请更长的调整期。我国可以依据这些条款积极争取技术支持、更长的适应期等优惠待遇以获得出口优势。[①]

三　构建我国农产品贸易生态风险预警法律制度

（一）我国农业生态安全现状

1. 农业污染日趋严重

我国农业生态环境污染日趋严重，污染主要包括点污染和面源污染。面源污染主要为种植业、养殖业的源头污染对食品安全的威胁；点污染主要是工业企业造成的农用化学物质的大量使用和城乡生活垃圾及污水的聚集。[②]

2. 生物多样性威胁扩大

农业生态系统结构简单，内部动态平衡和稳定性差，多样性极易受外界干扰和破坏。外来物种的入侵对农业生态系统的结构和功能的破坏性是巨大的。据农业部的最新统计，我国已经成为遭受外来入侵物种危害最严

---

① 段辉娜：《卫生检验检疫对我国农产品出口的影响》，《江苏商论》2015 年第 2 期。

② 朱立志：《农业发展与生态文明建设》，《中国科学院院刊》2013 年第 2 期。

重的国家之一，而且入侵我国的外来物种呈现出传入数量增多、频率加快、蔓延范围扩大等不良趋势。

3. 不安全因素增加威胁人类健康

许多农业经营者为了降低成本，提高产量，对农作物施加化肥、生长剂；在动物食物中添加各种化学添加剂，重金属、亚硝酸盐等毒害物质含量严重超标，导致产品品质下降，各类人畜严重疾患高发；同时，转基因食品的安全性未得到科学证实。

（二）农产品贸易生态风险预警机制的内涵

农业生态风险就是在农业产业领域中，由于当前的生态环境遭受的来自生产、贸易、消费多环节、多领域的胁迫，对其可持续发展和生态价值破坏的可能性。在我国农业领域表现为水、土地、森林、草原等资源方面的浪费和衰竭，而且不断扩张的生态环境污染和生物多样性的破坏也加大了我国农业生态环境安全的风险。

农产品贸易生态风险预警机制是指在农产品贸易过程中对影响农产品贸易安全的气象、地质、病虫草害以及国外政府的农业政策等进行动态监测、分析研究，实施先兆预警，为政府部门、农业生产经营者提供决策参考和咨询的系统，包括了危机预防与危机准备。

（三）构建农产品贸易风险预警法律制度的必要性

目前，我国的农产品贸易生态风险预警机制主要是由商务部以报告的形式予以发布，并未落实到司法或行政制度层面，因此，我国应当建立相关的农产品贸易生态风险预警机制和行政指导规则，形成一种从国门到餐桌的农产品贸易和食品安全、农林渔牧业安全保障的"生态防风林"。这种保障作用存在的必要性主要体现在如下方面：

进口农产品的贸易主体因对相关风险防范措施缺乏认识和不熟悉政策法规，可能引进对一地区的生态环境造成不可逆的损害的相关物种。事后处罚和管控的效果往往是非常有限的，因此有必要建立事前的行政监控和风险防范法律制度。

防微杜渐的农产品贸易生态风险预警机制对整个世界都是必不可少的。农产品贸易的生态风险可以说是国际性的，每个国家都应当对进出口的农产品的生态风险进行考量评估，而依据便是相关的预警机制规定。

农产品贸易生态风险预警机制对于我国的农业安全、经济安全、社会安定都具有重大意义。预警机制的构建与完善，使相关部门有规可循，有法可依，可以良好运作，高效率地实现防范生态风险，保障我国农产品贸易的安全与发展、环境生态安全以及社会稳定。

（四）完善农业生态风险预警法律制度

1. 增强行政手段效用

建立农业生态风险分析管控的法制手段，实现对已知风险的控制和未知风险的预防，是国内农产品进口管控机关应当研究的重中之重。目前，我国的农业风险预警工作主要是由商务部完成。商务部的预警方式主要分为如下两种：第一，对已经产生或将有重大可能产生生态风险的贸易领域进行配额限制，包括对进口农产品种类进行配额限制，以及对进口农产品原产地地区进行配额限制；第二，对已经产生生态风险的事件、领域做风险评估报告，报告内容一般涉及对风险状况的评价和通报，以及对相关进出口贸易前景的预测。两种预警方式中，第一种相较于第二种执行效力更强，其辐射的范围更广泛，但不具有针对性，广谱性效果较差。第二种方式则针对性较强，但可操作性和影响力较低。对于这两种手段，如果在行政实践环节予以结合完善，融合执行力强、针对性强、辐射范围广的优点，将会大大提高预警的准确率与效率，增强对生态化的评估，间接促进了农业产业的生态化转型。

2. 增强农业生产过程的监测和预警

就农业环境污染现状，我国在《环境保护法》《农药管理条例》等法律法规中设置了一系列监测、预警制度，包括排污权交易制度和环境影响评价制度等。将环境管控法律制度与公共服务职能结合，发挥其在农业生产过程中的生态风险管控作用，尽可能实现法律制度的价值评价功能，即预先的风险衡量及持续跟进的风险管控。

3. 将贸易主管部门风险预警职责法定化

当前，我国相关的生态风险预警机制和应急制度建设也非常不健全，贸易主管部门风险预警的职责无法得到落实，监管不具备法律的授权和监督，使得农业贸易安全和人民生命财产安全置于不确定的风险之中，并且随着农业贸易产业的变革，这样的风险的破坏性范围和区域也将会逐步扩大。因此，健全农业生态风险监测、预警法律制度，对农业生态风险预警的主体、职责、义务做出明确规定，是非常有必要的。

4. 制定和完善农业生态风险应急预案

制定和完善农业生态风险应急预案，是对应急机构及其职责、装备、物资、救援行动等方面预先做出具体安排。同时要加强配套的应急准备、响应和善后等制度建设，规范和强化事故的应急处置工作，提高应对能力，有效治理农业生态风险。

第四节 我国农产品贸易生态化面临的新问题

农产品贸易的生态化是世界各国关注人与自然平衡的体现，是新旧贸易理念冲突的产物，是相关技术法律必须更新的前提。当前我国农产品贸易生态化面临的问题来自转基因生物的技术及其风险，外来生物入侵的威胁以及制定环境产品关税的争议等。我国应当针对所面临的新问题，学习外国先进技术与经验，完善现有制度，制定相关立法，从而促进我国农产品贸易生态化的实现，推动农产品贸易的进一步发展。

一 农产品贸易生态化新问题的含义与特征

（一）农产品贸易生态化新问题的含义

农产品贸易问题，已不再局限于各国农产品贸易主体间的经济利益博弈行为，而更多的是人与自然关系的失衡。因此，当前农产品贸易生态化的新问题源于新型生态贸易理念与传统贸易理念的价值冲突，技术层面革新的必要性，以及构建相关配套制度的可能性。

（二）农产品贸易生态化新问题的特征

1. 以有限的环境资源冲突和环境意识觉醒冲突为前提

资源的有限性是当前贸易发展的前提。我国的水资源以及土地资源都十分稀缺。农业灌溉用水占整个农业用水的绝大部分，但是不科学的灌溉方式和较低的利用率，使得近50%的水资源浪费，[①] 这些都使本来就不充裕的水资源更加稀缺，在一定程度上制约了农业的发展。

随着环境保护意识的觉醒，贸易的意义也就不限于牟利和资源的交流，人们看中的是世代间的资源权平等——也就是环境与资源保护法学界所谈及的"生存权"。因此，新型贸易向生态化转型的趋势不言而喻，而

---

① 杨士永：《基于生态足迹的中国农产品贸易可持续发展研究》，硕士学位论文，中国海洋大学，2014年。

农产品贸易作为贸易与生存发展最密切联系的根本，也就成为最重要的切入点。但是，基于有限的环境资源冲突和不同程度的环境意识的觉醒，发达国家和发展中国家对于环境价值在贸易中所占比重的认识程度不一，这也就是农产品贸易在生态化过程中的各种新问题滋生的根源。

2. 以生态化问题的关注点与内涵变革为背景

转基因技术、动植物交配技术、检验检疫技术等为当代物种有序繁衍和农产品贸易繁荣提供了科学平台，但也导致了人与自然关系的失衡。海啸、生态失衡、物种灭失等生态危机逐渐成为贸易发展的最大阻力。发达国家和意识到环境保护重要性的发展中国家也开始逐步施力于减小负外部性的贸易行为。农产品贸易生态化问题的关注点已经发生了变化，新问题在于新兴技术以及生态危机带来的负面影响，其内涵也不断变革。

二　转基因生物技术与风险

作为 21 世纪解决粮食危机和生态安全的重要手段，转基因技术在带来丰富多样的转基因农产品的同时，也给动植物健康、食品卫生和生态环境带来了新的挑战。世界各国对转基因农产品进口的法律控制呈现多元化，甚至两极化的趋势。

(一) 转基因农产品概述

转基因农产品是转基因产品项下的子类，转基因产品是通过转基因技术获得的改性产品的总称。转基因技术，是以人为的方法，导入特定的外源基因，使动植物获得超过自然选择和人工繁育所得的机能，创造出具有新性状的产品或物种的技术。[①]

转基因产品一般可分为转基因农产品和转基因动物产品，前者以美国转基因玉米、棉花为代表，后者以美国转基因鲑鱼和转基因多腿羊为代表。虽然这些转基因产品对人类社会发展进步提供了巨大的动力，但究其根本都是人类觊觎改性生物优于原环境生物的经济价值。目前我国写入第一批实施标识管理的农业转基因农产品目录中的有大豆、大豆粉、豆粕等 5 类 17 种产品。[②]

(二) 转基因农产品发展概况

转基因产品在大幅度提高产量、解决人类面临的食物短缺、能源危机

---

① 谭矿：《SPS 协定下转基因农产品进口监管问题》，硕士学位论文，复旦大学，2008 年。

② 张婷婷：《中国转基因农产品进口规制研究》，《粮食科技与经济》2015 年第 4 期。

和资源匮乏等问题上贡献极大，但同时也带来了威胁。转基因产品的安全性问题已经引发世界范围的激烈争论，主要包括：（1）可能对人类健康造成危害。（2）可能对生态系统产生不利影响。（3）可能对人类社会秩序产生不利影响，包括伦理和宗教层面的突破。

截至 2015 年，根据国际农业生物技术应用服务组织（ISAAA）的数据显示，2015 年全球 28 个国家种植了玉米、棉花、大豆等转基因作物 1.797 亿公顷，低于上一年的 1.815 亿公顷。中国的转基因作物几乎全是棉花，种植面积由 2014 年的 390 公顷，减少到了 370 公顷。①

（三）转基因农产品的潜在威胁

我国在逐步加大对转基因技术的研发力度，但仍是转基因食品的进口大国。2013 年全美大豆出口协会的统计指出，美国 60% 的转基因玉米用于出口，中国作为其最主要的进口商，进口额几乎占到其中的 30%—35%。

我国当前并不允许国内企业对转基因农产品进行商业化生产，因此完全呈现为进口导向型贸易体制。这种对外国产品"超国民待遇"的贸易格局，很可能会导致我国在转基因产品数量上遭受到严格控制。由于转基因产品无法留种的固有特性，以及转基因技术、转基因农产品贸易产业链上游的严重依赖性，可能引发我国粮食安全保障环节的新一轮危机。由于科学的不确定性，当前世界各国对转基因技术都持审慎态度。包括转基因技术对于环境领域可能带来的不稳定的生态风险，以及其管控技术要求的不确定性，都可能对生态条件、环境监控水平不足的国家的生态带来严重损害。

（四）转基因农产品立法概况

世界各国对转基因农产品进口的法律控制呈现多元化，甚至两极化的趋势。以欧盟为代表的发达国家对转基因农产品立法一直持审慎的"预先预防"态度，法律规制了大量的转基因产品开示制度和授权监管制度，要求未经官方授权，转基因农产品不得投放欧盟市场。美国对转基因农产品则采取"强制标明转基因成分"制度，允许种植但还是更多期待外销，在国内的使用仍然困难重重。日本则采取在法律层面非强制性行政指南方式，例如"进口试用"转基因粮油来强化国内消费转基因农产品市场，

---

① http://www.chinagrain.cn/liangyou/2016/4/14/20164148113196853.shtml.

并逐步完善农业转基因技术产业化发展。

我国是对转基因食品采取强制标识的国家，自 20 世纪 90 年代就开始加强对转基因生物方面的立法，并且对转基因产品实施管制。自 2001 年颁布《农业转基因生物安全管理条例》起，我国已逐步形成了以《食品安全法》《农产品质量安全法》《农业转基因生物安全管理条例》为核心，以《农业转基因生物标识管理办法》《进出口转基因产品检验检疫管理办法》等为配套的法律体系。①

我国主要是通过行政法规和规章来对转基因农产品进行规制。法规众多，缺少专门的法律将会导致体系散乱、多个部门对转基因农产品重复监管等问题。而且，根据当前世界范围内对转基因农产品法律规制态度不一的现状看来，未来立法应当首先明确法律制度的立场问题。

（五）我国转基因农产品进口法律制度的完善

我国针对粮食领域的法律法规《粮食法》征求意见稿于 2012 年 2 月 21 日公布并征求公众意见。该法将进一步完善转基因生物安全管理法规，加强农业转基因生物安全管理。

2013 年 10 月 29 日，中国国家主席习近平提出"中国的粮食安全要靠自己"，这一观点引发了我国对转基因食品进出口贸易的思考。以国内大豆为例，国内大豆生产力不高导致产量不足，对国外的转基因大豆依赖很强。然而我国对转基因技术相当谨慎，生态化利用转基因农产品生产技术可以缓解这一冲突，不仅可以帮助应对粮食安全问题，还可以将传统与非传统农业生物技术并行，实现贸易平稳安全发展。下文将就《食品安全法》与《卡塔纳赫议定书》内容对比，提出我国转基因农产品进口法律制度的完善建议。

1. 完善转基因食品的强制标识规定

转基因食品的致敏性问题已得到国际社会的普遍关注，致敏性转基因标识得到了国际社会的一致认可。致敏性规定是生态化转基因农产品相关法律制度的体现，有利于规范转基因农产品的生产销售，保障国家农业产业安全、经济稳定以及社会发展。

2. 扩大转基因食品的标识范围

我国对转基因食品标识的规定目前还只局限于转基因生物层面，尚未

① 马倩歆：《完善中国转基因生物安全法律研究——中国与欧盟转基因生物安全法律比较》，硕士学位论文，对外经济贸易大学，2008 年。

对最终消费食品进行标识。根据我国《农业转基因生物标识管理办法》规定，只有列入农业转基因生物标识目录的转基因食品才必须标识。但是，目前我国纳入标识系统的农业转基因生物只有 5 类 17 种。因此，应当拓宽标识制度的适用范围，或直接将标识的范围表述为"以转基因动植物、微生物或者其直接加工品为原料生产的食品和食品添加剂"。扩大转基因食品的标识范围保障了进口国家及其民众的知情权与选择权，有利于增强对转基因产品的了解，规范转基因农产品的市场秩序，是生态化转基因农产品相关法律制度中必不可少的一环。

3. 加强构建转基因农产品贸易责任制度

我国当前对转基因农产品贸易的责任制度构建同世界先进立法模式还有较大差距。国际上对转基因技术管控力度最强的当属欧盟，虽然就其严格度可能有一定争议，但欧盟内部的保护意识是非常值得我们思考和学习的。

欧盟对转基因农产品和其他一切产品的规范都是极其严格的，从转基因标识申领的审核、转基因标识应用，到转基因产品致损责任的追究都有严格的程序和实体的立法。主要体现在四个方面：（1）对转基因产品的生产和使用建立预先防范规则。（2）转基因农产品标志可追溯性制度的构建。由于转基因农产品用途的不确定性，既可为人食用，也能作为饲料，也可作为生物燃料的原料被进口，欧盟 2001/18 指令要求转基因农产品在生产加工和分销投入市场的各个阶段都应当充分提供转基因生物的信息，经营者还应当将有关转基因产品的资料就交易之日起保存 5 年，以便对转基因农产品的审查和责任追究。（3）加强对转基因农产品风险的监控。欧盟设置的转基因农产品强制监督义务，要求申请人在申请将转基因生物投放市场时，就应提交一份"监督计划"，并就转基因生物是否向环境中释放来区分监督标准，向欧盟委员会和成员国监督主管机关提交监督报告。（4）加入公众意见及监管手段。欧盟 2001/18 指令要求"成员国在向环境中释放转基因生物问题上必须同公众和利益相关团体进行协商，无论是为实验的目的还是为了投放市场"。转基因农产品安全同每一个居民的利益都息息相关，因此注重公众意见，引入公众监督，可以加强对转基因产品的监督机能。

转基因农产品贸易责任的明晰与落实，是相关法律制度生态化的体现。责任的承担在贸易关系以及法律关系中都不可或缺的。学习上述欧盟的规定，严格规范与追究转基因农产品贸易的责任，是我国当前在农产品安全方面急需完成的，有利于转基因农产品贸易的健康发展。

三　外来生物入侵制度

（一）外来生物入侵概述

以 IUCN 的定义，外来生物入侵是指生物在自然分布区被自然或人为地引进，并形成了强大的再生能力，给这一地区的生态系统或景观造成明显影响或损害。根据研究表明，外来物种入侵的危害包括：（1）对当地生物多样性的危害。（2）对生态系统安全的危害。（3）对遗传多样性的危害。（4）对人类健康造成危害。（5）造成经济损失，如由于生物多样性与特有物种被破坏而导致的生态旅游价值的降低。

（二）我国外来生物入侵发展现状

目前我国对外来物种主要采纳的是瑞士学者格兰特的定义，是指那些因外界地理等因素阻隔，受人类活动的直接或间接影响引入一个新的生态系统的物种或者亚物种，包括其所有可能存活、继而繁殖的部分、配子或繁殖体。

外来生物入侵对我国的农业、林业和生态环境造成了威胁和损害。我国因外来物种造成的直接或间接经济损失每年高达 1198.76 亿元，约占国内生产总值的 1.36%[1]。

1. 外来物种入侵涉及的物种类型多样

从脊椎动物（哺乳类、鸟类、两栖爬行类、鱼类）、无脊椎动物（昆虫、甲壳类、软体动物）、植物，到真菌、细菌、病毒，在我国都能找到入侵的例证。[2] 我国东南沿海城市贸易、人员同域外环境的联系较为密切，外来入侵物种的种类和比例更高，这进一步表明了外来物种入侵同当前国际贸易间隐含的关系。

2. 外来物种入侵范围广泛

我国的森林、草原、农田、海洋、湿地等几乎所有的生态系统都存在生物入侵现象，我国的生态环境正在遭受严重的威胁，故无论是用技术还是制度手段来阻止外来物种入侵都显得刻不容缓。

---

① 李静：《我国防治外来物种入侵法律制度的完善》，硕士学位论文，中国海洋大学，2012 年。

② 杨阳：《我国防治外来物种入侵法律问题研究》，硕士学位论文，吉林大学，2010 年。

3. 外来物种入侵总数增幅大

近 10 年来，我国相继发现了西花蓟马、Q 型烟粉虱、三叶草斑潜蝇等危险性与爆发性物种的入侵，平均每年增加 1—2 种。① 我国环保部自然生态保护司生物安全管理处处长王捷曾表示，"这个数字显然是保守的，因为外来入侵物种有一个潜伏期，潜伏到一定程度，会有一个大爆发大流行，这个时候大家才发现这个东西挺可怕的"。

4. 外来物种入侵后果严重

谈论外来物种入侵的危害，人们更关注的是经济上带来的损失，实际上外来入侵物种的危害不仅仅是单纯的经济利益所能包括的。外来物种入侵的影响是潜移默化的，它的入侵会不知不觉降低本区域的生物多样性，入侵的外来物种在新的区域，加上适宜的生存环境以及缺少抑制其生存发展的天敌，经过一段时间的积累，往往会导致当地物种的种类和数量因外来物种大规模的繁衍而减少甚至消失，严重的还会导致当地物种濒危或灭绝，长此以往，会使得本区域的生态系统出现退化。这样无疑会改变或破坏当地的自然景观，降低当地的遗传多样性。人类的生产生活与其赖以生存的生态系统联系极为密切，当地的生态系统的破坏最终会影响到农业、林业等的发展。

（三）外来生物入侵法律制度立法现状

1. 外来生物入侵法律制度现状及困境

我国目前的法律规范体系中尚不存在专门针对和有效防范外来物种入侵风险的规范性法律制度，相关规定基本多见于动植物卫生检疫、环境资源保护等规范中。而动植物卫生检疫方面的法律规定也仍停留在 1992 年修订的《植物检疫条例》、1995 年《植物检疫条例实施细则》、1996 年《进出境动植物检疫法》，对近年来出现的外来物种入侵鲜有涉及；与环境资源保护相关的规范中，也只限于 1993 年《水生野生动物保护实施条例》、1997 年《野生植物保护条例》、1999 年《海洋环境保护法》、2006年《濒危野生动植物进出口管理条例》等，规范内容很不完善。②

我国外来物种入侵防控法律制度存在的问题包括：（1）基本立法缺失。我国对于外来物种入侵的法律、行政法规和政策立法均不够完善，有

---

① http://www.chinaias.cn/wjPart/index.aspx.
② 刘兆奇：《我国外来物种风险评估法律制度研究》，《法制与社会》2016 年第 2 期。

关防治外来物种入侵的法律制度的条款相对较少，内容规定也较笼统、原则化。（2）有限的法律条款涉及的法律范围，导致了法律调整对象和调整范围的局限。在有限的调整对象中，立法范围内又只对已知并造成严重危害的外来物种有规定，缺少对未知风险的预见性措施。立法的目的也限于保护人类健康、经济生产安全，缺少生态系统平衡观的引导。调控阶段的范围也限于引入阶段的检验检疫，对后续阶段的法律调控尚不存在详细的规定。（3）检疫制度不完善。当前国内检疫制度对生态环境的保护和生物多样性考虑不全，调整范围过窄，制度设立相对不健全。（4）预警制度缺失。目前我国外来物种管控制度及预警仍待完善。（5）风险评估制度不健全。目前缺乏一套完整的外来物种风险评估体系，对外来物种的引进不能进行充分的评估和预测。（6）责任追究制度缺失。我国缺少对引发外来物种入侵的责任主体追责的配套制度。

2. 国际外来生物入侵立法现状——《卡塔纳赫议定书》

《卡塔纳赫议定书》作为世界上第一个有约束力的国际生物安全协定，主要针对改性活生物体同原环境中动植物活体发生杂交后，导致人造基因逸散，打破原生态环境平衡的不利影响。议定书要求人们审慎地使用现代生物转基因科学技术。我国早在 2000 年 8 月 8 日就签署了这一议定书。

（四）我国外来物种入侵法律制度的生态化措施

1. 制定生态化的外来物种入侵之基本法

生态化的外来物种入侵之基本法的立法目的是以新型生态贸易平衡观为引导，立足于生态系统平衡的整体高度，以保护生物多样性为根本目的，保障生态安全以促进资源、经济可持续发展。制定外来物种入侵基本法是我国国家安全保护和国际义务履行双重要求下的结合，也是我国应对当前外来物种入侵法律制度群龙无首的有效途径。一方面从当前各国的实践可以看到，基本立法具有完全的可行性，并且效果卓著，如《美国国家入侵物种管理规则》，为我国外来物种入侵基本法的制定提供了借鉴；另一方面，我国部分省市已先后制定并颁布了有关防治外来入侵物种的地方法法规、地方政府规章，在立法中积累了不少经验。修改我国现有的环境保护、检验检疫法规、地方性外来物种入侵政府规章等，都可以为制定我国生态化的外来物种入侵之基本法提供可能，从而保障我国的生态环境稳定。

2. 生态化管理机构的设置与职能分配

生态化不仅仅只是有同环境相关联的意义，同时也代表着能够合理利用行政资源。目前对外来物种入侵的监管，我国采取的是多部门合作的方式，但是由于基本法和基本制度缺失，检验检疫、卫生、海关等多部门之间并不存在明确的分工，职能范围也存在重叠。因此，在学习国外立法技术的同时，我国应当加强管理机构的生态化分工，包括加强管理机构的设置及配合，强调多部门的配合协作制度，实现我国外来物种入侵法律制度的生态化。

3. 加强外来物种入侵相关制度的结合

外来物种入侵的风险评估制度一直被视作外来物种入侵监控过程中的核心内容，而外来物种引入许可证制度、综合治理制度等都应当是建立在风险评估制度之上的子制度。认定一物种是否是外来入侵物种是建立在对人类环境和资源安全有无构成威胁的前提之下的，风险评估就正是对是否构成相关阻碍和威胁的认定。从进出口贸易顺序的角度可知检验检疫制度也是整个外来物种入侵防治环节中的核心。无论是出口国的出口，还是进口国的进口，还是进口后国内环境的监测控制，都需要受到检验检疫部门的检验监测，以确定这一物种是否需要被扑杀，或可采取其他合理措施进行生态化改良，避免造成生物多样性损害威胁。同时，风险评估制度也是责任追究制度和公众参与制度建立的前提。

因此，多种制度间的联系是相互的，不可分割的，加强多种制度间的融汇交接，是实现生态化的外来物种入侵法律制度实施的有力保障。

四　环境产品关税法律制度

（一）环境产品关税概述

环境产品关税是一种新型关税。2001 年《多哈宣言》规定"酌情削减或取消环境产品关税"。环境产品关税是环境产品贸易自由化谈判中的一项议题，也是贸易与生态化关联的一项法律制度。它以环境产品为征税对象，用以实现环境成本在产品生成、销售、使用全过程的价值体现。

1. 环境产品

环境产品，根据经济合作发展组织（OECD）和欧盟统计局（Eurostat）的定义，是指为环境中水、空气和土壤的破坏，以及有关废弃物、噪声和生态系统问题提供测量、防治、限制，使问题最小化或得到纠正的产品。根据国际通说分为两类，第一类是泵、阀、压缩器、水质净化用化学品这类处理水、土地、空气污染的工业产品；第二类是包括工业品和消费品在内的环境友好型产品，其在生产、使用和处置过程中对环境的危害小于其他可供选择的同类产品。[①] 环境友好型产品中与农产品直接相关的包括有机农业产品、结合地域及生物多样性的天然纤维、生物杀虫剂等。

2. 环境产品关税

环境产品关税就是针对环境产品在进出口环节，由进出口国政府设置的海关或其他相关法律部门向进出口商所征收的税收种类。环境产品关税的主旨在于通过征税保护一国的国内产业，达到环境保护与经济效益的平衡。其征税对象包括新能源产品如风能发电涡轮机和太阳能光伏电池板；空气污染控制产品，如除灰器和 CO_2 洗涤器；水和废水处理设备，如海水蒸馏或反渗透淡化设备；环境监测与分析设备，如空气和水的质量监控设备；等等。

（二）环境产品关税现状评析

根据世贸组织（2009）的报告，我国已经成为清洁能源行业的主要生产国，在风能、太阳能和节能照明等设备方面的产能名列前茅。[②] 我国是风力涡轮机塔楼、太阳能和电能的转换设备、太阳能蓄电池和用以强化太阳能的透镜、棱镜、反射镜等光学元件等产品的全球最大出口国。除了太阳能和电能的转化设备以外，其他三个均在"多哈回合谈判"的环境产品清单中。可以看出，当前我国的环境产品发展已经达到较高水平。

《环境产品协定》谈判于 2014 年 7 月在日内瓦正式启动，目前有 17 个成员，我国也是环境产品谈判的重要推动者。实现环境产品贸易自由化有利于维持和扩大我国在全球贸易中的份额。更为重要的是，在谈判启动阶段参与，可以参与环境产品谈判规则的制定，争取最有利于我国的谈判结果。[③]

（三）环境产品关税对我国当前农产品贸易的影响

2014 年 APEC 领导人峰会上做出了在 2015 年下调环境监测、垃圾焚烧、

---

① 龚清华、张建民：《我国环境产品界定及清单完善思考》，《现代商贸工业》2012 年第19 期。

② 万怡挺：《多哈回合环境产品谈判中我国的攻防利益研究》，《国际贸易》2011 年第 2 期。

③ 屠新泉、刘斌：《环境产品谈判现状与中国谈判策略》，《国际经贸探索》2015 年第 3 期。

空气水源质量控制等 54 个环境产品进口关税至 5% 以下的决定。其中有关农产品的环境产品将会成为接下来农产品进出口贸易环节中的关键。贸易主体可从中最大化获利及获取国家贸易补贴等，而农产品贸易成本的直接降低，将更有利于老百姓享受到更多的实惠。2016 年年初，大部分 APEC 成员国履行了环境产品降税的国际承诺。我国对污泥干煤机、垃圾焚烧炉、太阳能热水器、风力发电机组等 27 项原关税率高于 5% 的环境产品实施降税，降低进口关税率至 5%，平均降税幅度为 42%。① 大幅下降关税水平将对我国农产品贸易市场造成巨大震动，提前关注将利于国内市场做好迎接相关变化的调整，法律层面也应做好应对相关贸易纠纷的准备。

（四）　完善环境产品关税制度之可能

1. 我国环境产品关税面临的困境

我国环境产品市场庞大且当前环境产品的贸易加权平均实施关税仍在 6% 左右，但我国主要出口目的地（美欧）的环境产品关税均已在 1% 以下。② 若不实行特殊待遇原则，所有世贸组织成员均把 43 项环境产品的关税降至零，我国增加的进口将远远大于我国可以增加的出口，将出现市场贡献和出口收益的严重不平衡。

2. 构建我国环境关税体系

迄今为止，我国在环境产品关税的实施方面远远落后于发达国家。综观目前我国环境方面的法律法规，有 16 部环境保护法律、34 项环境保护法规、90 余项环保部门制定的规章、1020 项地方性法规，438 项各类环境保护标准。③ 但我国仍缺乏环境产品关税方面的有针对性的相关立法，尚未建立独立完善的环境产品关税体系，存在严重的法律空白。

建立我国环境关税体系的基本思路是：改革现行关税制度，开征新税种，优化关税税率结构。④ 征收环境产品关税应与国际上通行的污染付费原则（PPP 原则）一致，以增加环境友好产品的进口，减少污染产品的进口；征收环境出口关税以实现短缺资源或不可再生资源的有效保护，鼓励高附加值的技术密集型产品的出口，改善我国的出口结构。

---

① http：//www. customs. gov. cn/publish/portal27/tab65415/info783959. htm.

② 万怡挺：《多哈回合环境产品谈判中我国的攻防利益研究》，《国际贸易》2011 年第 2 期。

③ 吕凌燕、车英：《WTO 体制下我国环境关税制度的构建》，《武汉大学学报》2012 年第 6 期。

④ 王瑾：《环境关税理论与实践研究》，硕士学位论文，北京工业大学，2008 年。

第六章

我国农业服务业的生态法律制度构建

第一节 农业服务贸易与农业服务业

根据 WTO 于 1994 年签署的《服务贸易总协定》，服务贸易包括跨境交付、境外消费、商业存在和自然人流动四种形式。

一个国家的服务贸易的发达程度，一定程度上决定着该国对外贸易的协调性和持续性，也决定了该国贸易增长方式是否具有科学性和合理性。长期以来，我国制造业与服务业发展不均衡，而制造业与服务业发展不均衡直接导致货物贸易与服务贸易发展的不均衡。货物贸易长期顺差，服务贸易长期逆差，2014 年我国服务贸易逆差额高达 1.2 万亿元人民币，是全球最大的服务贸易逆差国。[①] 发达国家已经完成服务业从制造业分立出来的过程，服务业发展水平高，服务贸易占贸易总量的比例高。某些服务业在全球化大潮中加速向其他国家转移。可以说，全球产业结构已开始全面由"工业型经济"向"服务型经济"转变，服务业成为决定各国国际竞争力的关键。2015 年 2 月 14 日，国务院印发的《关于加快服务贸易发展的若干意见》中首次提出服务贸易发展的战略目标和主要任务。这表明我国政府对服务贸易的重视，服务贸易将成为我国未来贸易发展的方向，我国服务业的开放程度必然进一步加大。

农业是民生之本，为国民经济建设及发展提供基础产品。入世以来，

---

① 赵瑾：《服务贸易：拉动中国经济增长的新优势》，《求是》2015 年第 20 期。

我国农产品贸易持续快速发展，规模不断扩大。在农业对外贸易领域，除传统的农产品贸易外，农业服务贸易如农业旅游、农业运输、农业劳务等服务贸易业初现端倪。随着我国农产品进出口和农业境外投资规模的不断扩大，以及农业企业的对外工程承包和劳务合作的规模的不断扩大，在稳定农业旅游、农业运输等服务出口的同时，农业传统文化、农业中医药、农业教育、农业会计和工程咨询等新兴农业服务贸易的发展也会随之加快。

但就现阶段而言，一方面受制于我国服务贸易的总体发展水平，另一方面农业服务业的很多行业，如农业旅游服务、农业咨询服务等本身为新型行业，在国内市场尚处于萌芽阶段，农业服务贸易的规模极为有限，在对外进出口中此类服务贸易无论是商业存在、跨境交付还是自然人流动消费的数量都还微不足道。

农业服务业对外贸易的开展建立在国内农业服务业的基础上。农业服务业的制度缺陷，会造成一国农业生产力和竞争力的弱化，我国产品流通体系、金融配套服务制度上仍存的突出问题，制约着农业规模化、生态化的发展。同时，农业服务业的发展也制约着一国农业服务贸易的发展。只有农业服务业本身发展了，农业服务贸易才可能得以发展。鉴于此，本章将主要探讨随着农业产业市场化、国际化程度提高，如何通过发展国内农业服务业，配合农业生产和农产品加工，形成农业发展的产业链，推动创新发展和整体经济效益的提高，推动农产品及农业服务贸易的生态化转型，增强我国在国际市场的竞争力与话语权。

在可持续发展要求及生态文明建设的背景下，绿色化、生态化成为现代农业发展的重要转向，农业服务业也越来越向绿色化、生态化趋势发展。[①] 现代农业服务业涵盖为农业生产提供产前、产中、产后服务的行业，生态农业的发展同样需要农业产前、产中服务业的保障。现阶段我国农业服务的重点领域包括农业金融服务体系、农业技术服务体系、农产品安全保障体系等。其中农业金融服务体系是农业转型发展的重要支撑和屏障。农业信贷解决农业发展的资金来源问题，农业保险补偿农业生产中可能的各种风险损失，农业保险和农业信贷不仅是支撑农业发展的基本制度，也对农业生态化转型起着直接和间接的引导作用。但是相比于世界先

---

① 张复明：《现代服务业发展的八大重大转向》，《当代社科视野》2008年第12期。

进农业国家，我国农业保险和农业信贷制度尚不能满足现代农业发展的生态化需求。

本章将重点解读我国国内农业服务业体系的现状和转型需求，分析现阶段农业信贷和农业保险服务业制度存在的缺陷，揭示其不生态之处对生态农业发展转型的制约，探讨如何通过服务农业信贷生态化与农业保险的生态化转型来促进农业产业的生态化发展。

第二节　农业信贷生态化制度

伴随着农业现代化进程的进一步深入，信贷资金已经成为农业发展不可或缺的一项生产要素。除了传统农业发展所需的农业基础设施、产品质量检测等项目的投资需求，农业生态化转型产生的科技投入、生态信息体系建设、生态化物流和仓储体系建设需求也远远没有得到满足。农业生产对公共产品和服务的需求与国家财政的支持力度是不相称的，故而农业生产的资金在很大程度上依赖信贷市场的融资活动。而由于信贷资金的投入方向和数量紧密影响着农业生产的产量与质量，因此农业资金的投入同与资金运转相关的配套制度的完善在解决农业信贷需求和调整农业和生态环境的关系中发挥着举足轻重的作用。本节将梳理生态化农业信贷的概念和要求，对构建我国农业信贷生态化制度提出建议。

一　农业信贷及农业信贷生态化的概念

绿色信贷制度在我国正式提出始于 2007 年 7 月由环保部、中国人民银行、中国银监会三部门联合发布的《关于落实环境保护政策法规防范信贷风险的意见》。2012 年 6 月，银监会发布《绿色信贷指引》，对银行等金融机构开展绿色信贷、促进节能减排和环境保护提出了具体要求。2014 年，国务院出台《关于金融服务"三农"发展的若干意见》，指出要大力发展绿色金融，促进节水型农业、循环型农业和生态友好型农业的发展，强调金融在实现农业生态化转型进程中的重要作用。在农业信贷领域，金融机构在发放农业信贷资金、配置资源上的作用也被给予充分重视。

绿色信贷的理念与绿色金融一脉相承，是绿色文明理念在金融领域的具化。① 农业信贷生态化亦是绿色信贷概念的延伸，即以是否符合生态化作为评判调整产业结构的标准，以实现农业与社会的可持续发展，优先对符合生态要求的农业生产发放贷款，给予生态环保型农业优惠利率贷款，对不符合生态发展要求的农业生产施以较高的贷款利率，② 从而促进农业生态化转型。其中对生态化标准的理解以农业生产效率、资源循环利用、污染排放、与自然和谐相处程度等作为参考。

　　2008 年国际金融危机以来，农产品企业出口所面临的困难增多、市场风险加大，国家通过指导、调控金融机构为企业提供信贷融资和保险服务来促进农产品贸易。在这个背景下，建立农业信贷生态化制度，既是以经济手段调控农业生态化发展，又是符合信贷支持农业发展政策的举措之一。

二　农业信贷生态化的积极作用

　　农业信贷是金融服务的重要一环，是国家实现产业调控的有效手段，在促进农业发展、实现农业产业升级等方面发挥着不可替代的作用。

　　首先，加大对农业的信贷资金投入，并把控信贷投放中的生态化因素，有助于提高农业生产效率，促进生态化转型。在我国传统小农生产模式仍占主导地位的农业经济背景下，技术和资金的投入不足制约着农业产量和效率的提高。因为农民贷款金额较少、贷款频率较低使得其继续得到信贷资金支持的难度加大，从而造成农业生产的恶性循环。③ 因此只有加大资金对农业生产性贷款的支持，比如发展互联网金融、增加农户贷款频率等让农户获得更多贷款资金才能解决农业发展需求。由于我国农民基数过大，大量的资金若采用平均分配模式，对农户每人给予一定补贴，仍然维持简单再生产，对农业生产难有实质性改变，因此需要对农业信贷方向进行把控，加大对生态农业的倾斜，才能促进生产效率的提高，促进产业升级。

　　其次，从商业贷款主体银行业的角度来说，实现与国际标准的对接，加大生态化因素在农业信贷评估中的考量，有助于全面评估信贷风险。在

---

① http://www.financeun.com/News/2016613/2013cfn/115442448800.shtml.

② 何德旭、张雪兰：《对我国商业银行推行绿色信贷若干问题的思考》，《上海金融》2007年第 12 期。

③ 江振娜：《交易费用对农户贷款资金规模的影响研究——基于福建省 27 个县市农户调查数据的分析》，《福建行政学院院报》2016 年第 3 期。

转变经济发展方式和节能减排政策导向日益强化的背景下，银行业监督委员会先后发布《绿色信贷指引》《绿色信贷统计制度》等文件，为银行等金融机构发展绿色信贷提供了政策指引，推行绿色信贷已经成为国内银行业金融机构的共识。贷款有关的生态化指标体系应在商业银行内部建立起来，把生态风险纳入贷款风险进行全面评估，使生态风险能得到安全把控。从与国际接轨的角度来说，包括汇丰、渣打、花旗等在内的 56 家国际性商业银行已将世界银行集团提倡的"赤道原则"①作为信贷业务操作的基本原则之一，即全面评估信贷中的环境因素，对贷款实行分级，鼓励绿色贷款。因此，无论是完善信贷制度本身的风险评估体系的需求，还是对外进一步符合国际市场趋势的要求，加入生态化因素的信贷制度的构建都刻不容缓。

最后，由于农业覆盖范围广泛，包括农村生产和生活环境的各个方面，从农村农民的利益出发，促进生态农业的发展，可以挖掘农村的潜力，保护农村的资源，改善生态环境，增加农民收入，提高农民生活质量；从国家的角度来看，在政策性补贴和商业银行信贷资金的支持下，我们可以实现保障粮食安全，减少农业生态损失，实现农业产业节能减排的目标。因此，农业信贷资金生态化作为一项重要手段，应当在解决"三农"问题中发挥重要的作用。

三　构建我国农业信贷生态化制度

从欧盟的农业立法改革和美国的农业立法经验来看，其都在不同阶段采用了不同的政策支持：在农产品自给率不足时期，通过政府财政资金参与市场支持和调控予以解决；当农产品过剩而财政压力过大时，开始转变支持方式，由市场支持改成对生产者的直接支持，并减少财政支持力度；随着农产品生产力和市场的逐步稳定，它们都以提高农产品质量和竞争力为目标，由数量优势向质量优势转变；在自然资源和环境条件恶化的情况

---

① 刘志云：《赤道原则的生成路径——国际金融软法产生的一种典型形式》，《当代法学》2013 年第 1 期。赤道原则是由世界主要金融机构根据国际金融公司和世界银行的政策和指南建立的，旨在判断、评估和管理项目融资中的环境与社会风险的一个金融行业基准。这项准则要求金融机构在向一个项目投资时，要对该项目可能对环境和社会的影响进行综合评估，并且利用金融杠杆促进该项目在环境保护以及社会和谐发展方面发挥积极作用。

下，开始转向强调农业环境和资源的保护，强调农业的可持续发展。① 目前我国实行的粮食最低收购价制度已经基本稳定了大多数农产品的产量，大多数农产品自给率已经达标，而面临的困境是生态压力不断增大，据此应建立支持生态农业发展的法律和制度体系。

展开生态化农业信贷需要相应的配套制度支持，在国内部分地区，绿色信贷已有了较好的典范。江西、浙江等地区环保部门会同金融监管机构已共同开始实施有关绿色信贷的方案和细则。在江西省，绿色信贷促进其"绿色崛起"的先进经验包含以下几个方面：一是政府层面，政府出台文件要求金融支持鄱阳湖生态经济区建设，绿色信贷得到了政府政策的支持和引导；二是银行业监管主体层面，由省人民银行主导建立了绿色信贷发放检测机制，使得绿色信贷的评估成为信贷政策导向效果的评估内容，也成为各金融机构的日常综合管理事项；三是建立信息交流共享机制，由政府主导搭建了金融机构和环保部门之间环保和信用信息交流共享制度，包括信贷支持环保长效机制和环境信用评价机制。其中以江西省南昌县农村信用社组建的绿色农业产业信贷小组为典型，小组着力关注本区域内农业龙头企业与农产品基地相关的信贷项目，为有机水产养殖等产业在当地的推广解决了资金难题，为全县规模化实现绿色化种植及生态化养殖做出了贡献。

通过对我国现状的分析和国外成功经验的借鉴，如何改革并完善农业信贷配套制度，充分发挥农业信贷助推生态化转型的作用，是迫切需要解决的问题。从制度的构建上，可以采取以下措施：

（一）制定《农业信贷法》及相应配套金融法律制度

从现有法律规定来看，《农业法》第 45 条规定，国家要建立健全农村金融体系，加强农村信用制度建设，加强农村金融监管；规定有关金融机构和农村信用合作社加强对农业生产经营活动的信贷支持，国家将通过政策贴息等方式支持农业贷款。《农业法》第 37 条第 1 款规定，国家建立和完善农业支持保护体系，采取财政投入、税收优惠、金融支持等措施，扶持农民和农业生产经营组织发展农业生产，提高农民的收入水平；《农业法》第 40 条第 1 款还规定：国家运用税收、价格、信贷等手段，鼓励和引

---

① 肖永平、张弛：《论世界贸易组织框架下我国农业国内支持立法的完善》，《河南财经政法大学学报》2015 年第 2 期。

导农民和农业生产经营组织增加农业生产经营性投入和小型农田水利等基本建设投入。农业法对一些基本问题做了规定，但具体细则，特别是针对农业贷款与资金的规定仍然缺位。

在其他指引性规范上，国务院 2005 年 12 月发布《国务院关于落实科学发展观加强环境保护的决定》，决定要求停止对不符合环保标准的企业办理信贷等手续。2007 年 7 月，环保部、中国人民银行和中国银监会联合发布的《关于落实环境保护政策法规防范信贷风险的意见》，提出针对不符合环保要求的生产主体在其申请贷款时施加更多的限制。银监会 2012 年制定《中国银监会关于印发绿色信贷指引的通知》，阐明了在实现信贷绿色化中银行业的基本目标和基本任务，还包括银行为绿色信贷实施需要外部操作流程及内控管理等要求。在这里我们应当看到，现有的规定仍流于政策层面，商业银行的责任应当被明确，只有这样才能使生态化信贷的目标得到实现。综合来看，上述规范和指引无论在法律效力上还是适用范围上都不够广泛，专门支持生态化农业发展的信贷法律还存在空白。

从国外农业信贷立法的实践来看，在日本有独特的"制度贷款政策"，即对农业贷款实行利息补贴的长期低息优惠贷款政策，贷款主要用于农业政策所鼓励的生产经营活动，包括农村渔业贷款、农业改良贷款、农业现代化贷款等项目。在农业贸易自由化的形势下，乌拉圭回合谈判的成果之一农业协议生效以后，日本制定了《乌拉圭回合农业协议关联对策大纲》，增加对农业的投入，对农业结构调整等方面开展贴息贷款。

从立法上，我国应尽快出台专门性的《农业信贷法》，为解决农业信贷领域的基本问题奠定基础。具体来说，我国《农业信贷法》可以针对以下几点做出规定：一是对农业信贷资金的性质做出规定，规定有关农业基础设施、农业科学研究、先进农业生产经验推广等方面的信贷资金及政府补贴优先供给。二是构建多元化的农业信贷体系，协调政策性金融机构和商业性金融结构的工作，进一步鼓励邮政储蓄银行和农村信用合作社等机构对生态农业的支持；因地制宜发展多元化信贷体系，比如在东部地区，需要多家商业金融机构竞争，为当地农村居民提供多种金融工具和多种方式的服务；在西部地区，需要由政策性金融机构、国有商业银行和众多的小金融机构为农业提供金融服务。① 三是可以借鉴国外做法，建立国家农业发展基金，为农业发展提供后备资金储蓄。

（二）建立政府主导与市场手段相结合的信贷支持体系

农业在产业体系中处于弱势，农业信贷相比其他商业信贷也处于劣势地位，需要政府加强支持与引导。农业发展遇到的困顿主要体现在两方面：其一，农业作为一项风险性较大的产业，商业贷款对其贷款利率和抵押条件等都有较高要求，仅仅依靠单一市场调节的手段必然会造成资金的短缺。其二，农业生产具有一定的特殊性，一次性投入较大，诸如化肥、种子、薄膜等资料第一年一次投入比重大，能占到整体投资的80%，这样的特点时常与市场的短视性与趋利性产生矛盾，能获得的信贷资金往往也很有限。而关系持续性发展的中长期贷款诸如农业基础设施、农业资源开发、农业科技开发等能获得的资金更是有限。生态化农业的投资由于短期内难见成效，也较难得到商业信贷的大力支持。一般而言，农业相关产品在具有自身商品属性的同时，同时承担着公共产品的职能，这就需要政府给予更多的政策倾斜和资金供给。即便在全世界农业现代化水平最高的美国，农场信贷的发展仍在很大程度上依赖政府的扶持，这种扶持不仅体现为资金的支持和税收的减免，还包括价值的指引和法律的规范，这为其低成本的融资提供了便利的条件。②

在具体操作上，可以由政府主导，政策性金融机构进行担保，建立一套完整的贷款担保基金制度。我国现有的金融性支农任务由农业发展银行承担，涵盖生产资料、农业生产和农产品加工与流通三个环节。此外，还可以对符合生态要求的生产主体及符合生态要求的农业项目推广提供更多的资金扶持。

（三）规定商业银行贷款应承担生态评估责任

发展生态农业也不能仅依靠政府的财政支持，金融对促进生态农业发展具有得天独厚的优势。在农业商业信贷中加入农业生态化相关因素的考量，是推进农业产业转型的重要推力，也是商业银行自身实现信贷风险调

---

① 逢锦彩：《日、美、法现代农业比较研究》，硕士学位论文，吉林大学，2010 年。根据 1916 年以来颁布的一系列农业贷款法案，全美被划分为 12 个农业信贷区（Farm Credit district），每个农业信贷区设立一个联邦土地银行、联邦中期信贷银行和合作银行，分别提供长期贷款与不动产抵押、中短期贷款与动产抵押、农业合作社贷款等服务。

② 杨松、姜庆丹：《美国农场信贷立法及其对中国的启示》，《暨南学报》2011 年第 6 期。

控目标的有力举措。在绿色信贷发展的典型江西南昌地区，银行建立了信贷审查中实行环境评价不符项目"一票否决"制，无论项目多么优质，只要不符合生态化要求就不得予以贷款支持；而对符合绿色农业发展需求的项目开展创新产品、服务的设计，推出了绿色股权融资等绿色金融产品，为环境友好型产业提供全方位、长期限的有力支持。

信贷生态化的推进是商业银行社会责任的应有之义，但我国农业金融专门立法一直缺位，环境保护法与金融立法也未对金融机构的生态责任做出可行性规定。《商业银行法》只是粗略规定了银行应当承担的社会责任，但基本无配套措施来落实。银监会 2007 年发布的《关于加强银行业金融机构社会责任的意见》与中国银行业协会 2009 年印发的《中国银行业金融机构企业社会责任指引》都强调环境责任是商业银行应当承担的义务，应支持国家产业政策和环保政策，节约资源，保护和改善自然生态环境，支持社会可持续发展。但现阶段仍无法律文件对生态化信贷的义务做出明确规定，这就使得对不履行义务的行为的惩戒无法可依，在一定程度上造成了商业银行在经营活动中忽视环境和生态责任的状况。

在我国，中国人民银行于 2001 年颁布的《贷款风险分类指导原则》仍是现行商业银行审查贷款风险的主要依据。参照单位净资产、信用评价等级、偿债能力等将贷款分为损失、可疑、次级、关注、正常五个级别，尚未把环境风险因素作为考量要素之一。而为国际普遍接受的"赤道原则"也要求金融机构对融资项目中的环境因素和社会影响等进行综合评估，根据项目潜在影响和风险程度的高、中、低将其分成 A 类、B 类、C 类，在实施细则中则对社会责任做出了明确的规定，为银行业风险管理提供了指引。如果商业银行能够增加参考贷款项目对环境和社会不同影响权重分配的考量与分类，那么银行在审查农业贷款过程中，就可以针对不同的企业给予不同的授信额度。

农业贷款相关制度也可对照借鉴，对农业项目的环境影响、社会影响等因素进行权重分类，建立各个级别的风险标准，通过经济手段对生态农业发展进行调控。对此，可以借鉴"赤道原则"的原理，对正在进行的各类农业贷款项目进行调整，使其符合环境与社会和谐发展的总体目标。例如中国工商银行在践行绿色信贷中根据贷款项目与环境友好程度分类，将境内法人客户的贷款划分为 4 类 12 级：友好类（4 级）、合格类（2 级）、观察类（2 级）、整改类（4 级），建立了绿色信贷分类与客户质量评级分类的关联，实现了对贷款风险的量化管理。①

（四）建立信贷机构与农业环保部门信息共享机制

生态文明主题下的农业产业应该是合作化、组织化的生态体系。② 根据现有的制度设计，环保信息的共享主体为金融机构和环保部门，环保部门为信息发布主体，金融机构为信息接收主体，其中环保部门发布的环境信息是金融机构进行审慎审核的基础。生态农业作为一项新兴产业，其中有关环境标准的判断依赖于专门技术。然而术业有专攻，金融机构自身缺乏对生态要素进行独立评估的能力，这种能力往往需要大量人力、财力的投入，短时间内难以有效构建。而且金融机构与环保机构分属不同部门，信息传递的渠道不畅通，这就造成了信息缺失且成本较高的局面。另一方面，碍于环保部门其自身的侧重点以及技术水平，其发布的信息往往不能满足生态农业信息专业、精确的要求。有时甚至会基于地方利益、部门利益对某些不利信息予以屏蔽。因而环保部门与金融机构之间的信息传递形成了一个单一的流向，金融机构从环保部门获取的信息系于公权力机关的职责范围之内，其有用性得不到应有的实现及有效的反馈。并且我国现阶段环境违规信息公布机制依然缺位。因此打破这种信息不对称格局的需求就十分迫切。

在发展绿色信贷的典型地区江西省南昌市，由政府主导，省工信委举办政、银、企对接会，促进信息的交流。这种形式的交流机制协调了农业信贷机构与农业、环保等主管部门的信息衔接，即由农业、环保等主管部门就国家政策、行业标准、执法结果等信息进行通报，由信贷机构和金融监管机构等对现实问题、信息需求等进行及时反馈，在几方之间建立起稳定有效的合作状态。这就为实现信息共享、拓宽信息交流渠道提供了很好的经验。具体而言，金融主管机构应当加快建立农业信用评价体系，探索建立农业经营主体信息库，为金融机构实施农业信贷提供可观的风险评价参照；农业部门应及时将农业生产主体的相关情况向金融机构通报，使得符合标准的项目及时获得资金支持；环保部门应定期对生态农业项目的实施情况进行检测，并及时向金融机构通报，为金融机构管控风险提供及时

---

① 《工行倾力打造绿色金融机构》，《中国农村金融》2012 年第 12 期。

② 张卫国：《"四化两型"建设中现代农业生态化的探讨》，《现代经济管理》2014 年第 1 期。

有效的参考。由此，真正实现政府、企业的良好衔接，为农业信贷生态化提供周到精确的服务。

第三节　农业保险生态化制度

为了获取足够的食物，人类不断改进农业技术，提高生产水平。随着农业技术的发展，化学农业为大大提高了农业生产水平，但是其负面作用也不断显现。土壤重金属污染，土壤沙化，地下水污染，食物农药残留，滥用抗生素导致害虫产生抗药性等各种生态问题频繁出现，食品安全和环境污染成为人们关注的两大主要问题。作为一个农业大国、人口大国，确保农产品安全、食品安全并保持生态和谐，是摆在面前的重大问题。唯有发展生态农业，才能够实现经济效益、生态效益和社会效益的协调发展。在此背景下，生态农业快速发展，国家也出台了一系列指导性和规范性文件。

一　农业保险生态化概念

保险，顾名思义就是保障免受风险之害，根据我国《保险法》之规定，保险是指保险人对于保险合同约定的可能发生的事故因其发生而向投保人赔偿保险金的保险行为。[1] 保险的功能在于事后救济，是对潜在风险的防范。农业保险是一种特定的保险，因其特殊性而与一般的商业保险不同。农业是一种不确定的产业，提高对抗风险、转移风险或应对风险的能力将大大施惠于脆弱的农业生产。[2] 农业保险是为特定种类的自然灾害、意外事故或者病虫害等提供赔付保险金的服务，是农业生产管理的一种特殊财产保险。农业保险可以分散农业生产风险、补偿经济损失、稳定农民收入和促进农业发展，是农业生产的稳定器和调节剂，是现代农业不可或缺的保障性服务。

农业保险不同于一般的商业保险，政府的支持和财政补贴构成了农业

---

[1]　参见《保险法》第 2 条之规定。

[2]　World Bank, *Agricultural Insurance for Developing Countries*, The Role of Governments, 2013, p. 2.

保险的政策性，政策性农业保险早在 2004 年的中央一号文件中就已经
提出，文件指出"要加快建立政策性农业保险制度，选择部分产品和部
分地区率先试点"①。政策性农业保险的经营模式可以形式多样，国外的
农业保险的政府补贴和扶持可以分为纯政府主导、政府与商业保险公司
相结合、通过商业保险公司运作等不同的形式，我国政策性农业保险中
的财政支持政策主要包括保险费补贴、经营管理支持、风险责任分担与
巨灾风险分散机制四方面内容。② 从 WTO《农业协定》的法律规定角度
讲，对农业保险的补贴符合 WTO 所允许的支持农业发展的"绿箱"政
策。③ 目前我国农业保险政策性支持还存在不少问题，但只有加大政府的
支持，才能有效分散农业风险，保障农民增产增收，维护农业可持续
发展。

　　农业保险生态化是指为保护和发展生态农业而执行的农业保险措施，
强调的是对生态农业保险的重视和政策性扶持，是对生态农业的特殊保
险。生态农业是一种特色农业、优势农业，成功的经验表明，农业生态健
康发展不仅可以实现农业生产的可持续性发展和生态土地管理，还可以在
不依赖有害农药化肥的同时增加农民收入。④ 发展生态农业保险的意义如
下：一是分散生态农业生产风险、避免生产者因气候变化等自然灾害和技
术投入所带来的巨额损失的风险，提高经营者抵抗风险的能力；二是将保
险制度纳入环保因素，促进农业环保监督机制建设，保护大气、水资源和
土地免受化肥和其他污染物的危害，确保农民和农村发展生态化农业的利
益，保护自然生态的多样性，确保食物的卫生和安全，保护土壤的可持续
发展和水源的清洁，⑤ 有效控制农业生产中的环境污染和生态破坏，促进
生态农业的发展。

---

① 参见 2004 年《中共中央、国务院关于促进农民增加收入若干政策的意见》第 19 条。

② 姚壬元：《关于政策性农业保险的财政支持政策》，《理论探索》2013 年第 1 期。

③ 孙访竹：《发展我国政策性农业保险的问题及对策微探》，《商场现代化》2010 年第
18 期。

④ Sue Edwards, Tewolde Berhan Gebre Egziabher and Hailu Araya, *Successes and Challenges in Ec-
ological Agriculture: Experiences from Tigray, Ethiopia*, Tigray Project, 2010, p. 247.

⑤ Reyes Tirado, *Greenpeace's Vision for Ecological Farming: the Seven Principles*, Greenpeace In-
ternational, 2015, pp. 10 – 11.

二 我国农业保险制度的发展现状

农业是国民经济的基础,其特殊地位决定了农业保险的重要意义,农业的稳定和发展离不开农业保险。总体而言,我国自 20 世纪 80 年代初开始恢复和试办农业保险工作,通过改革开放后的不断探索,尤其是在加入 WTO 后对诸如《农业协定》规则的使用,我国的农业保险取得了较大发展,但仍然存在诸如保障水平不高、有效需求与供给双重不足等问题。

(一) 农业保险保障水平有待提高

作为农业大国,从 2008 年起,我国农业保险业务规模已超过日本,成为仅次于美国的世界第二大农业保险市场。[1] 根据中国保监会统计数据,2013 年农业保险覆盖的承包农作物面积达到 11 亿亩,占全国播种面积的 45%。[2] 另外,中国保险协会 2013 年发布的《中国农业保险市场需求调查报告》显示,我国农业保险覆盖面不断扩大,2007—2013 年,我国农业保险承保主要农作物从 2.3 亿亩增加到 11.06 亿亩,累计提供风险保障 4.07 万亿元,参保农户突破 2 亿户次,达到 2.14 亿户次。[3] 但报告也显示,农业保险覆盖面虽广,但保障程度亟待提高,因为基本都是成本保险,保障水平低。

(二) 促进农业保险生态化的法律制度缺位

我国有关农业保险的法律规定散见于《农业法》和《保险法》中。《农业法》仅仅用一个条文即第 46 条对政策性农业保险制度做出了规定,按其规定,国家要建立和完善农业保险制度和政策性农业保险制度,鼓励和支持农民和农业生产组织互助合作保险组织,鼓励商业性保险公司开展农业保险业务。[4]《保险法》也仅仅是非常笼统地规定了国家支持农业保险事业。[5] 2012 年通过 2013 年实施的《农业保险条例》既没有上升为法律,条例仅仅包括 33 个条文,上述法律法规对于涉及更高技术和要求的

---

[1] 王德宝、王国军:《我国农业保险的发展成就、存在问题及对策建议》,《金融与经济》2014 年第 5 期。

[2] http://politics.people.com.cn/n/2014/0311/c70731-24602171.html。

[3] 《中国农业保险市场需求调查报告》(http://max.book118.com/html/2015/0905/24743015.shtm)。

[4] 详细规定参见《农业法》第 46 条。

[5] 详细规定参见《保险法》第 186 条。

农业生态保险没有做出规定，这不利于加快推进我国农业保险制度的发展。

（三）国家对农业保险的支持力度有待提高

农业保险由于其特殊的政策性，应归类为既无排他性又无竞争性的公共物品。农业保险与一般商业保险的不同之处就在于前者的公共物品属性，在于它的成本和收益的外部效应，这就是它需要国家政策性扶持和财政补贴的原因。因此，农业保险常常用政策性农业保险来代替。

政策性是农业保险的基本特征之一，忽视了这一点将会给农业保险的市场经营带来一定的困难。农业保险法律制度，其根本价值在于保证农业安全，保障农村稳定有序发展。[①] 其公共产品属性，决定了国家政策和财政的扶持。如果完全遵循市场规律经营，实行农业保险自愿投保，保险公司自负盈亏，缺乏政府的调控措施，势必导致保险公司理赔成本增加，也会影响农业生产者投保的积极性。对农业保险提供者来说，因为农业保险高风险、高费用率、逆选择的影响，私人企业极少愿意提供农业保险服务，这就需要国家的政策性补贴和干预。

对农业保险实行政府扶持是国际社会的通行做法。在我国，政府对农业保险补贴的支持力度不够。这表现为财政、税收政策支持的缺失。长期以来，我国农业保险都以农业补贴和价格补贴为主，遇到农业自然灾害都由中央财政直接拨款进行救助。[②] 我国除了农业保险对灾民的补助很少外，对保险公司经营农业保险的补贴也少，目前的优惠政策主要是免征营业税。随着对农业保护政策的重视和农业保险法律规定的完善，政府对农业保险的支持力度在不断加大。

三　生态农业发展面临的风险需要农业保险的保障

发展生态农业可以充分利用和保护自然资源与生态环境，提高生态效益，[③] 平衡经济发展和生态保护的相互关系，实现良性循环，获得较高的社会价值，维护农业的可持续性发展。但是生态农业的发展依然面临多重

---

① 何文强：《中国政策性农业保险法律制度的价值及其实现进路》，《社会纵横》2013 年第9 期。

② 李婷、肖海峰：《我国农业保险发展现状分析与经营机制的完善》，《保险研究》2008 年第10 期。

③ 任春英：《我国生态农业发展的现状及对策》，《农业经济》2015 年第12 期。

风险。

首先，生态农业面临技术风险。生态农业依赖一定的技术支撑，与其密切相关的农业科学、生物学、生态学等学科的基本原理和生产实践都是必不可少的。科学技术对农业持续发展和产业升级换代的引领作用日益成为许多发达国家和发展中国家关注的焦点。在农业的常规技术领域中，利用现代生物技术、信息技术进行作物病虫害防治，提高农产品质量和产量，降低生产和经营成本、减少生态污染已经是非常普遍的做法。在生态农业转型中不断出现的生态农业技术有望给农业生产带来明显的经济效益和生态效益，但生态农业的复合农业系统，根据某一特定区域的自然、社会状况，选择发展适宜的模式，是一项艰巨的任务，这对决策者、业务人员、技术人员以及农民的能力建设提出了更高的要求，[1] 存在更多的技术风险。

其次，生态农业面临市场风险威胁。市场经济条件下，市场机制的作用导致了生产者之间、生产者与消费者之间存在激烈的博弈和竞争，农产品的市场供求和价格波动会引发一系列的市场风险。同时，农业的生产周期比较长，生产决策和产品上市的时差比较大，且市场具有自身难以克服的弱点和消极方面，市场行为往往表现出自发性、盲目性和滞后性。[2] 而生态农业的产品特色突出，重在体现优质优价，在农业发展中具有前沿性和方向性，对促进我国农业的现代化和国际化，以及农业的可持续发展具有重要的理论意义和实践效用。由于我国生态农业还处于发展的前期阶段，加上技术、市场行情、价格波动、信息不对称等综合因素的影响，生态农业发展在追求和享受产业化经济效益时所需承担的市场风险更大，客观上需要对市场风险加以防范，以切实保障农民的生产和经营收入。

最后，生态农业面临国际贸易风险威胁。自2001年我国加入WTO以来，加大了绿色补贴的农业政策，但作为世界上最大的发展中国家，我国农产品出口过程中越来越多的贸易摩擦是由于绿色贸易壁垒，如绿色技术标准、绿色包装、卫生检验检疫标准等，与国际通行或者其他国家更严格

---

① 张予、林惠凤、李文华：《生态农业：农村经济可持续发展的重要途径》，《农村现代化》2015年第7期。

② 刘志勇、黄寰生：《生态农业发展的财政支撑》，《西南民族大学学报》（人文社会科学版）2013年第1期。

的生态标准的差距，极大地制约了我国农产品国际贸易规模的扩大，对我国生态农业的健康发展构成了威胁。发展生态农业离不开新技术的发展，而新技术给对农产品的影响具有潜伏性和不确定性，更需要长期的保险制度来防范此种风险。要提高我国生态农产品在国际市场上的占有率，就需要提升我国生态农业抵御国际市场风险的能力，而这一问题的有效解决离不开农业保险的支持和推动。

四　农业保险生态化为生态农业发展保驾护航

随着我国农业经济的深入发展，宏观环境正在发生变化，大气污染、水污染、土壤污染的防治刻不容缓，绿色食物的需求量日渐增加，食物安全广受关注。农业保险向生态农业延伸和倾斜，将有效保障生态农业的发展，起到保驾护航的作用。随着我国生态农业发展的范围不断扩大，生态农业发展模式与技术不断提升，生态农业发展的政策不断完善，[①] 加强农业保险生态化建设既有大市场，也面临大挑战。2010 年中央一号文件提出"发展生态农业"的要求后，2013 年中央一号文件再次提出加强农村生态建设和环境保护的要求，到了 2014 年中央一号文件则提出生态友好型农业发展的要求。[②] 按照 2015 年的中央一号文件对包括保险业在内的金融创新的转型要求，并结合保险业最新"国十条"对农业保险产品创新、加大中央和地方的支持力度与分工管理的要求，农业保险应充分利用这些文件提供的政策依据，为基础脆弱的生态农业发展通过保险创新来提供有效保障。

（一）农业保险生态化为生态农业经营者增收提供保障

生态农业就是应用综合生态方法，提高和改善农业生产，保护农业生物多样性，改善农民的生计和生活福祉。[③] 与传统农业相比，生态农业收益高，但风险也大，技术投入和管理模式更复杂，农业保险覆盖范围更广。在当前我国农业保险水平和保险覆盖范围不足的情况下，要解决农民投保意愿不足，同时又要有力预防自然灾害和意外事故给生态农业可能造成的危害，政府提供政策性的农业保险扶持和保险补贴，不但能降低农户

---

① 于法稳：《中国生态产业发展政策回顾及展望》，《社会科学家》2015 年第 10 期。

② 根据相关中央一号文件的内容所做的整理。

③ McNeely J. A. , Scherr S. J. , *Ecoagriculture*：*Stagies to Feed the World and Save Wild Biodiversity*, Washington D. C. : Island Press, 2003.

的投险成本投入，提高入险的积极性，从而保障生态农业经营者的收入，还能发展和保障生态农业，有助于实现农民增收增效，提高农村经济的生态效应。

（二） 农业保险生态化促进生态农业的投入

农业保险生态化的根本目标就是要在农业保险过程中实现对于生态农业保险的政策性倾斜和资金优惠。生态农业的经济利益是社会利益和生态保护的基础，生态农业增收、增效和保护生态环境的价值目标并没有使生态农业成为我国农业发展的基本方向，相反，生态农业在建设过程中由于过分强调生态、资源和环境保护，也带来了经济效益不高的负面影响。[1]国外生态农业研究表明，生态农业由于在生产过程中少用或不用化肥，往往导致生态农产品产量减少，减产幅度为 20% —30%。[2] 当然产量的减少可以通过提高价格的方式填补经济利益，但是由于农业生产的特殊周期性，这往往会伤及农业生产者的积极性，这就要求资本、技术和信息等各大要素的农业保险投入要及时到位，实现保险服务业对生态农业推广的杠杆作用。因此，通过农业保险的投入，能够弱化或转移生态农业生产的运营风险，使支撑生态农业产业化发展的科研力量、人力资源、资金力量不断集聚在生态农业产业链上，从而促进生态农业健康发展。

（三） 农业保险生态化有助于加强生态农业基础设施的建设

农业保险生态化不仅可以通过政策性扶持和财政补贴来加强技术革新、资金投入、信息提供、政府补贴等有利于生态农业发展的各种因素，还可以巩固和加强生态农业的基础设施建设。农业是国民经济的基础，农业产品走向国内外市场，实现产业农业向产业工业的转化，就必须进行农业基础设施建设。以前我国社会力量一般不愿意对农业进行大规模投资。生态农业是既重视农业生态环境的保护和农产品质量保证，又把生态农产品的生产、加工、销售连接为一个整体的现代农业发展新模式，通过整体功能的发挥，提高经济效益和投资效益，也是目前我国政府极力推广的农业发展新典范。[3] 农业保险生态化有助于减少农业特别是生态农业因生产

---

[1] 黎振强、杨新荣：《生态农业投入产出的经济利益诱导机制研究》，《经济问题》2014 年第 12 期。

[2] Postel S. , "Growing More Food with Less Water", *Scientific American*, Vol. 2, 2001, pp. 46 –51.

[3] 潘红月：《绿色农业产业化与农业保险》，《中国食物与营养》2007 年第 11 期。

周期长，资金周转慢，投资效益低而带来的负面影响，有助于相对降低农业产业化风险，有利于引起国家和社会对生态的重视，从而能逐步加强生态农业基础设施建设。

五　农业保险制度的完善与农业的生态化发展

世界各国都制定了农业保护政策，WTO 的农业法律规定接受绿色补贴，皆因为农业更容易遭受自然灾害的风险。我国地域辽阔，地理条件复杂，农业自然灾害频发，尤其是这些年来对自然资源的过度开发利用带来的天气恶劣变化以及水土资源的污染，对农业的平稳发展造成了严重影响。面对农业发展过程中的各种问题，加大对农业保险的政府支持和财政补贴，提高和创新保险企业管理能力，构成了农业保险制度的发展方向。

（一）加强农业保险专门法律制度的建设

农业保险的立法意义为世界各国所公认，发达国家的农业保险立法经验具有十分重要的借鉴意义。以美国的农业保险为例，美国执行了政府补贴性的联邦农作物保险计划、无政府补贴的农作物雹灾保险计划以及一些规模较小的牲畜保险计划，[①] 将政府补贴和商业保险有机地结合起来。世界其他国家的农业保险立法如加拿大的《农作物保险法》，日本的《牲畜保险法》和西班牙的《农业保险法》，都对农业保险甚至对种植业、畜牧业保险进行了专门的法律规定。

我国农业保险立法还处在立法的形成阶段，处在由松散立法走向专门立法的过程之中，而且立法的原则性导致可操作性不强。

在统筹农业发展，改善"三农"问题的背景下，农业保险基本法的立法工作应该主动展开。立法过程中还要认真考虑和解决涉农业保险法律规定的一致性问题，合理处理法律与政策的衔接性，更好地服务农业发展。

（二）完善农业保险生态化的具体法律制度，构建生态农业保障机制

1. 根据生态农业需求，设立新险种

《农业保险条例》的颁布固然加强了农业保险业务发展的法律制度，并将助推农业保险业务的发展，但条例的贯彻落实仍需要建立配套的制度

---

① 赵元凤、张旭光：《世界农业保险发展特点及对中国的启示》，《世界农业》2012 年第 8 期。

以确保具体业务的开展，并通过有效的管理和监控发挥农业保险的立法效应，应创新保险资金服务生态农业发展的新模式，服务生态农业的发展，根据生态农业发展的需求设立具有环境生态因素的新险种，如根据对有机、安全蔬菜的需求设立绿色篮子保险、健康畜禽保险及生产造成的环境影响责任险等。

　　2. 建立农业再保险制度

　　农业再保险也称农业分保，是对农业保险承保人承担的风险的保险，即保险的保险。农业分保接收人按照农业再保险合同的规定，对保险人在原保单下的赔付给予补偿，这是农业保险公司进行风险管理的重要手段。[①]农业再保险对农业保险业务作用重大，因为再保险可以保障原保险人业务经营的稳定性，还可以促进保险业务的持续性发展，同时还可以增加农业保险原保险人的收入。[②]但从我国农业保险业现实情况看，保险公司经营农业保险利润微薄甚至亏损，同时在目前尚无有效的再保险机制的情况下，风险过于集中于直接经营市场主体自身，影响了农业保险经营者提供服务和改进管理的积极性和主动性。[③]

　　农业再保险在世界其他国家非常普遍。世界其他国家的经验表明，要成为农业大国或强国，必须要实施农业再保险制度。由于生态农业发展面临技术风险、市场风险以及国际贸易风险，风险损失一般较大，责任复杂，有必要建立生态农业再保险制度。

　　（三）增强保险企业的经营能力，应对生态化转型的需求

　　自 1982 年以来，中国人民保险集团股份有限公司先后开发和试行过 60 多个农业保险险种，这些试验有多重风险保险，有特种风险保险，承保的具体风险事故包括农业的主要自然灾害。在生态农业发展背景下，政府应当引导并鼓励保险公司针对生态农业发展的需求设立具有环境生态因素的新险种，如针对有机、安全蔬菜需求的绿色篮子保险、健康畜禽保险及生产造成的环境影响责任险等。这是我国农业保险市场的创新之举，将促进保险市场和资金市场的有机结合。

---

　　① 胡炳志：《再保险》，中国金融出版社 1998 年版，第 2—4 页。

　　② 叶明、杨斌：《我国农业再保险体系的检讨与构想——以美国农业再保险为鉴》，《贵州师范大学学报》（社会科学版），2009 年第 1 期。

　　③ 胡琰如、徐佳：《我国建立农业再保险体系的必要性和可行性分析》，《现代经济信息》 2010 年第 5 期。

（四）用好绿箱政策，加大政府补贴

生态农业保险不同于一般的保险，一个显著的差别就在于生态农业保险风险损失的相对严重性、责任的复杂性，商业保险公司经营此类保险的风险远远大于其他的商业风险，对于这种"公共产品"的保险业务，许多国家采用了政府与市场相结合的方法，提供必要的政策扶持。① 在推动这种政策性农业保险的发展过程中，用好 WTO 的《农业协定》将起到至关重要的作用。WTO 的《农业协定》将对贸易扭曲影响最小的国内支持措施（domestic support measures）称为绿箱政策。绿箱政策在减让计划之外，成员方对此无须承担约束和削减义务，包括研究领域、疾病控制和食物安全方面的政府支出，也包括给生产者的直接支付，还包括执行环境计划的直接支出等11种政府支持项目。② 世贸组织绿箱政策所规定的11个绿色支持项目中我国共使用了7项绿箱支持措施，绿箱政策运用总体不充分，绿箱支持措施运用不足，③ 与发达国家的绿箱政策适用情况比还比较落后。合理利用绿箱政策措施已经被我国政府提到一定高度，2015 年的中央一号文件中提出要逐步扩大绿箱政策支持规模和范围。农业保险保费补贴为 WTO 所接受的农业保护措施，我国农业保险中要充分利用好，以加大对农业保险特别是生态农业保险保费补贴，用好绿箱政策，将提高生产者的投保积极性，提高投保率，并最终促进生态农业的发展。

---

① 王小平：《农业保险应用足用好绿箱政策》，《中国金融》2013 年第 5 期。

② http：//www. wto. org/english/docs_ e/legal_ e/14 – ag_ 01_ e. htm.

③ 王小平：《农业保险应用足用好绿箱政策》，《中国金融》2013 年第 5 期。

第七章

我国农业贸易生态化国际合作机制构建

农业贸易的可持续发展与农业生态环境紧密相连，相辅相成。随着经济全球化的深入发展，农业贸易生态化问题具有了跨国性的特点，并日益成为主要农业贸易进出口国乃至国际社会共同关注的问题。目前，无论是对农业贸易的有效促进，还是对农业生态环境的规范管理，都已超出了单个主权国家独立行使主权的范围。鉴于农业生态环境的全球整体性，当代人对后代人的农业生态环境可能造成损害的代际渗透性，以及农业生态产品所具有的任何人都有权消费且任何人都不能阻止其他人去消费的非排他性，[①] 农业贸易生态化问题已发展成为亟待各个主权国家、各类政府与非政府间国际组织以及相关企业共同努力解决的全球问题。建立一个促进全球农业贸易生态化共同合作机制，是促进人类社会共同利益协调有序发展的重要环节和必要手段。

农业是我国的基础产业，市场经济在我国还有待完善，政府对市场的管理与服务仍具有很强的权威性。因此，目前我国的农业贸易生态化的国际合作仍需要政府发挥主导力量，由政府鼓励、引导和促进其他主体积极有效地参与到农业贸易生态化的国际合作之中。所以，本章将从政府主体角度切入，从合作方式、合作领域和合作保障机制等方面，就我国农业贸易生态化国际合作机制的构建进行研究。

---

① See Russell Hardin, *Collective Action*, *Baltimore*, The Johns Hopkins University Press, 1982, pp. 17 – 18.

第一节　我国农业贸易生态化国际合作的方式

国际经贸中，国际合作的方式多种多样。基于农业生态环境问题的特殊性和重要性，目前我国在农业贸易生态化方面开展的国际合作，主要有多边国际合作、区域合作和双边合作。本节将从这三个层面，就合作方式的种类、合作方式存在的问题和相应的完善建议等主要内容逐次展开介评。

一　当前我国农业贸易生态化国际合作方式的种类

政府间正式和非正式会议是国家间在农业贸易生态化方面进行对话交流的主要平台。在农业贸易生态化具体项目中的技术合作、资金合作，互联网共建和国际农业博览会的共同举办，包括民间外交和能力建设合作，都是国家间进行农业贸易生态化合作的方式之一。

（一）政府间正式会议①

为了达成全球性、区域性或双边性的具有约束力的与农业贸易和农业生态环境保护有关的国家间的共同行为规则，各国往往通过政府间国际组织召开的正式会议达成共识，签署相关具有约束力的条约。以这种方式签署的与农业贸易生态化有关的现行国际条约主要有：

1. 全球性多边条约

在农业贸易生态化多边国际合作层面，我国主要通过参加政府间国际组织的各类会议签署了诸多与经贸和环境有关的全球性国际条约，加强与世界重要经贸国家在农业贸易与农业生态环境保护领域的合作，在一定程度上促进了我国农业贸易的生态化。例如，作为 WTO 的成员国，我国签署了《技术性贸易壁垒协定》《实施动植物卫生检疫措施的协定》等有关农业贸易生态化的国际条约。作为联合国的成员国，我国签署了诸多由联合国发起或通过的多边条约，例如《生物多样性公约》。

2. 区域性多边条约

我国在区域性的国际合作中主要是与亚太经合组织（APEC）、亚洲开

---

① 正式会议会后将以会议文件等形式提供全套的会议资料汇编。除了根据议事规则召开的秘密会议外，其余会议均需对所有会员国代表和正式认可的观察员开放。

发银行以及上海合作组织等重要的区域性国际组织进行合作。

（1）上海合作组织

为了促进成员间的沟通与交流，尤其是在信息方面的互通有无，上海合作组织不仅开通了区域经济合作网站，还建立了上海合作组织实业家委员会和银行联合体。迄今为止，通过了《双边经贸合作纲要》《政府海关合作与互助协定》《政府间农业合作协定》等。此外，上海合作组织还在教育等领域开展广泛的合作。迄今通过了《政府间教育合作协定》《政府间文化合作协定》和《政府间科技合作协定》等文件。

（2）亚洲开发银行

亚洲开发银行（Asian Development Bank，ADB）创建于 1966 年 11 月，1983 年中国加入，是一个区域性政府间金融开发机构。根据其业务和战略目标，一般农业、渔业、牲畜、森林、灌溉和农村发展等农业和以农业为基础的工业领域是亚行提供资金的主要领域之一。

亚洲开发银行一直与中国政府保持合作伙伴关系，并与 2012 年 5 月签署了《国别合作伙伴战略》。该战略确定了农业与自然资源等四个优先发展的领域。至 2013 年，亚行对华贷款总计 15.4 亿美元，其中，农业与自然资源的贷款金额占 9.96%，是贷款金额的第四大领域。一直以来，亚洲开发银行对我国经贸与环境的平衡发展、环境和气候变化应对举措、基础设施发展、社会保障及相关立法改革、小额信贷、生态补偿等环境可持续性发展政策与项目进行重点支持，例如，绿色能源的发展、可持续的土地和森林管理、水资源综合管理、污染控制、湿地保护及农业创新，其中，2014 年中国污水再生利用项目部分是由亚洲开发银行贷款支持的。亚洲开发银行也将其管理的全球环境基金用于中国西部地区退化土地恢复项目。

3. 双边条约

我国农业贸易生态化的双边合作，主要通过双边贸易条约或双边进出口货物检验检疫条约的签署，具体规定双边农产品贸易合作的权利义务。其中，通过双边自贸协定，我国已经建立了 9 个自贸区。① 对于农业贸易生态化的双边合作，不仅仅是局限于两国之间的贸易合作，还包括中国—东盟自贸区，这样一国对多国的合作模式。该合作模式可以促进我国在一

① 分别是中国—东盟、中国—巴基斯坦、中国—智利、中国—新西兰、中国—新加坡、中国—秘鲁、中国—哥斯达黎加、中国—冰岛和中国—瑞士。

个平台上与更多的国家开展合作交流，增进彼此间的了解沟通，也更利于我国农业贸易生态化的发展。例如，2002 年我国与东盟签订的《农业合作谅解备忘录》，有利于双方在人力资源和农业生产技术的交流。

（二）政府间非正式会议

政府间非正式会议①，主要分为政府首脑峰会和部长级峰会，这是各主权国家政府高层间沟通认识，协调立场，促进彼此间信任的重要平台。近年来，我国积极参与的有重要影响的政府间非正式会议有八国集团峰会、二十国集团峰会、亚太经合组织、世界经济论坛，并在八国峰会和G20 国峰会上的地位和话语权得到不断提升。

随着发展中国家经济的发展和国际影响力的加大，自 2005 年第 31 届八国集团首脑会议，八国集团开始意识到发展中国家在世界经济格局所起到的不可忽视的作用，并与中国、巴西等五个发展中大国的领导人进行非正式的南北领导人对话会。在 2007 年的集团峰会上五个发展中大国成功促使发达国家开始转变立场，提出减排建议或对此进行认真考虑。终于，在 2008 年的集团峰会中发达国家最终就 2050 年前将全球温室气体排放量降低 50% 这一长期目标达成一致。

此外亚太经合组织（APEC）每年举行的政府领导人非正式会议也是我国参加的重要的非正式会议。亚太经合组织在协调区域性农业贸易生态化方面取得了很大的成果，不仅设立了专门的标准与一致化分委会，而且达成了食品相互认可的协议，其中包括《减少粮食损失和浪费行动计划》《粮食安全商业计划（2014—2020 年)》《面向 2020 粮食安全路线图》和《加强亚太经合组织粮食标准和安全确认互通行动计划》。

我国在推动 APEC 的农业环境合作方面起了积极的作用。我国不仅承诺拨款设立用于鼓励支持经济技术合作的合作基金，倡议召开林业部长会议；还建立了 APEC 技能开发促进中心以增强技能开发领域的对话。在第三届亚太经济合作组织粮食安全部长会议上通过了《粮食安全北京宣言》。该宣言涵盖加强农业科技创新，重视粮食供应链，质量安全和产后管理的交流与合作，经济政策的协调与合作以便农产品贸易和农业投资的发展等。

---

① 非正式会议会后不提供总结文本的记录或文件。正式起草的文件只向会员国代表团开放，观察员不得出席，除非主席和所有与会会员国同意。

（三）国际金融项目合作

参加国际金融组织的基金或贷款项目，是我国政府在农业贸易生态化领域进行国际合作的主要方式之一。

首先，世界银行设置有专门的农业可持续发展项目，我国积极利用这些项目加强农业贸易生态化的发展，例如，2014 年世界银行为江西农产品流通体系建设项目提供贷款，贷款资金规模为 1.5 万亿美元。①

其次，全球环境基金经常为各国农业贸易生态化项目提供资金支持。例如，2014 年的"宁夏生态与农业综合开发项目"为宁夏农业生态环境的保护提供借鉴范本；2014 年"中国含滴滴涕三氯杀螨醇生产控制和 IPM 技术全额示范项目"，该项目是实现《斯德哥尔摩公约》中承诺的实现淘汰首批 POPs 的关键之策。

再次，1980 年中国正式加入国际农发基金（IFAD），截至 2013 年年底，农发基金对华贷款项目共计 26 个，贷款额累计达 7.3 亿美元，用于支持农业发展和农业生态环境保护等领域。② 此外，亚洲开发银行对改善本国农业贸易生态化现状的成员国也会积极提供资金支持。

复次，欧洲投资银行也将我国的气候变化领域项目，尤其是农业可持续发展、清洁能源、林业等作为优先领域。1995 年，我国与欧投行签署了《关于金融合作的框架协定》。欧投行支持我国气候变化框架贷款（CCCFL）一期。主要是采取相关措施减少温室气体和污染物的排放。CCCFL 项目第二批子项目利用欧投行贷款 2.8 亿欧元支持太阳能照明、小水电、液化甲烷气处理、热电系统节能改造等活动，其中部分项目已正式生效启动实施。

最后，在我国主导下创建的亚洲基础设施投资银行（Asian Infrastructure Investment Bank，AIIB）（简称亚投行）是一个政府间区域性开发机构，其旨在支持亚太地区国家的基础设施建设，以促进亚洲区域建设的互联互通和经济一体化发展。在全面投入运营后，亚洲基础设施投资银行通过对亚洲各国基础设施项目给予支持的方式主要包括为亚洲各国的基础设施项目提供贷款、股权投资以及提供担保等融资支持，以振兴且加强中国及其他亚洲国家和地区在交通、能源、电信、农业和城市发展等各个行业

---

① http：//gjs. mof. gov. cn/pindaoliebiao/xmdt/xmdt/index_ 2. htm.

② http：//www. shihang. org/projects/search？ lang = zh&searchTerm = &themecode_ exact = 80.

的投资合作。这些合作也必将促进农业贸易生态化的广泛和深入发展。

(四) 双边经贸合作网的共建

建立双边经贸合作网也是我国进行国际合作的重要合作方式之一。当前我国建立了中国—韩国、中国—新加坡、中国—印尼、中国—南非、中国—埃及、中国—肯尼亚、中国—土耳其 7 个经贸合作网，网站涉及双边动态、经贸资讯、招商引资信息等内容。

(五) 国际农业博览会的共同举办

从 2002—2008 年，已有 33 项博览会在我国和东盟国家的合作下共同开展。① 同时，自 2009 年以来，已经举办 6 届中国—东盟博览会农业展，有力地促进了中国—东盟间的农业交流，同时可以看到农业展品的范围也越来越重视生态化。

从第六届中国—东盟博览会开设农业展之后，农业展所陈列的展品范围也在不断变化之中。在 2009 年的第六届博览会农业展中，只有农药、化肥和各类水果等简单的展品；第七届博览会中花卉植物和绿色食品也出现在农业展中。在随后的第八届中，在原有的基础上，增加了农具和农副深加工设备的展览以及农业相关科研院所等服务机构。2012 年第九届博览会农业展上首次展出新型节水灌溉设备。在 2013 年的第十届农业展中首次展出了园林机械。其中，2014 年中新推出的经认证的绿色及有机食品也体现了农业贸易生态化的发展趋势。②

(六) 参与国际组织及其内部组织的管理活动

合作的形式不仅仅表现为参与国际项目合作、多边条约以及政府间正式与非正式的会议。我国目前已经参与许多重要的国际组织，这些国际组织在协调农产品贸易法律制度方面相较于单个国家来说更具有倡导性和号召力。我国参加国际组织不仅仅局限于成为成员国，而是更加积极地参与到国际组织的部门管理中。

(七) 促进民间外交和相关能力建设方面的合作

近年来，我国在支持与促进学术交流、媒体宣传与能力培训等民间外交活动方面，加大了国际合作。首先，通过参加和举办重要的国际学术研究会议，增强我国各界对农业贸易生态化的认识，例如，为落实《金砖国

---

① 卢肖平：《中国—东盟农业合作》，中国农业科学技术出版社 2006 年版，第 211—220 页。

② http：//www. shac. gov. cn/sgg/scfx/qg/sg/201510/t20151013_ 1594926. html.

家农业合作行动计划（2012—2016）》的重要举措，我国于 2011 年举办了金砖国家农业与气候变化研讨会，加强了我国与其他各国的沟通与交流，增强了金砖五国政府、企业和学界在农业领域应对气候变化的紧迫感。

其次，肯定非政府组织的作用。在农业贸易生态化的国际合作中，各种非政府组织凭借自身的组织体制的灵活性和公益性等特点，发挥着促进协调的积极作用。我国政府积极鼓励和组织相关企业和学者参加非政府组织组织的新闻发布会、座谈会等活动。

最后，我国从国家部委到基层建立了一批国际合作的专业机构，用于提供相关专业人才培训项目，以培养一批精通专业知识和国际规则的人才。如，2012 年中国银监会与世界自然基金会组织了有关银行绿色信贷的培训以及对水资源的可持续利用课程。2013 年我国国际农业培训中心项目得到联合国粮农组织的支持，为我国在农业贸易生态化领域的发展储备了人才。

二　当前我国农业贸易生态化国际合作方式存在的挑战

（一）我国农业领域国际合作地位不是很高，影响力没有达到应有的程度

虽然我国加入了一些重要的全球性政府间国际组织，但是在这些组织举行的各类立法性国际会议中，由我国协办的国际会议寥寥无几，尤其是，会议中就相关规则的谈判、制定与重构，我国的话语权未能得到有效行使。

从国际合作国家的国别看，我国的合作国也十分有限。根据我国商务部农产品贸易统计资料可以看出，2014 年我国农产品出口目的国或地区前几位的分别是中国香港、日本、韩国、美国、东盟、中东、欧盟、俄罗斯。目前我国已经与其签署自贸区协议的只有中国—东盟、中国—韩国、中国—澳大利亚，中、日、韩自贸区协议也只是处于正在谈判中。因此，我国与我国农产品主要进出口国家和地区有关农业贸易以及生态化的深入合作需要进一步加强与提升。

（二）我国参与国际组织事务管理的能力有待提高

只有成为制定规则的专家，才能成为管理规则的专家。但是，目前我国真正熟悉有关农业贸易生态化事务的专家并不多，能够自如运用规则的

更是匮乏，这直接影响到我国参与相关国际规则制定和管理的能力。

（三）资金来源过于单一化

虽然目前我国已经通过国际组织基金来推进我国农业贸易生态化的稳步发展，但是不难发现，在利用国际组织基金进行农业贸易生态化建设方面，我国利用的资金来源过于单一化，具体表现在我国目前合作的金融类国际组织较单一。例如，在全球层面，主要是世界银行、农发基金和全球环境基金等；从区域层面来看，亚洲开发银行所占的比例较大。由于申请资金的项目多是以农村基础设施为主体的，对生态环境的治理作为次重点并不能很有效地得到实施。

（四）对于在华的境外非政府组织管理制度不明晰

目前我国在立法层面上对在华的境外非政府组织整体上采取分类管理的措施。但是，对于进一步的职权划分，我国缺乏管理的系统性，没有设立一个统一的主管部门，例如民政部负责的是境外基金会代表机构的登记，对于外国来华商会的登记属于商务部的职责，而对于不属于上述两种的非政府组织，部分归属于工商部门登记，部分则直接处于无登记状态。

三　我国农业贸易生态化国际合作方式的完善

（一）促进我国农业贸易生态化国际合作方式的多样化

首先，无论通过会议形式，还是通过项目合作形式，在农业贸易生态化国际合作中，我国不但应考虑本国发展的需求，采取双边合作方式，追求双赢，还应该为了促进全球性和区域性经济与环境的发展，更多地采取多边和区域性的国际合作方式，在维护我国根本利益的基础上，求同存异，互利共赢，以实现全球和区域性农业贸易生态化合作的更好发展。

其次，灵活选择广泛的合作对象。在全球性和区域性多边合作中，尤其是在与国际环境有关领域合作方面，我国在积极争取发展中国家的权益的同时，应该基于我国目前和长远的利益，灵活选择合作伙伴，通过条约建立长期的广泛的经贸伙伴关系。在农业贸易和农业生态环境及其农业贸易生态化方面，我国需要借鉴其他经贸领域的国际合作经验，促进农业国际贸易生态化的发展步伐。

（二）农业贸易生态化多边国际合作中，我国要采取"变被动为主动"的战略

第一，加大向国际组织选派技术官员、技术专员的力度，积极参与国

际组织高官职位竞选，保持我国在国际组织中重要部门，例如政策委员会中的代表席位，以持续保有对政策性事务的决策影响力；第二，积极参加有关农业贸易生态化多边规则和政策性文件的制定，借鉴先进经验，维护我国利益；第三，争取主办有影响力的国际会议，提高话语权；第四，我国要更加积极主动地申请国际组织的相关资金支持，促进我国农业贸易生态化的发展；第五，通过国际组织支持他国的能力建设。随着我国经济的发展，我国已经由过去的单纯接受国际组织的援助转变为双向的交流合作或者支持其他国家的能力建设。例如 2014 年我国向联合国粮农组织捐赠5000 万美元，用来支持农业的可持续发展。

（三）农业贸易生态化双边国际合作中，我国要采取平等性、对等性和灵活性相结合的战略

首先，对于中美合作应保持整体利益的平衡。对于农产品国际贸易，我国和美国互为对方的重要出口市场，然而，中美两国政治关系复杂，竞争与合作并存是中美农产品贸易合作关系的主要特点。我国是美国大豆等农产品的主要进口国，应利用此优势，作为中美在农业贸易生态化谈判中的筹码，推动双方在标准互认等方面更为实质性地合作。

其次，突出重点是中国与欧盟合作的关键点。欧盟是我国的重要贸易伙伴，是农产品出口的第三大市场和进口的第五大市场。因此，在与欧盟进行农业贸易生态化合作时，要突出重点。通过建立与规范中欧农业合作组织机构保障机制和有效运行机制，在农产品国际贸易统一检验检疫方法和标准以及农业生态环境保护技术合作等领域展开深入合作。一方面引进欧盟先进的管理经验和技术，另一方面，就欧盟违反条约，采取农业绿色技术壁垒的行为予以坚决抵制。例如，欧盟在设定农产品农残标准限量的时候，违反 SPS 协议，大量采用"零容忍"农残标准，大大影响了我国对欧盟农产品的出口。

最后，巩固与周边国家的贸易伙伴关系。我国周边国家中虽然发展中国家较多，但是贸易额的比重很高，彼此间合作的意愿十分强烈。但是由于社会制度和经济水平的差异，合作中面临的挑战也不少。具体策略可以是以某一国家的合作为切入点，获取一定经验和成果之后逐步展开与更多国家的合作。例如，对于中国与泰国的合作，双方应利用中国—东盟自贸区的良好平台，积极推动双方在水果、蔬菜、水产品、畜产品等产品标准、流通标准的统一，从而提高农产品的流通效率。同时，中泰两国都遭

遇到国外技术性壁垒的困境，双方应在有机农产品认证、投资等方面加强行业的交流。

（四）在农业贸易生态化领域，我国与非政府间国际组织的合作应采取分类管理的战略

第一，对特定领域进行资金支持。例如，我国第一个森林管理委员会的小农户集体森林认证，将分散的小农户纳入集体管理中，有利于林业的可持续发展，该项目就是由非政府组织世界自然基金会发起的。① 再如环保部和世界自然保护联盟共同实施的对生物多样性的保护。

第二，与地方政府进行合作。例如，我国政府实施的由非政府间国际组织参与的扶贫开发计划中，国际组织为中国扶贫基金会执行农村小额信贷项目提供了一系列技术和财务支持，其中 60% 的资金由当地政府配套。②

第三，为中国农业贸易生态化战略的实施与开展打造了国际交流平台和网络。非政府间国际组织在中国开展业务的同时也会将它们的国际合作伙伴和国际网络带到中国，成为中国联系外部世界的一个平台。例如，世界自然基金会会在官网上列出与其合作的伙伴，包括政府和企业，为企业和政府树立了良好形象。

第二节　农业贸易生态化的合作领域

我国农业贸易生态化的国际合作领域较改革开放初期，有了很大的进步。而且，基于国际合作而建立起来的与农业贸易有关的各类标准、制度和规范也层出不穷。但是，实践中，随着高科技的发展，农业贸易生态化涉及的领域越来越繁杂，相应地，这方面的国际合作领域也应该不断地拓展和进一步加深。我国应该一方面根据相应的国际经贸条约和国内法上法定职能，与国外政府、国际组织和跨国企业建立实质性的具体合作；另一方面，根据国际农业经贸和生态农业发展的需要，进一步推动新的国际农业经贸秩序和生态农业国际化标准体系的建立。

---

① http：//www. wwfchina. org/pressdetail. php？ id = 1665.

② http：//www. chinadevelopment brief. org. cn/ngo – infoview. php = 159.

一　农产品环境标志的国际合作

农产品环境标志的国际统一化，是一系列纵向和横向国际合作的结果，或者可以说，实现农产品环境标志国际统一化的有效手段就是进行国际合作。与此合作方式相对应，农产品环境标志国际统一具有多层次、多领域、多类型的特点。除了全球性的多边国家间环境标志的协调统一之外，也可以是两个国家或区域间的环境标志的协调统一。例如，北欧白天鹅计划和欧盟的欧洲之花计划。前者是由本国的专门机构负责环境标志的管理；后者则是由一个欧盟环境标志委员会统一负责协调管理成员国农产品的环境标志，该委员会由各成员国标志管理机构和咨询论坛的成员组成。

包括农产品在内的产品环境标志将是未来国际的潮流，但同时也应该认识到环境标志的统一化会是一个长期过程。在这过程中，尤其是在当前发达国家借环境标志实施绿色壁垒的背景下，我国应该化被动为主动，积极开展国际合作。我国从 2005 年至今已经和澳大利亚、韩国、日本、新西兰、德国、北欧、泰国和中国香港等多个国家和地区签订了农产品环境标志互认协议。[1] 前期国际互认的实现，使我国与这些国家和地区彼此之间形成了双赢的局面。在继续加强加快与其他国家的国际互认进程的同时，我国也可以借鉴白天鹅和欧洲之花计划在中国—东盟和亚太经合组织内开展区域性统一的环境标志，并积极准备加入 WTO 等国际组织就农业生态环境保护开展的新一轮的谈判。

二　农产品质量检验检疫的国际合作

(一) 建立与完善农产品质量检验检疫多边国际合作机制

改革开放以来，在农产品质量检验检疫方面，我国逐步参与了一些全球性和区域性的国际合作机制，在此基础上，推进了我国的农产品质量检验检疫国内法体系的建立与完善。例如，2008 年我国成为国际标准化组织（International Organization for Standardization，ISO）常任理事国，中国标准化研究院加入国际地理标志网络组织。我国共有 12 家世界动物卫生

---

① 张显云：《我国环境标志法律问题研究》，《中国法学会环境资源法学研究会会议论文集》（第四册），第 1350—1354 页。

组织（OIE）（Office International Des Epizooties）参考实验室及 3 家 OIE 协作中心。① 参考实验室或者协作中心是世界卫生组织的技术支撑机构。上述机构在国际认可的规则和标准方面具有权威性，更能得到国际社会的普遍认可。此外，我国利用 APEC 设立的贸易投资便利化基金促进我国农业贸易生态化的发展，其中，我国食品安全风险评估与交流项目获得批准。

（二）建立与完善农产品质量检验检疫双边国际合作机制

我国在农产品质量检验检疫上面的双边合作较多，有不少成果。目前，我国已经和加拿大、新西兰、澳大利亚、智利、阿根廷、哥伦比亚、老挝和越南等多个国家和地区在农产品检验检疫方面进行合作，以促进双边农业贸易的便利化和生态化。具体来说，我国和新西兰在 2011 年和 2014 年分别签订《中国与新西兰卫生与植物卫生联合委员会会议纪要》和《中国质检总局与新西兰经济发展部关于建立 WTO/TBT 领域磋商机制的安排》；2013 年和 2014 年是我国开展双边合作的重要时期，在该时期，我国与加拿大签订了 5 份合作协定，分别是《关于加拿大谷物油籽输往中国植物检疫议定书》《关于进出口动物卫生工作组的合作安排》《中国质检总局与加拿大食品检验署关于检验检疫的合作安排》《关于加拿大输入种猪的检疫和卫生要求议定书》《关于加拿大梯牧草输华卫生与植物卫生条件的议定书》；与此同时，我国与智利、阿根廷和哥伦比亚也开始进行接触与合作，2014 年签订了《智利去壳核桃仁、智利鳄梨输华议定书》《中智水果合作协议》等质检合作文件，还有 2014 年《中国质检总局和阿根廷共和国农牧渔业部关于 2012—2013 年度工作计划的合作安排》，2012 年《中国质检总局与哥伦比亚农业与农村发展部合作备忘录》，② 特别是与互补性较强的国家如俄罗斯、巴西、委内瑞拉、印尼等签署双边贸易协定；相较于加拿大，我国和澳大利亚的合作时间较长，早在 2003 年，我国就与澳大利亚签订《中国质检总局与澳大利亚农渔林业部 WTO/SPS 领域合作谅解备忘录》，在 2009 年，我国与其进一步加深合作，签订《中国认证认可监督管理委员会与澳大利亚标准协会谅解备忘录》等 20 余份检验检疫方面的协议；同时，2012 年我国与老挝、越南签

---

① http：//www. moa. gov. cn/zwllm/zwdt/201405/t20140530_ 3923219. htm.

② http：//gjhzs. aqsiq. gov. cn/sbhz/mz/201205/t20120510_ 217288. htm.

署动物卫生合作谅解备忘录。①

除此之外，双边国际合作还包括中国与东盟、欧盟之间的经贸合作。2012 年，中国—东盟自贸协定新增技术性贸易壁垒和动植物卫生措施的内容。2002 年，中国质检总局与欧委会企业总司建立了 WTO/TBT 磋商机制，在法规政策、人员培训、不合格案例信息通报、技术交流等方面进行了卓有成效的合作。2006 年，中国质检总局还与欧委会健康与消费者保护总司建立了食品与消费品安全磋商合作机制。② 在该机制下，双方成立了食品和消费品安全联合工作委员会以及普通消费品、食品安全和动植物卫生工作组。

三 农产品技术性贸易措施的国际合作

农业贸易生态化的有序发展，除了需要农产品检验检疫措施的国际化和趋同化，还需要各国在农产品技术性贸易措施方面加以协调和互动。我国农产品国际贸易的健康发展需要加强在农产品技术性贸易措施方面的国际合作。

历史上，我国积极参加太平洋认可合作组织、国际认证联盟等有关农产品技术性贸易措施的国际组织。对于部分国际组织，我国不仅仅局限为一名成员国，更多的是作为成员实质参与该国际组织的运作。例如，我国于 1991 年加入亚太经合组织，同时，我国质检总局国际司李少卿巡视员曾担任过该委员会的副主席。2001 年，国家认监会成为亚太经合组织拖拉机协定的国家指定机构，农业部农机实验室鉴定总站是官方拖拉机试验站；我国还与实验室认可组织签署互认协议；曾当选过国际食品法典委员会的主持国；1991 年承办太平洋地区标准大会会议。③ 这些合作实践为我国农业贸易生态化工作的开展，奠定了一定基础，随着农产品国际贸易关税壁垒的消减和各国农产品技术性贸易壁垒的增强，我国迫切需要加强在农产品技术性贸易措施方面的多边国际合作。

在农产品和食品的认证认可、合格评定等领域，我国已经与多个国家

① http：//gjhzs. aqsiq. gov. cn/sbhz/yz/yzgj/index_ 1. htm.

② http：//gjhzs. aqsiq. gov. cn/sbhz/oz/om/200702/t20070201_ 27745. htm.

③ http：//gc. 100xuexi. com/Examltem DataInfo. aspx？ ID = 835EBDD7_4cF2 – 4329 – BA29 – 1EA574c88D9D.

建立了双方合作机制。然而，我国农产品技术性贸易措施国际合作也存在着一些问题。主要表现在：首先我国参与的与农产品技术性贸易措施有关的国际组织，虽然在数量上增加许多，但是多为成员国而不是主持国，在国际组织中担任职务的人员也较少。这直接导致在国际组织制定多边协定和相关国际标准时，我国话语权未能得到充分有效的行使。其次，这些国际合作的程度有待加深。我国农产品技术性贸易壁垒的合作多是签署合作备忘录，建立信息交流机制，但是真正开展实质性的合作，互认技术性贸易措施的合作较少。

四　农产品地理标志的国际合作

目前，我国农产品地理标志的管理仍存在一定问题。首先，相关主管部门职权未进行细化和明确，易形成各管一段、互不衔接和共管一段、职权不明的现象。总体来说，在地理标志的国际合作中，国家质检总局较为积极，无论是我国农产品的境外保护，还是境外农产品的国内保护都取得了一系列的成果。其次，国际合作范围较窄。从我国签署备忘录的国家范围来看，我国积极寻求的合作对象更多地聚焦于欧盟，而对于美国和日本这两个我国农产品出口大市场，我国并未进行较多的或实质性的合作。此外，申请保护的产品均为初级产品。对比我国境外保护的产品和在华保护的境外产品可以看出，我国申请保护的农产品均为初级产品，而未进行进一步的深加工，而在华保护的境外产品多为高附加值的加工产品。

综上，我国农产品地理标志国际合作的路线图应该如此设计：首先，将有关农产品地理标志的管理职权统一于国家质检总局，以完善国际合作的组织保障机制，因为，地理标志或原产地规则与产品检验检疫的关系更为密切。其次，在国际合作对象方面，下一步应该积极寻求与美国和日本的合作，以更好地保障我国农产品在这两大出口市场的经济利益。

五　农产品贸易 PPMs 措施的国际合作

我国对于农产品贸易 PPMs 措施的国际合作，一方面是积极加入国际条约，例如《保护臭氧层维也纳公约》《联合国气候变化框架公约》等。另一方面是制定相关国内法和在国内法中适用相应的国际条约。2012 年的《清洁生产促进法》以及 2009 年的《食品安全法》都对产品的生产过程进行了标准规定。另一方面，国际标准化组织（ISO）制定的 ISO14000

在我国也得到广泛应用。

我国应积极加入农产品 PPMs 措施谈判。一方面，在谈判时应强调 PPMs 单边贸易措施不是促进自由贸易和环境保护的有效途径，多边国际合作才是解决国际问题的真正有效方法。虽然，在虾与海龟案中，发达国家采用的环境贸易措施是基于 NPR‒PPMs 做出的，而最终 WTO 争端解决机构也支持了这样的做法，但是由于 WTO 争端机制中规定具体案例并不绝对地对以后的案例产生决定影响，因此该案例也仅仅为特例。另一方面，积极争取发展中国家的过渡期，以给发展中国家一定的时间去提升自身的标准，但在此期间，不应对易受 PPMs 标准影响的农产品强加 PPMs 标准，此外，在该过渡期，要求发达国家也应给予发展中国家一定的资金和技术支持。

第三节　我国农业贸易生态化国际合作的保障机制

我国农业贸易生态化国际合作的保障机制主要包括争端解决机制、组织保障机制和能力建设机制。首先，对于农业贸易生态化国际合作过程中发生的争端的解决，应该分类处理，针对不同的合作对象，采取不同的解决机制：在与我国香港、澳门和台湾地区的合作中，应该尽量采取协商一致的争端解决机制；针对与我国经济发展水平差距较小的发展中国家，可以采用协调中心模式，适度地吸纳多元化的调整模式；而针对发达国家，由于涉及的领域较广且复杂，有必要设立多元调整模式。其次，目前，涉及农业贸易生态化领域的监管部门众多，因此，明确各个职能部门间的职权对于保障我国农业贸易生态化的国际合作具有重要保障意义。当然，无论是争端解决机构还是监督机构，问题的有效解决需要大量的人力资源。提高相关工作人员的能力也是保障农业贸易生态化国际合作顺利进行的重要环节，所以，本节也将建立与完善相关能力建设机制纳入其中。

一　我国农业贸易生态化国际合作的争端解决机制

国家间一般国际经济纠纷解决机制适用于农业贸易生态化领域的国际争端之解决。一般国际经济合作中的争端解决机制的建立与完善，对于双边、多边的国际经济合作来说都具有极其重要的作用。现行的国际经济争端解决模式主要有三种：第一种是单一诉讼模式。该模式以欧盟为代表。欧盟等区域经济组织依据国际条约的相关条款，通过诉讼方式对其内部各主体之间的争端予以解决；第二种是以北美自由贸易区为代表的多元调整模式，即通过多套争端解决机制分门别类地加以解决；第三种是以中国—东盟自贸区为代表的协调中心模式，即主要通过协调中心以磋商、调解和调停的方式解决。在农业贸易生态化国际合作中，如果我国与合作方发生争议，可以适用现行的国际经济争端解决的一般机制。面对不同国家或地区，采取的措施应有所区别。可以依照我国合作的对象分为三大类予以探讨：一是香港、澳门和台湾；二是发展中国家；三是发达国家。

(一) 与香港、澳门和台湾地区争端解决模式的选择

如果内地与这三个独立关税区，在农业贸易与农业生态环境保护方面发生争议，在与这三个单独关税区选择争端解决模式的时候，要对目前现行争端解决的一般模式进行考察。首先，内地和香港、澳门，虽然还没有建立具体的争端解决机制，但是内地和香港、澳门曾签订有《关于建立更紧密经贸关系的安排》①（以下简称《安排》）。在这份《安排》中，虽然在正文中并没有对争端解决机制进行明确的规定，但是，该《安排》的第 19 条规定，在解释或执行《安排》过程中出现问题，双方将应本着友好合作的精神，通过协商予以解决，而且，委员会将采取协商一致的方式作出决定。由此可以看出，在这份《安排》中，还是倾向采用协商一致的争端解决方法。大陆与台湾地区虽然在贸易方面有所进展，但由于《海峡两岸经济合作框架协议》（ECFA）签订时间并不长②，有关争端解决机制的问题只在 ECFA 第 10 条第 1 款中有所表述。该款的具体规定是就实施、解释和适用本协议时所产生的争议，应该通过磋商来解决，而就具体的磋商程序，双方应在不迟于该协议生效后的六个月内建立。但目前，就如何签署争端解决机制协议，两岸仍没有形成共识。若有争议产生，双方只依靠第 10 条规定协商解决或透过两岸经济合作委员会解决，但两岸经济合作委员会目前并没有争端解决职能，或者说只有调处机能并没有法律机能。可见，在 ECFA 争端解决机制缺失的情况下，在 ECFA 项下的投资保

① http：//www.customs.gov.cn/publish/portal0/tab49661/info551207.htm.

② http：//tga.mofcom.gov.cn/aarticle/e/201006/20100606995238.html.

障、海关合作和服务贸易领域，如果投资人与政府之间产生争端，最多也只能调解，海峡两岸间尚无争端解决法律机制。

因此，对于内地与三个单独关税区的争端解决机制模式还是采用通过协调中心加以磋商的模式更好。在同一主权国家的背景下，通过磋商来解决争端，既能凸显各地区之间的善意，也能较好地体现协商为主的指导精神，对经济的发展及统一的国家主权的维护有极为重要的影响。

（二）与发展中国家争端解决模式的选择

我国作为发展中国家，与其他发展中国家相比，虽然在国情与政治经济发展的某些方面存在共性，但是，国家间的经济发展水平和政治制度仍存在很大的差异。因此，笔者认为在农业贸易生态化领域，如果发生争议可以采取一般争端解决机制，即在主要适用协调中心模式的同时，适度吸纳多元化调整模式的合理成分。首先，这样的模式有利于争端解决，既可以增加各缔约国之间的信任，也符合各国的法律发展水平及对国际法律制度的认识，从而有利于争端的实际解决。其次，实践证明，协商模式是最有效的解决途径。2010年5月印度对我国对其出口的轮胎进行特保调查，经过多轮磋商，最终印度于9月停止该调查。2010年，阿根廷对我国纺织品征收新反倾销税，也是通过谈判解决。这是由于我国经济实力的强大使得能在双边谈判中占有优势和主导权。最后，在农业贸易生态化的国际合作中，会涉及投资、知识产权等特别的领域，这些领域的争端适用一般性的协调中心模式并不能得到有效的解决，因此，对于这些特殊的领域可以单独设立争端解决机制。例如中国—巴基斯坦、中国—新西兰、中国—秘鲁三个自贸协定就是采用设立两种争端解决机制平行适用的方式。

（三）与发达国家争端解决模式的选择

我国与发达国家之间的农业贸易领域较为广泛，尤其是，会涉及一些环保问题、知识产权等特殊领域，因此，有必要设立类似于多元调整模式的多套争端解决机制。一方面，由于贸易摩擦频发，我国农产品被征收反倾销、反补贴税的案件急剧增长，因此，在进行贸易谈判的时候有必要将它们的争端解决机制作为谈判的重要领域。[1] 另一方面，在面对不同领域的贸易争端时，采取的方式要有所侧重。首先，我国可以以进口量较大的

---

[1]　孙志煜：《CAFTA争端解决机制条约化之路——NAFTA、CAFTA争端解决机制的比较视角》，《武汉大学学报》2010年第3期。

产品，作为谈判的筹码。例如，日本对我国农产品采取保障措施，我国可就其汽车、手机等产品进行惩罚性关税为条件进行谈判。其次，诉诸WTO 争端解决机制。入世以来，在农产品贸易领域，作为申诉方和被诉方，我国都有在 WTO 框架下参与 WTO 争端解决机制的案例，无论是胜诉，还是败诉，相关实践都为我国更好地利用 WTO 争端解决机制，维护我国农业贸易利益提供了经验。

二　我国农业贸易生态化国际合作的组织保障机制

农业贸易生态化国际合作涉及农业生产环境质量，农业投入品质量，农业生产过程的质量控制，农产品的储存、运输，农产品贸易，农产品消费等众多环节。在我国现阶段，涉及农业贸易生态化国际合作的监督管理部门众多。虽然主要是以农业部为主，但同时还涉及国家质量监督检验检疫总局、卫生部、国家食品药品监督管理总局等政府职能部门。理顺这些政府部门的职能，为我国农业贸易生态化国际合作明确规定主要的政府职能部门及其相关职责，对于农业贸易生态化的发展及其相关国际合作的顺利开展具有重要的组织保障意义。

（一）　我国农业贸易生态化监管体系的现状

农业部是进行综合管理的部门，具体领域则需要和不同的行政机关进行协调。国家质量监督检验检疫总局中主要是科技司负责地理标志，同时认监委和标准委负责农产品的认证认可工作；商务部最主要的是世贸司处理与世贸的关系；环保部的科技标准司则是对各类环境标准进行认证，而国际合作司主要是负责环境保护国际公约的谈判，协调政府间双、多边环境保护合作事宜；工商总局下属的商标局，设有国际注册处、地理标志审查处等多个职能部门。其中地理标志审查处负责审定外国的地理标志，经过审定的外国地理标志才能在我国进行注册和获得保护。海关总署下设专门的原产地管理部门，主要负责农产品原产地规则的具体管理；而对于资金的来源，主要由财政部的农业司进行管理和分配，其中财金合作司负责世界银行、亚洲开发银行、国际农业发展基金的贷款、担保等业务的谈判和磋商。

（二）　农业贸易生态化政府监管体系存在的问题

首先，农产品从生产到消费，涉及农、工商、质检等多个监管部门。农业贸易生态化领域更是涉及环保、财政等部门。但是，各部门间各自为政、信息不畅、协调不力。同一农产品质量安全问题，不同部门制定的标准却差异很大。同时，各部门有关农业贸易生态化国际合作的职能界定不够清晰，例如，对于农产品的地理认证就出现国家工商总局、国家质检总局和商务部三部门分头认证的现象。其次，有关标准的水平设置过低。国际贸易实务中，远远低于国际标准的农药残留标准，导致了我国农产品出口受到巨大影响。

（三）完善我国农业贸易生态化政府监管体系的对策建议

首先，设立专门机构收集、分析与交流农业贸易与生态环境保护相关信息。发达国家之所以在农产品检验检测等标准方面走在前列，其主要原因在于，在制定相关的国内标准时瞄准世界市场而非仅仅针对本国的情况。搭建专门平台并与国外相关信息平台合作，有利于及时了解各国最新信息，减少我国在农产品检验检疫方面的时间和成本。

其次，建立与我国现阶段国情相适应的农业贸易生态化管理组织体系。整合现有各部门的监管力量，建立综合性的农业贸易生态化管理组织，对有关的政府管理机构的职责进行明确的划分。笔者认为应当将管理职权统一于国家质检总局的科技司，而不是由三方共同进行管理。各部门在各自职责范围内发挥作用，为我国农业贸易生态化国际合作奠定良好的组织基础。

总之，现代化农业发展的主要方向是绿色农业、有机农业和生态农业。农业国际贸易将日趋生态化这已是可以预见的事实。加强农业贸易生态化方面的国际合作，在合作方式、合作领域、合作能力建设以及组织保障等方面制定有针对性的政策，建立与完善相关的制度框架，必将有利于我国农业的可持续发展，有利于提升我国农产品的国际竞争力。

三　我国农业贸易生态化国际合作的能力建设制度保障机制

我国农业贸易生态化国际合作需要大批的、多层次和多领域的人力资源，而人力资源的开发与储备，需要来自多渠道的、大量的、稳定的资金投入和技术的支持。目前，无论是全球性或区域性的多边国际合作，还是双边的国际合作，以能力建设为核心的国际教育合作，大都是通过具体的项目来展开。无论是作为主办方来提供资金和技术，还是作为项目的参与方来申请资金和技术的援助，我国已有一定的经验和成就，但是，随着教育领域国际合作项目规模和数量的增加，逐步建立与完善相关机制，对促进我国的国际合作具有重要的意义。

（一）我国农业贸易生态化教育国际合作的方式

促进我国农业贸易的生态化，一方面，需要国际合作，而国际合作需要相应的人力资源来支撑；另一方面，优秀合格的人力资源又需要我国政府、院校和企业联合起来共同培养。人才储备是农产品国际贸易生态化持续发展的坚实保障。

我国各级政府都应该出台相应的政策，鼓励、支持和奖励投身于农业生产、农业生态环境保护领域的专业学生、教研人员、管理人员、企业工作人员和志愿者，提供参加各类会议、实习和项目研究等方面的机会。这些机会，不受限于学历教育，而应更多着重于实践方面的学习与交流。

我国政府应积极鼓励、支持和奖励高校、社会组织和企业参加或举办各类农业贸易生态化的国际会议，尤其是世界银行、联合国粮农组织和全球粮食安全联盟等重要国际组织的相关会议，以促进我国农业领域专家人士和组织与其他国家和国际组织的沟通与交流。其中，政府主办的相关国际会议，应该允许和鼓励一定比例的个人申请参加旁听。诸如，2004 年在北京召开的第三届 APEC 教育部长会议，[①] 世界银行教育国际研讨会，[②] 2013 年在我国召开的全球粮食安全联盟第二次会议，都在一定层面促进了我国与世界的农业文化教育交流。

此外，农业贸易生态化教育国际合作也包括我国各级政府部门工作管理人员的能力提高，尤其是，涉外工作人员的能力建设更为重要。对于能力建设的国际合作而言，双边合作是较容易产生契合点的合作形式。参加主要国际组织框架下的各类工作组进行国际合作也是有效的国际合作方式之一。定期选派相关工作人员到国外高校、协会和政府机构或国际组织进行中、短期继续教育，也是得到实践证明的有效方式，重点问题是要将这些继续教育制度化和规范化。

---

① http://www.moe.gov.cn/srcsit/A20/s7068/200404/t20040430_ 77879. htm.
② 该会议由世界银行、新加坡南洋理工大学、韩国政府、英国国际发展部、教育计划发展基金以及联合国教科文组织等支持和发起。会议参与者包括来自中国、印度尼西亚、日本、韩国、马来西亚、菲律宾、新加坡、泰国和越南等东亚国家，以及德国、约旦、荷兰、新西兰和波兰等国的教育专家。

（二）我国农业贸易生态化教育国际合作的资金来源

首先，世界银行等国际组织的教育贷款援助是我国农业贸易生态化教育国际合作的重要资金来源之一。改革开放以来，我国与世界银行建立了良好的合作关系。从 20 世纪 80 年代到现在，世界银行每年向教育部提供大量的教育贷款，支持我国的义务教育、职业教育和高等教育事业的发展。其中，对农村教育科研项目的贷款以及对西部贫困地区教育的贷款都对我国农业的发展起到了较大的促进作用。

其次，我国还利用国外基金促进我国农业贸易生态化领域的人才培养。例如，2010 年我国申请了 APEC 中央基金，用于开展"职业资格与能力标准框架研究"项目。对于欧盟、全球作物多样性信托基金，我国目前只是受邀访问该基金组织，签署科技合作谅解备忘录，在提升公众对作物多样性保护的认识、加强能力建设等领域达成共识，但是对于具体的合作方式、途径等都没有进行实质性的讨论。

最后，我国科研机构加强与大型跨国公司的密切沟通，充分利用跨国公司的奖学金项目开展与促进我国农业贸易生态化的发展。例如，2014 年，中国农科院与拜耳作物科学公司交换合作意见，对双方在人才培养、知识产权等领域进一步加强交流与合作，继续加大对中国农科院拜耳奖学金项目的扶持力度达成了共识。

除了参加全球性国际组织的项目研究，还应该积极参加主要区域性国际组织的科研计划，寻求项目资金的资助。例如，欧盟的地平线 2020 计划中包含农业可持续发展的项目，并且该计划表示欢迎其他国家加入该项目的实施。高校和政府部门应抓住机会，和欧盟保持联系，积极寻求参与的渠道。

（三）我国农业贸易生态化教育国际合作能力的技术支持

首先，中英在联合网站建设方面，成绩突出。2008 年，中英在可持续农业双边合作方面，达成了统一框架，并建立了中英可持续农业创新协作网。目前，该网站建设已经被纳入中英可持续农业发展对话机制下的农业和渔业工作计划。该网站的主要秘书处设在中国西北农林科技大学。协作网在助推中英双方在"中国农业应对气候变化的脆弱性及适应能力建设""中国有机肥合理利用""中英可持续集约化农业养分管理和水资源保护项目"等多个项目上取得成果。

其次，在与国外高校建立联合实验室方面，我国已与比利时、挪威和日本等国家达成相关意向。2014 年，中国农科院在欧洲设立第一个海外联合实验室，即在比利时根特大学成立的全球变化与粮食安全联合实验室；2014 年中国农科院与挪威农业与环境研究院签署了共建植物保护与农业生物安全联合实验室备忘录，双方拟在人员交流与培训，共同申报国际合作项目以及建立年度学术交流机制等领域开展深入合作。2014 年中日"动物原虫病研究联合实验室"正式成立，有利于联合开发技术、举办学术会议等。①

---

① http：//www. 52swine. com/view/201408/24046. html.

参考文献

一 著作类

1. 毕润成主编:《生态学》,科学出版社 2012 年版。
2. 王宏燕、曹志平主编:《农业生态学》,化学工业出版社 2008 年版。
3. 周文宗等编:《生态产业与产业生态学》,化学工业出版社 2005 年版。
4. 韩德培主编:《环境资源法论丛》(第 2 卷),法律出版社 2002 年版。
5. Charles B. Moss, *Agricultural Globalization Trade and the Environment* (*Natural Resource Management and Policy*), Springer, 2001.
6. Copeland, Brian R., *Trade and the Environment: Theory and Evidence*, Princeton University Press, 2005.
7. 王传丽:《WTO 农业协定与农产品贸易规则》,北京大学出版社 2009 年版。
8. 王军杰:《WTO 框架下农业国内支持法律制度研究》,法律出版社 2012 年版。
9. 李晓玲:《WTO 框架下的农业补贴纪律》,法律出版社 2008 年版。
10. 刘武兵:《欧盟共同农业政策研究》,中国农业科学技术出版社 2016 年版。
11. 农业部软科学委员会课题组:《加入世贸组织与中国农业》,中国农业出版社 2002 年版。
12. 卢梭:《社会契约论》,何兆武译,商务印书馆 2003 年版。
13. 周珂:《生态环境法论》,法律出版社 2001 年版。
14. 王明远:《清洁生产法论》,清华大学出版社 2004 年版。

15. 胡炳志：《再保险》，中国金融出版社 1998 年版。

16. McNeely J. A, Scherr S. J., Ecoagriculture：*Stategies to Feed the World and Save Wild Biodiversity*, Washington D. C.：Island Press, 2003.

17. Sue Edwards, Tewolde Berhan Gebre Egziabher and Hailu Araya, *Successes and Challenges in Ecological Agriculture*：*Experiences from Tigray*, *Ethiopia*, Tigray Project, 2010.

18. Reyes Tirado, *Greenpeace's Vision for Ecological Farming*：*the Seven Principles*, Greenpeace International, 2015.

二　论文类

1. 梁启峰：《生态农业：我国应对农产品贸易绿色壁垒的现实选择》，《中国城市经济》2010 年第 10 期。

2. 宇振荣：《我国农业/农村生态景观管护对策探讨》，《中国生态农业学报》2012 年第 7 期。

3. 骆世明：《生态农业的景观规划、循环设计及生物关系重建》，《中国生态农业学报》2008 年第 7 期。

4. 张壬午：《倡导生态农业建设美丽乡村》，《农业环境与发展》2013 年第 2 期。

5. 王权典：《生态农业发展法律调控保障体系之探讨——基于农业生态环境保护视角》，《生态经济》2011 年第 6 期。

6. 乔桂银：《生态农业发展的制约因素与对策建议》，《中央社会主义学院学报》2009 年第 12 期。

7. 刘星辰：《几种典型生态农业模式的优点及实现途径》，《中国生态农业学报》2007 年第 11 期。

8. 李洪泽：《生态农业综合效益评价指标体系及评价方法》，《中国林业经济》2007 年第 9 期。

9. 严立东：《绿色农业生态资本累积机制与政策研究》，《中国农业科学》2011 年第 3 期。

10. 燕芳敏：《中国现代化进程中的生态文明建设研究》，博士学位论文，中共中央党校，2015 年。

11. 万金：《中国农产品贸易比较优势动态研究》，博士学位论文，华中农业大学，2012 年。

12. 尹成杰：《农业跨国公司与农业国际化的双重影响》，《农业经济问题》2010 年第 3 期。

13. 张军：《技术创新在我国农业国际贸易竞争中的作用及对策研究》，《农村经济》2007 年第 8 期。

14. 马有祥：《国际农业贸易自由化研究》，博士学位论文，华中农业大学，2005 年。

15. 王国勇：《我国农业国际贸易水平提升对策分析》，《科技信息》2012 年第 8 期。

16. 夏英祝：《加入 WTO：中国农业如何参与国际贸易竞争》，《农业经济问题》2003 年第 3 期。

17. 刘竹：《论 WTO 规则在国际贸易新形势中的角色》，《法制博览》2015 年第 12 期。

18. 李丽：《低碳经济对国际贸易规则的影响及中国的对策》，《财贸经济》2014 年第 9 期。

19. 刘丽：《中国与巴西生态农产品贸易分析》，《世界农业》2016 年第 1 期。

20. 莫少颖：《绿色壁垒对我国农产品出口的影响及对策研究》，《改革与战略》2010 年第 7 期。

21. 孙才志：《中国粮食贸易中的虚拟资源生态要素估算及效应分析》，《资源科学》2012 年第 3 期。

22. 陈欣：《农业系统中生物多样性利用的研究现状与未来思考》，《中国生态农业学报》2013 年第 1 期。

23. 高东、何霞红：《利用农业生物多样性持续控制有害生物》，《生态学报》2011 年第 12 期。

24. 宁立标：《食物权的正当性分析》，《法制与社会发展》2011 年第 3 期。

25. 樊明太：《中国贸易自由化及其对粮食安全的影响———一个基于中国农业 CGE 模型的应用分析》，《农业经济问题》2005 年第 12 期。

26. 王文涛、刘燕华、于宏源：《全球气候变化与能源安全的地缘政治》，《地理学报》2014 年第 9 期。

27. 朱立志：《农业发展与生态文明建设》，《中国科学院院刊》2013 年第 3 期。

28. 黄洪：《农业环保农村能源与生态安全》，《中国农业信息》2014 年第 7 期。

29. 谢国娥：《我国食品贸易竞争力的现状及对策研究——基于食品安全体系的视角》，《国际贸易问题》2013 年第 1 期。

30. 曾文革、张婷：《论多边贸易体制下农业贸易可持续发展理念》，《国际商法论丛》2010 年第 12 期。

31. 刘禹宏：《当代农业贸易保护政策的国际比较与借鉴》，《广西农业生物科学》2014 年第 2 期。

32. 陈永福、何秀荣：《两伤结局——中日蔬菜贸易战略解析》，《国际贸易》2009 年第 5 期。

33. 涂永前：《食品安全的国际规制与法律保障》，《中国法学》2013 年第 8 期。

34. 李勤昌：《WTO 框架下我国农业政策调整策略选择》，《财经问题研究》2009 年第 4 期。

35. 戴明辉：《从贸易生态化视角看中国对外贸易可持续发展变迁：一个 PSR 模型的量化评估》，《国际贸易问题》2015 年第 1 期。

36. 张炳淳：《论国际贸易法的"生态化"对国家主权原则的挑战》，《甘肃政法学院学报》2008 年第 7 期。

37. 陈泉生：《论科学发展观与法律的生态化》，《福建法学》2006 年第 12 期。

38. 刘彦随：《中国县域耕地与农业劳动力变化的时空耦合关系》，《地理学报》2010 年第 12 期。

39. 石成玉：《气候变化、农业水利投资与我国耕地产出效率分析》，《农业技术经济》2015 年第 12 期。

40. 张陆彪：《绿色贸易壁垒与农业生态环境保护》，《上海环境科学》2002 年第 12 期。

41. 严力冬：《绿色农业生态资本积累机制与政策研究》，《中国农业科学》2011 年第 3 期。

42. 陈泉生：《论科学发展观与法律的生态化》，《福建法学》2006 年第 12 期。

43. 高东：《利用农业生物多样性持续控制有害生物》，《生态学报》2011 年第 12 期。

44. 卢宝荣：《农作物遗传多样性农家保护的现状及前景》，《华南热带农业大学学报》2015 年第 2 期。

45. 宋博：《生物多样性控制作物病害研究进展》，《云南大学学报》（自然科学版）2008 年第 9 期。

46. 林文雄：《农业生态学的新视野》，《中国生态农业学报》2012 年第 3 期。

47. 张烽文：《农业生态环境灰色综合评价及其支持系统》，《系统工程理论与实践》2013 年第 11 期。

48. 张晓京：《WTO 与粮食安全——法律与政策问题》，博士学位论文，武汉大学，2013 年。

49. 王权典：《生态农业发展法律调控保障体系之探讨——基于农业生态环境保护视角》，《生态经济》2011 年第 6 期。

50. 董红、王有强：《我国农业生态环境保护立法探析》，《云南民族大学学报》（哲学社会科学版）2013 年第 2 期。

51. 孙宝鼎：《德国农业生态补偿及其对农业环境保护作用》，《世界农业》2012 年第 2 期。

52. 杨永芳：《古代农业生态环境保护制度对当今的启示》，《农业现代化研究》2007 年第 7 期。

53. 邹光：《我国农业生态补偿法律制度完善研究》，《湖北农业科学》2014 年第 2 期。

54. 张壬午、计文瑛、张彤：《我国生态农业与生态环境保护协调性研究》，《生态农业研究》2012 年第 8 期。

55. 李冬雪：《生态农业立法问题研究》，《东北林业大学学报》2015 年第 4 期。

56. 李恩：《中国农村生态文化建设研究》，博士学位论文，吉林大学，2012 年。

57. 丁一凡：《国际贸易新动向——多边自由贸易框架的复活还是新地区自由贸易框架的崛起?》，《当代世界》2014 年第 2 期。

58. 周升起：《农产品国际贸易生态经济效益研究》，博士学位论文，山东农业大学，2005 年。

59. 张晓涛、倪洪兴：《农产品贸易自由化进程中的非贸易关注问题》，《国际贸易问题》2004 年第 1 期。

60. 牛海峰：《浅析〈生物多样性公约〉与 WTO 贸易规则的关联性》，《当代财经》2003 年第 1 期。

61. 刘惠荣：《论国际贸易与环境保护的法律协调》，博士学位论文，中国海洋大学，2004 年。

62. 方伶俐、王雅鹏：《中外农业补贴政策的比较分析及启示》，《华中农业大学学报》（社会科学版）2005 年第 2 期。

63. 曾文革、张婷：《农业可持续贸易的国际法律实践与我国的应对》，《华东经济管理》2011 年第 2 期。

64. 张楷：《欧盟共同农业政策的演变及启示》，《山东省农业管理干部学院学报》2008 年第 5 期。

65. 陈彬：《欧盟共同农业政策对环境保护问题的关注》，《德国研究》2008 年第 2 期。

66. 曹明德、赵爽：《中国与东盟自由贸易区建设中的环境法律机制构建——基于区域合作中国际环境资源法律机制构建的视角》，《河北法学》2008 年第 5 期。

67. 王三兴：《美国、欧盟农业政策的调整及思考》，《石家庄经济学院学报》2006 年第 6 期。

68. 刘宇航、宋敏：《日本环境保全型农业的发展及启示》，《沈阳农业大学学报》（社会科学版）2009 年第 1 期。

69. 罗如新：《日本发展环保型生态农业的经验及其对中国的借鉴》，《安徽农业科学》2013 年第 36 期。

70. 杨秀平、孙东升：《日本环境保全型农业的发展》，《世界农业》2006 年第 9 期。

71. 赵立华：《日本技术壁垒对我国农产品出口的影响及对策》，《商业研究》2005 年第 8 期。

72. 娄昭、徐忠：《农业巴西》，《农产品市场周刊》2013 年第 40 期。

73. 杜旻、刘长全：《全球化进程中的印度农业、农村改革与农民保护》，《经济研究参考》2011 年第 51 期。

74. 董运来、余建斌、刘志雄：《印度农业贸易自由化改革——基于粮食安全的视角分析》，《中国农业大学学报》（社会科学版）2008 年第 3 期。

75. 周升起：《农产品国际贸易生态经济效益研究》，博士学位论文，山东农业大学，2005 年。

76. 杜旻、刘长全：《全球化进程中的印度农业、农村改革与农民保护》，《经济研究参考》2011 年第 51 期。

77. 娄昭、徐忠、张磊：《巴西农业发展的经验》，《新农村》2012 年第 3 期。

78. 秦天宝：《北美自由贸易协定对贸易规则与环境标准的协调》，载韩德培主编《环境资源法论丛》第 2 卷，法律出版社 2002 年版。

79. 朱文玉：《我国生态农产品认证制度的缺陷及其完善》，《学术交流》2010 年第 5 期。

80. 郭方方：《国生态农业的法律保障问题研究》，硕士学位论文，山西财经大学，2010 年。

81. 刘冲：《国际贸易生态化与全球经济协调发展研究》，《山东社会科学》2012 年第 12 期。

82. 张晓：《生物相生在农业生产中的应用及其法制研究》，《前沿》2010 年第 4 期。

83. 陈跃星：《我国生态农业法律制度研究》，硕士学位论文，重庆大学，2009 年。

84. 翁伯琦、陈奇榕、王义祥：《试论循环经济与现代生态农业发展》，《江西农业大学学报》（社会科学版）2008 年第 3 期。

85. 范秀丽、任大鹏：《我国生态农业的立法思考》，《农业经济》2005 年第 5 期。

86. 蔡守秋：《建设生态区的法制保障》（上），《河南省政法管理干部学院学报》2003 年第 1 期。

87. 崔楠、侯素霞：《发展绿色生态农业推进农业产业化结构调整》，《安徽农业科学》2010 年第 3 期。

88. 赵丽佳、冯中朝：《政府：我国生态农业制度创新"第一行动集团"》，《农村经济》2006 年第 9 期。

89. 王春玲：《积极发展绿色生态农业推进农业产业化进程》，《江西食品工业》2008 年第 4 期。

90. 张燕：《我国发展生态农业的制度路径》，《晋阳学刊》2010 年第 6 期。

91. 徐勇：《历史制度底色下世界土地改革进程与成效比较》，《社会科学研究》2016 年第 4 期。

92. 张清正：《基于比较和竞争优势的中国农产品竞争力路径选择》，《经济问题探索》2014 年第 5 期。

93. 马翠萍等：《加入 WTO 十年中美农产品贸易演变》，《世界经济研究》2012 年第 1 期。

94. 范春光：《国外食品安全监管制度及其借鉴——建立"从农田到餐桌"的全过程质量信息披露制度》，《国家行政学院学报》2008 年第 3 期。

95. 张利国：《食用农产品安全政府规制体系存在的问题及对策探讨》，《科技与经济》2011 年第 3 期。

96. 吴莉婧、谢淑华：《"一带一路"战略背景下的农产品国际贸易》，《安徽农业科学》2016 年第 2 期。

97. 娄向鹏：《一带一路：现代农业新机遇》，《江西农业》2015 年第 4 期。

98. 朱文玉：《我国生态农产品认证制度的缺陷及其完善》，《学术交流》2010 年第 5 期。

99. 邓永军：《货物原产地规则研究》，博士学位论文，华东政法大学，2012 年。

100. 徐世杰：《原产地规则法律问题研究》，博士学位论文，大连海事大学，2011 年。

101. 牟文义：《WTO 对"相同产品"认定是否要引入 PPMs 标准》，《对外经贸实务》2009 年第 2 期。

102. 郝放：《我国农产品国际贸易法律制度的国际协调机制研究》，博士学位论文，郑州大学，2015 年。

103. 唐华兵：《PPMS 标准的法律问题分析》，博士学位论文，华东政法大学，2012 年。

104. 吕莎莎：《论国际贸易与环境保护涉及的 PPMS 问题及应对》，《金卡工程》2011 年第 4 期。

105. 牛忠志、华洪波：《国际条约中 PPMs 标准带来的挑战与应对策略》，《温州大学学报》2010 年第 4 期。

106. 谢宪华、朱其太：《陆桥沿线检验检疫机构共谋提速"一带一路"农产品贸易大通道》，《大陆桥视野》2015 年第 19 期。

107. 冯泰学、林海燕：《合并处罚在检验检疫中的应用》，《中国检验检疫》2013 年第 5 期。

108. 何德旭、张雪兰：《对我国商业银行推行绿色信贷若干问题的思考》，《上海金融》2007 年第 12 期。

109. 刘志云：《赤道原则的生成路径——国际金融软法的一种典型形式》，《当代法学》2013 年第 1 期。

110. 肖永平、张弛：《论世界贸易组织框架下我国农业国内支持立法的完善》，《河南财经政法大学学报》2015 年第 2 期。

111. 逄锦彩：《日、美、法现代农业比较研究》，博士学位论文，吉林大学，2010 年。

112. 杨松、姜庆丹：《美国农场信贷立法及其对中国的启示》，《暨南学报》2011 年第 6 期

113. 黎振强、杨新荣：《生态农业投入产出的经济利益诱导机制研究》，《经济问题》2014 年第 12 期。

114. Postel S., "Growing More Food with Less Water", *Scientific American*, 2001（2）.

115. 赵元凤、张旭光：《世界农业保险发展特点及对中国的启示》，《世界农业》2012 年第 8 期。

116. 王小平：《农业保险应用足用好绿箱政策》，《中国金融》2013 年第 5 期。

117. 李婷、肖海峰：《我国农业保险发展现状分析与经营机制的完善》，《保险研究》2008 年第 10 期。

118. 任春英：《我国生态农业发展的现状及对策》，《农业经济》2015 年第 12 期。

119. 张予、林惠凤、李文华：《生态农业：农村经济可持续发展的重要途径》，《农村经济》2015 年第 7 期。

120. 刘志勇、黄寰生：《态农业发展的财政支撑》，《西南民族大学学报》（人文社会科学版）2013 年第 1 期。

121. 于法稳：《中国生态产业发展政策回顾及展望》，《社会科学家》2015 年第 10 期。

122. 简秋、朴秀英、宋稳成等：《2011 年农药领域技术性贸易措施官方评议》，《农药科学与管理》2012 年第 2 期。

123. 徐维、贾金荣：《农产品技术性贸易壁垒对中国出口的影响——基于

自贸区视角的实证研究》，《经济经纬》2013 年第 1 期。

124. 段辉娜：《卫生检验检疫对我国农产品出口的影响——以实施〈卫生
　　　与植物卫生检验检疫措施协议〉为例》，《江苏商论》2015 年第 2 期。

125. 朱立志：《农业发展与生态文明建设》，《中国科学院院刊》2013 年
　　　第 2 期。

126. 杨士永：《基于生态足迹的中国农产品贸易可持续发展研究》，博士
　　　学位论文，中国海洋大学，2014 年。

127. 张婷婷：《中国转基因农产品进口规制研究》，《粮食科技与经济》
　　　2015 年第 4 期。

128. 李静：《我国防治外来物种入侵法律制度的完善》，博士学位论文，
　　　中国海洋大学，2012 年。

129. 杨阳：《我国防治外来物种入侵法律问题研究》，博士学位论文，吉
　　　林大学，2010 年。

130. 刘兆奇：《我国外来物种风险评估法律制度研究》，《法制与社会》
　　　2016 年第 2 期。

131. 龚清华、张建民：《我国环境产品界定及清单完善思考》，《现代商贸
　　　工业》2012 年第 19 期。

132. 万怡挺：《多哈回合环境产品谈判中我国的攻防利益研究》，《国际贸
　　　易》2011 年第 2 期。

133. 屠新泉、刘斌：《环境产品谈判现状与中国谈判策略》，《国际经贸
　　　探索》2015 年第 3 期。

134. 吕凌燕、车英：《WTO 体制下我国环境关税制度的构建》，《武汉大
　　　学学报》2012 年第 6 期。

135. 孙志煜：《CAFTA 争端解决机制条约化之路——NAFTA、CAFTA 争
　　　端解决机制的比较视角》，《武汉大学学报》2010 年第 3 期。

136. 马朋林、毕云龙：《"一带一路"资源国际合作机制建设思考和建
　　　议》，《当代经济》2016 年第 5 期。

137. 李平衡：《我国绿色农业发展的国际合作体系建设》，《黑龙江生态工
　　　程职业学院学报》2016 年第 4 期。

138. 周亦奇、王文涛：《跨太平洋伙伴协议（TPP）中的环境与贸易关系
　　　分析及建议》，《经济与管理》2016 年第 4 期。

139. 吴文良：《我国生态农业发展中面临的新问题及对策》，《生态学杂

志》1993 年第 2 期。

140. 杨易、张倩、王先忠、范丽萍、徐继峰、吴瑞成、杨阳：《中国农业国际合作机制的发展现状、问题及政策建议》，《世界农业》2012 年第 8 期。

141. 赵其波、胡跃高：《中国农业国际合作发展战略》，《世界农业》2015 年第 6 期。

142. 骆芳芳、李智军、曾祥山、韩福光、郑锦荣：《广州—珠三角与东盟农业国际合作模式研究》，《广东农业科学》2014 年第 2 期。

143. 江苏省农洽会省组委办公室：《融入"一带一路"战略 推进农业国际合作》，《世界农业》2015 年第 12 期。

144. 连云港市农业委员会：《建设"一带一路"农业国际合作示范区 推动开放型农业跨越发展》，《江苏农村经济》2016 年第 7 期。

145. 胡月、马志刚、王琦、田志宏：《中国对外农业投资政策演变及体系结构分析》，《世界农业》2016 年第 9 期。

146. 徐海俊、武戈、戴越：《"一带一路"建设与农业国际合作：开放共享中的农业转型——中国国外农业经济研究会 2015 年学术研讨会综述》，《中国农村经济》2016 年第 4 期。

147. 王欧、张灿强：《国际生态农业与有机农业发展政策与启示》，《世界农业》2013 年第 1 期。

148. 徐燕兰：《政府协调与"一带一路"生态环境国际合作》，《肇庆学院学报》2015 年第 6 期。

149. 门洪华：《构建新型国际关系：中国的责任与担当》，《世界经济与政治》2016 年第 3 期。

150. Thomas Anderson, Carl Folke, Steffen Nostrum, "*Trading with the Environment*", *Business Strategy and the Environment*, Vol. 5, Issue 4, December 1996.

151. Jennifer Schultz, "the GATT/WTO committee on trade and the environment toward Environment Reform", *American journal of international law*, April 1995.

152. Elizabeth Granadilla, "Regulation of the International Trade of Endangered Species by the World Trade Organization", *George Washington Journal of International Law and Economic*, Vol. 32, 2000.

后　　记

　　本书从阐释资源约束条件下农业生态系统与贸易转型升级间的制度联系，提炼出我国农业贸易未来转型过程中生态保护为其提供的价值空间及其制度需求；辨明了生态化转型与绿色贸易、生态农业等传统提法的关系，并在此基础上阐释了农业贸易生态化的内涵、外延、特征、内容及制度体系的安排问题；结合贸易体系本身的内容，从农业增长方式转变的总体要求出发，在理论上总结出农业贸易体系内产业基础、农产品、服务支撑、投资、国际合作五大要素，如何围绕"生态化"的总体目标而进行制度分工。在农业贸易生态化转型的制度保障上进行了有益的探索。本书对以下问题进行了重点研究：（1）我国农业贸易生态化转型的法学理论基础及国际制度经验。（2）我国农业贸易生态化转型的法律体系构建。（3）我国农业贸易生态化转型与国际规则的关系。本书的基本结论和观点是：（1）我国农业贸易生态化转型是矫正贸易失衡、维护国家生态安全的战略选择，法律是实现这一选择的基本保障。（2）我国农业贸易生态化转型法律保障的任务是弥补贸易与生态环境依存关系被忽视的制度缺失，将农业贸易中客观存在的生态因素逐步纳入法律调整范围。（3）我国农业贸易生态化转型的法律路径既要促进提高国内农业的生态品质，又要建立我国农业贸易的生态安全保障法律制度。

　　然而，由于时间和学术水平等因素限制，本成果仍然存在诸多不足，体现为：第一，对发达国家的研究相对较多，但对巴西、阿根廷等具有重要贸易地位的发展中国家的研究相对不足，应当在未来的研究中加深；第二，对贸易生态化与贸易客体的生态化的甄别还不够具体，在未来的研究中要更深入地了解农业生产经营及流通过程的细节，做出更具理论涵盖力的农业贸易生态化解释；第三，农业服务支撑体系与 GATs 项下的服务贸易的关系还有待进一步厘清，特别是二者重合与分离之处各在哪里需要进一步的说明。

本书的研究仅是抛砖引玉，旨在能够让读者对于农业贸易生态化这一极有价值的农业贸易全球治理工具有更加全面和深入的了解，包括农业贸易生态化本身及其国内实施和它今后的发展。在此基础上引发读者的思考：中国在大势所趋的农业贸易生态化发展进程中应当抱怎样的态度、进行怎样的作为。同时，我们也期待着读者对本书提出宝贵意见，以利于我们今后的进一步研究。

本书是 2012 年度国家社科基金一般课题"我国农业贸易生态化转型的法律保障研究"（编号 12BFX143）和中央高校基本科研业务费资助重庆大学重大项目"中国—东盟自由贸易区农业贸易法律问题研究"（编号 0226005201021）的研究成果。课题由重庆大学法学院曾文革教授主持，统筹拟纲定稿。课题组全体成员付出了艰苦努力，从资料的收集和整理到写作的讨论与修改，整个写作过程历时四年有余，最终完成了本书的写作。由于时间和能力所限，书中不足之处恳请大家不吝赐教。本书的具体写作分工如下：第一章　曾文革（重庆大学）；第二章　张婷（重庆理工大学）、李海明（重庆大学博士研究生）；第三章　肖峰（湘潭大学）、胡斌（重庆大学）；第四章　王怡（成都电子科技大学）、黄晖（重庆大学）；第五章　唐仙丽（重庆大学）；第六章　吴雪燕（重庆大学）、李芳（重庆大学硕士研究生）；第七章　吴喜梅（郑州大学）。

在本书的写作中，重庆大学法学院博士研究生江莉，硕士研究生陈婷、赵梦辉等同学也做了大量的背景资料搜集整理与书稿校对工作，对他们的辛勤劳动在此一并表示感谢。本书的研究旨在引起学界和读者对我国农业贸易转型时期的法律问题进行思考和探索。同时，我们也期待读者对本书提出宝贵意见，以利于我们今后的进一步研究。

课题组全体成员
2016 年 12 月